普通高等教育"十一五"国家级规划教材

21世纪韩国语系列教材·翻译系列

韩中·中韩口译教程 课本

（附配套练习册）

한국어 통역

〔韩〕金宣希 编著

图书在版编目(CIP)数据

韩中·中韩口译教程:附配套练习册/(韩)金宣希 编著.—北京:北京大学出版社,2014.8
(21世纪韩国语系列教材·翻译系列)
ISBN 978-7-301-23771-7

Ⅰ.①韩… Ⅱ.①金… Ⅲ.①朝鲜语-口译-高等学校-教材 Ⅳ.① H555.9

中国版本图书馆CIP数据核字(2014)第166739号

书　　　　名:	韩中·中韩口译教程(附配套练习册)
著作责任者:	〔韩〕金宣希 编著
组稿编辑:	张　娜
责任编辑:	刘　虹
标准书号:	ISBN 978-7-301-23771-7/H·3473
出版发行:	北京大学出版社
地　　　　址:	北京市海淀区成府路205号　100871
网　　　　址:	http://www.pup.cn　新浪官方微博:@北京大学出版社
电子信箱:	554992144@qq.com
电　　　　话:	邮购部 62752015　发行部 62750672　编辑部 62754382　出版部 62754962
印　刷　者:	三河市博文印刷有限公司
经　销　者:	新华书店
	787毫米×1092毫米　16开本　17.25印张　380千字
	2014年8月第1版　2024年5月第6次印刷
定　　　　价:	56.00元(含课本、练习册)

未经许可,不得以任何方式复制或抄袭本书之部分或全部内容。
版权所有,侵权必究
举报电话: 010-62752024　电子信箱: fd@pup.pku.edu.cn

序

　　自2005年与北京大学张敏教授共同编写的《韩中翻译教程》《中韩翻译教程》出版以来,历经9年的研磨,这本《韩中·中韩口译教程》终于即将付梓。

　　本教材由主教材、练习册和CD光盘三部分构成。主教材原本设计为12课,但考虑到教材的内容过多会给学习者造成负担,所以减至11课,并将第12课的内容作为补充资料放到了练习册中。

　　学习者在使用本教材之前,切记这本书不是笔译教材,而是口译教材。在这里,谨向各位学习者介绍几点学习本教材的方法,希望各位在使用本教材后能够有所收获。

一、在打开课本之前,请先听CD录音。

二、根据CD使用说明,充分发挥CD和录音工具的作用进行口译练习。

三、将自己口译的内容录下来,并将录音内容写到练习册的相应位置。

四、将写在练习册上的录音内容与练习册最后的参考译文进行对比。

五、根据主教材中的讲解,找出自己的口译内容存在的问题。

　　按照以上顺序,进行练习册中的正向翻译练习并学习主教材的相应单元之后,再按照同样的顺序进行逆向翻译练习,以巩固所学知识,确保学习的效果。

　　笔者在编写这本教材的过程中,根据20年来的口译从业经验判断、选取了最符合翻译实践需求的题材,内容尽量做到最实用、最常见。尽管笔者为写这本教材做到了尽心尽力,但是不足之处依然在所难免。另外,作为一个外国人,用中文写作,行文之中或有不当之处,还请各位读者不吝指正。本教材的教师指南用书也将争取早日为诸位提供,敬请期待。

　　本教材的出版得到了许多师友尤其是以下几位的鼎力相助,首先是对前文所述两本翻译教程的共同执笔人、北京大学张敏教授深表诚挚的谢意,感谢她对本教材的编写和出版自始至终给予的关注和支持。另外,要感谢北京大学出版社张娜编辑和刘虹编辑,感谢二位在本教材的出版过程中做了大量认真、细致的工作。

金宣希
2014.6

重印说明

　　自《韩中·中韩口译教程》,是金宣希老师历时9年编写而成的一本韩国语口译教材,其中选材经过了反复多次的教学实践,编写体例也是作者反复思考并修改的结果,本教材的使用方法请仔细阅读作者撰写的序,并在整本书的学习之前,先仔细听CD中的"本教材录音使用说明"然后按照提示的方法来使用本教材。

　　本教材的第12课 典礼致辞的内容,作者出于想让作为学习者的您进行实战练习的目的,在教材中有意识地处理为空白,并非编辑或者印刷时的缺失,而是有意为之。并在练习册中提供了本课致辞的中文译文。为解读者疑问,特此声明。

　　如前所述,由于本教材自成体系,借用读者的话"讲究颇多",这说明作者做这本教材花了一番心思。您可以仔细阅读本书的序并倾听CD使用说明,严格按照作者建议的使用方法去学习,相信您可以得到不一样的收获。

北京大学出版社外语室
2015.12

目 录

☯ **第1课 面试** ·· 1
  제1과 면접
      1.1 翻译场景 ··· 1
      1.2 词汇预习 ··· 2
      1.3 翻译内容 ··· 3
      1.4 细节详解 ··· 4
      1.5 口译基本常识 ·· 10
      口译花絮 ··· 14

☯ **第2课 互访、会晤** ··· 15
  제2과 기관 방문
      2.1 翻译场景 ·· 15
      2.2 词汇预习 ·· 16
      2.3 翻译内容 ·· 17
      2.4 细节详解 ·· 18
      2.5 口译基本常识 ·· 24
      口译花絮 ··· 28

☯ **第3课 告知行程安排** ··· 29
  제3과 행사 일정 안내
      3.1 翻译场景 ·· 29
      3.2 词汇预习 ·· 30
      3.3 翻译内容 ·· 31
      3.4 细节详解 ·· 32
      3.5 口译基本常识 ·· 38
      口译花絮 ··· 46

☯ **第4课 游览名胜古迹** ··· 47
  제4과 관광
      4.1 翻译场景 ·· 47
      4.2 词汇预习 ·· 48

4.3 翻译内容 ·· 49
　　4.4 细节详解 ·· 50
　　4.5 口译基本常识 ··· 55
　　口译花絮 ··· 59

第5课　商务洽谈 ·· **61**
제5과　비즈니스 상담
　　5.1 翻译场景 ·· 61
　　5.2 词汇预习 ·· 62
　　5.3 翻译内容 ·· 63
　　5.4 细节详解 ·· 64
　　5.5 口译基本常识 ··· 70
　　口译花絮 ··· 78

第6课　商务宴请 ·· **79**
제6과　비즈니스 접대
　　6.1 翻译场景 ·· 79
　　6.2 词汇预习 ·· 80
　　6.3 翻译内容 ·· 80
　　6.4 细节详解 ·· 82
　　6.5 口译基本常识 ··· 87
　　口译花絮 ··· 90

第7课　活动主持词 ·· **91**
제7과　행사 진행 멘트
　　7.1 翻译场景 ·· 92
　　7.2 词汇预习 ·· 92
　　7.3 翻译内容 ·· 93
　　7.4 细节详解 ·· 94
　　7.5 口译基本常识 ··· 100
　　口译花絮 ··· 107

第8课　宴会主持词 ·· **109**
제8과　만찬 진행 멘트
　　8.1 翻译场景 ·· 109

  8.2 词汇预习 ·· 110
  8.3 翻译内容 ·· 110
  8.4 细节详解 ·· 112
  8.5 口译基本常识 ·· 117
  口译花絮 ·· 122

第9课 明星采访 ·· **123**
제9과 인터뷰
  9.1 翻译场景 ·· 123
  9.2 词汇预习 ·· 124
  9.3 翻译内容 ·· 125
  9.4 细节详解 ·· 130
  9.5 口译基本常识 ·· 136
  口译花絮 ·· 141

第10课 典礼致辞(1)欢迎词 ································ **143**
제10과 환영사
  10.1 翻译场景 ·· 144
  10.2 词汇预习 ·· 144
  10.3 翻译内容 ·· 145
  10.4 细节详解 ·· 146
  10.5 口译基本常识 ·· 152
  口译花絮 ·· 156

第11课 典礼致辞(2)经贸活动开幕词 ···················· **159**
제11과 상담회 축사
  11.1 翻译场景 ·· 159
  11.2 词汇预习 ·· 160
  11.3 翻译内容 ·· 160
  11.4 细节详解 ·· 161
  11.5 口译基本常识 ·· 167
  口译花絮 ·· 173

第12课 典礼致辞(3)学术会议讲话 ························ **175**

- **附录1** 韩汉发音出入较大的韩文名常用汉字 …………………………… **178**
- **附录2** 汉语拼音与韩国语音节对照表（外来词标记法）………………… **180**
- **附录3** 致辞开始与结尾部分常用语 …………………………………… **183**
- **附录4** 口译常用外来词 …………………………………………………… **192**
- **附录5** 韩国100强企业 …………………………………………………… **202**

第 1 课

面 试
제1과 면접

1.1 翻译场景

任务：北京大学应届毕业生应聘某韩国企业北京分公司。韩国上司对应聘者进行面试，假设你作为韩国上司的翻译，请试译以下内容。

Task：북경대학교 졸업 예정자가 어느 한국 기업의 북경 지사에 지원을 했습니다. 이 지원자를 면접하는 한국인 상사를 위해 부하 직원인 본인이 통역을 맡았다고 가정하고 아래 내용을 통역해 보십시오.

在场人物：面试官(韩)、应聘者(中)、翻译(韩企员工)。

1.2 词汇预习

[汉译韩]

面试	면접, 인터뷰, 면접(시험)을 보다
应聘	지원(하다)
双学位	복수 학위, 복수 전공, 이중 전공
实习	인턴(사원)으로 근무하다, 인턴쉽에 참여하다
客户	고객, 거래처, 클라이언트(client)
档案	문서, 서류, 파일
商务	비즈니스
信函	서신, 편지, 레터(letter)
独生女	외동딸, 무남독녀
外企	외국계 기업
集团	그룹
领域	분야, 영역
龙头	선도자, 리더(leader)
专长	장점, 재능, 특기
沟通	교류하다, 의사소통을 하다
简历	이력서, 약력
接受	받아들이다

[韩译汉]

지원하다	支援;志愿,申请,应聘
인턴 (intern)	实习,实习生
분야	领域,方面
입사하다	进入公司,加入公司,入职
부서	部门
파견	派遣,指派
급여	工资,薪水

[专有名词]

周丽	〔人名〕주려, 저우리

第1课　面试
제1과 면접

天津	〔地名〕천진,톈진
天津叶水福物流公司	〔公司名〕톈진예수이푸물류
新加坡	〔国名〕싱가포르
叶水福集团	〔公司名〕YCH그룹

1.3 翻译内容

面试官：우리 회사에 지원해 주셔서 감사합니다. 먼저 자기소개를 좀 간단히 해 주십시오.

应聘者：您好！我是三号应聘者周丽。今年22岁,来自北京大学,将于明年7月份毕业。我正在攻读国际贸易和英语双学位。今年3月到8月曾在网通公司实习过。

面试官：왕통에서 인턴으로 일할 때 주로 어떤 일을 했습니까?

应聘者：实习期间,我主要参与整理公司的客户档案,并翻译了一些英语商务资料和信函。

面试官：가족 관계는 어떻게 됩니까?

应聘者：我是独生女。老家是天津,父母现住天津。我父亲在外企工作,母亲是教师。

面试官：아버님은 어느 회사에서 근무하시고 어떤 분야 일을 하고 계십니까?

应聘者：我父亲在天津叶水福物流公司工作,这家公司隶属于新加坡叶水福集团,是国内物流领域的龙头企业。我父亲在那儿做技术工作。

面试官：만약 입사하게 된다면 어느 부서에서 일하고 싶습니까?

应聘者：我想在海外事业部工作,这样可以充分发挥我在国际贸易和英语方面的专业特长。

面试官：혹시 회사에서 한국으로 파견 근무를 보낼 경우 가능합니까?

应聘者：我愿意。我学的是英语专业,也学过一个学期的韩语,与韩国人沟通应该没什么大问题。如果有机会到韩国工作,对我来说,将会是个继续学习的好机会。

面试官：급여는 어느 정도로 생각하시나요?

应聘者：我对工资的要求都写在简历上了,不过我可以接受公司的决定。

面试官： 알겠습니다. 이상으로 면접을 마치도록 하겠습니다. 면접 결과는 일주일 이내에 인사부에서 알려드릴 겁니다. 수고하셨습니다.

应聘者： 好的。谢谢您给我面试机会。

1.4 细节详解

❶ 우리 회사에 지원해 주셔서 감사합니다.

　推荐翻译： 你好，欢迎你应聘我们公司。

　易错点拨：

　　◉ "지원하다"可以理解为"支援하다"或者"志願하다"。此处的"지원하다"是后者，通常可译成"志愿""申请""应聘"等，此处译成"应聘"比较恰当。(☞ 3.5.2 口译基本常识)

　　◉ 此处的"감사합니다"译成"欢迎"要比译成"谢谢"或者"感谢"地道得多。

❷ 我是三号应聘者周丽。今年22岁，来自北京大学，将于明年7月份毕业。

　推荐翻译： 지원자 3번 저우리입니다. 올해 중국 나이로 스물 두 살이고, 내년 7월에 북경대학을 졸업할 예정입니다.

　易错点拨：

　　◉ 主语"我"不必译出，在口语中这样表达更自然。(☞ 2.5.2 口译基本常识)

　　◉ 应聘做自我介绍时，"지원자 ○번"是一种习惯说法。

　　◉ "周丽"可根据汉语拼音译作"저우(稍作短暂停顿)리"或者根据韩语汉字读音译作"주(稍作短暂停顿)려"。(☞ 1.5.3 口译基本常识)

　　◉ "22岁"译成"중국 나이로 스물 두 살(中国年龄22岁)"或者"만 스물 두 살(22周岁)"比较恰当。(☞ 4.5.2 口译基本常识)

　　◉ "来自北京大学，将于明年7月份毕业"可译成"현재 북경대학에 재학 중이며, 내년 7월에 졸업할 예정입니다". 不过译成"내년 7월에 북경대학을 졸업할 예정입니다"显得更简洁。这里请注意，"来自北京大学"不能译成"(저는) 북경대학(교) 출신입니다"，只有往届毕业生能用"○○대학(교) 출신"，应届毕业生不能用此表达方式。另外，在韩国虽然在口语中不分"대학교"和"대학"，但是严格来讲，"대학교"指四年制的综合大学，而"대학"则指2—3年制的大专。

第1课　面试
제1과　면접

❸ 我正在攻读国际贸易和英语双学位。今年3月到8月曾在网通公司实习过。

推荐翻译：현재 대학에서 국제무역과 영어를 이중(으로) 전공하고 있습니다. 그리고 올해 3월부터 8월까지 왕통에서 인턴(사원)으로 일한 경험이 있습니다.

易错点拨：

◎ 前一个句子译成"대학에서 국제무역과 영어를 이중(으로) 전공하고 있습니다"比较恰当。"○○와 ○○를 이중으로 전공하다"是一种固定的说法。不过,在口语中,经常省略"-으로",表达为"이중 전공하고 있습니다"。"攻读双学位"还可以译成"복수 학위 과정을 이수하다(此表达常用)",此时要表达具体的专业时,可以表达为"무역학과 영어학 과정을 모두 이수하고 있습니다(这种表达方式不常用,建议不用)"。

◎ 翻译时,两个句子中间添加连词"그리고"更符合韩语的表达习惯。在韩语中,当两个句子相连接或者段落相衔接时,经常使用连词。汉语是语义型文字,较少采用连接性词语;韩语为形态型文字,连接性词语是组成句子或衔接段落的重要手段。因此,汉译韩时,有时需要添加必要的连词;韩译汉时,这些连词有时不必译出。(☞ 11.5.3 口译基本常识)

◎ "网通公司"不能译成"왕통회사",而应译成"왕통"。在口语中,韩国人提起具体公司名时,没有在具体公司名称后边加上"회사"的习惯。若有必要时,可以加上"주식회사"。 例如:삼성전자(常用于口语中),삼성전자주식회사(用于正式场合下需要使用公司法人全称时),삼성전자㈜(书面写法标记),＊삼성전자회사(无此表达)。(☞ 1.5.3 口译基本常识)

◎ 此处的"实习"译成"실습하다"不太适宜。"실습하다"的字面意思是"以已经学到的理论知识为基础,通过实践而达到熟练的效果",与汉语的"实习"意思相似。但是韩语"실습하다"通常与表示目的性的词语(这类词语是指通过完成某动作来实现某一目标或带来某种结果的词)呼应使用。如:요리학원에서 배운 요리를 집에서 실습해 보았다. 此处指的是大学生毕业前在某单位实习,此时一般用"인턴(사원)으로 일하다(근무하다)"这一表达形式。"인턴 사원(intern 社員)"是"实习生"的意思,在口语中简称为"인턴"。韩语里也有汉字词"실습 사원",不过指实习大学生的时候,通常用"인턴 사원"这一说法。(☞ 5.5.2 口译基本常识)

☞ 삼성의 주요 계열사들이 오는 15일까지 인문계 전공 대학생을 중심으로 일제히 인턴 사원을 모집한다.

◎ "动词+过"通常可译成"-한 적이 있습니다"或者"-한 경험이 있습니다"。"-한 경험이 있습니다"比较强调自己的亲身经历或经验,"-한 적이 있습니다"则更强调在过去(某一时刻)曾发生过某行为。因此此处的"实习过"译成"인턴(사원)으로 일한 경험이 있습니다"比较恰当。

❹ 实习期间,我主要参与整理公司的客户档案,并翻译了一些英语商务资料和信函。

推荐翻译: 인턴 기간 동안 주로 고객 자료 정리를 담당했고, 각종 영어 자료와 서신 번역 업무도 했습니다.

易错点拨:

- "客户档案"可译成"고객 자료"。"客户"通常可译成"고객""거래처(去來處)""클라이언트(client)"。此处的"客户"译为"고객"比较适宜。

- "商务资料和信函"译成"상무 자료와 편지"的话,韩国人理解起来有困难。**原因一**是,在韩语口语中"상무"这一词并不常用,而且用法也很有限,只有在比较特殊的情况下才能使用,如:法律术语,翻译国外机构名称。☞ United States Department of Commerce - 미국 상무부。(☞ 3.5.3 口译基本常识) 一般来说,"商务"可译成"비즈니스(business)",如:商务中心—비즈니스센터,商务宴请—비즈니스 접대。不过,此处的"商务"可以不译,与业务有关的当然是商务资料或者商务信函。**原因二**是,"信函"通常可译成"편지"或者"서신"。"편지"多指私人信函,因此此处译成"서신"比较恰当。

- "整理档案"和"翻译资料"译成"자료 정리를 담당하다"和"번역 업무를 담당하다(口语中可只用하다)"比较适宜。因为韩语在表达具体负责的业务时,常用"○○ 업무를 담당하다"这一表达方式。

❺ 老家是天津,父母现住天津。我父亲在外企工作,母亲是教师。

推荐翻译: 부모님은 고향인 천진(톈진)에 계시는데, 아버지께서는 외국계 기업에서 근무하시고, 어머니는 선생님이십니다.

易错点拨:

- 前一个句子译成"부모님은 고향인 천진(톈진)에 계시는데"比较恰当。第一,"现在住在天津(现住天津)"中的"在"不能译成"-에서",而应译成"-에"。"-에"用在表示场所的名词后,而"-에서"用在表示动作进行的场所后边。如:저(는) 서울에 살아요. / 부모님은 집에 계세요. / (저는) 현재 삼성전자서비스센터 인사팀에서 근무하고 있습니다. 第二,"天津"可译成"천진"或者"톈진"。(☞ 1.5.3 口译基本常识,附录2 汉语拼音与韩国语音节对照表)

> ☞ 参考语法
> "-에": 앞말이 처소의 부사어임을 나타내는 격 조사.
> "-에서": 앞말이 행동이 이루어지고 있는 처소의 부사어임을 나타내는 격 조사.

- 主语"父亲"和"母亲"译成"아버님은"和"어머님은"不太适宜。严格来讲,"아버님/어머님"一般在对对方称自己去世的父母时使用,或者在书信里可以使用(如:아버님께

올립니다),或者称呼别人的父母时可以表达为"○○ 아버님/어머님(如:은선이 아버님)"。因此此处译成"아버지께서는(아버지+께서+는)"更为恰当。"께서"相当于格助词"-가/-이"的敬语形式,"-는"为补助词,表示某一事物与其他事物进行对比,或者在句子中某一事物作为话题对象。
- 此处的"工作"译成"근무하다"比译成"일하다"更好。一般来说,大部分汉字词带有书面色彩,因此与韩语固有词相比,更正式一些。

❻ 我父亲在天津叶水福物流公司工作,这家公司隶属于新加坡叶水福集团,是国内物流领域的龙头企业。我父亲在那儿做技术工作。

推荐翻译: 아버지께서는 싱가포르 YCH그룹의 계열사인 톈진 예수이푸물류에서 엔지니어로 근무하십니다. 예수이푸물류는 국내 물류 업계에서 선두 기업으로 손꼽히는 기업입니다.

易错点拨:
- 将前两个分句合为一句翻译比较好。韩语在表达此类意思的时候,通常用"-인"来将"这家公司隶属于新加坡叶水福集团"充当中心语"天津叶水福物流公司"的定语。要不然翻译时可能会重复表达。
- 根据应聘者的介绍,"叶水福集团"是一家总部设在新加坡的外国企业,因此按照汉语拼音译出的话,面试官(韩国人)理解上会有困难。而"天津叶水福物流公司"是一家设在中国(天津)境内的物流公司,因此按照汉语拼音译出也无妨。
- 翻译公司名称时,后面不要加上"회사",如:예수이푸물류(○)/ 예수이푸물류회사(X)。(☞ 1.5.3 口译基本常识)。
- "龙头企业"可译成"선도 기업"或者"○○ 분야에서 선두 주자로(선두 기업으로) 손꼽히는 기업"。另外,"三巨头"和"垄断企业"分别可译成"빅3(Big 3)"和"독점 기업"。

❼ 我想在海外事业部工作,这样可以充分发挥我在国际贸易和英语方面的专业特长。

推荐翻译: 국제무역과 영어를 전공한 점을 살려서 해외사업부에서 근무하고 싶습니다.
易错点拨:
- 把两句话合为一句比较好。因为这样译能够明确地表达出希望在海外事业部工作的原因。
- "发挥……方面的专业特长(专长)"通常可译成"~한 장점을 발휘하다"或者"~한 점을 살리다"。此处译成"~한 점을 살리다"比较合适。此处的"专业特长(专长)"译成"장점"不太恰当,因为攻读某专业不能看成"장점(좋거나 잘하거나 긍정적인 점)"。"장

점"通常理解为"优点、长处",如:매사에 철저하다는 게 그의 장점이자 단점이었다. 另外,此处的"专业特长(专长)"不能译成"특기"。"특기"是指别人不具备的较特殊的技术或者技能(skill)。应聘者攻读双学位这点不能看成特殊的技能,而是她在这方面具有优势的意思。而且"특기"与"발휘하다"不能相互搭配使用。

☞ 장점/능력/실력/솜씨/진가/투혼(~한 정신)/전문성/융통성을 발휘하다

◉ 此处的"方面"不能译成"방면"。韩语"방면"有"방향(方向),분야(领域)"的意思。例如:시청 방면(前往市政府), 이 방면, 여러 방면, 다방면。"方面"可译成"분야(영역)""부분""면(에서), 면에서 볼 때""측(쪽)""측면""(-한)점""-에"或者"-에 있어(在……方面)"等,有时候不译出更符合韩语表达习惯。另外,"一方面","另一方面","单方面"分别译成"한 편으로는""다른 한편으로는""일방적으로"比较恰当。(☞ 3.5.2 口译基本常识)

> ☞ 교통편:5호선 광화문역 7번 출구로 나와 THE BODY SHOP 앞의 횡단보도에서 동화면세점 방면으로 직진(朝东和免税店方向直走), 동화면세점 뒷편 할리스키피와 편의점(便利店) With Me 사잇 골목으로 2분 정도 올라오면 좌측에 있는 C2(C스퀘어빌딩) 1층.

☞ 从这方面来说,我倒觉得李新更合适。 이런 점에서 볼 때는 리신이 더 적합한 듯 합니다.

❽ 我愿意。我学的是英语专业,也学过一个学期的韩语,与韩国人沟通应该没什么大问题。如果有机会到韩国工作,对我来说将会是个继续学习的好机会。

推荐翻译: 네, 물론입니다. 제가 영어를 전공했고, 한 학기 정도 한국어를 배운 적이 있기 때문에 (한국인과의) 의사 소통에 큰 문제가 없을 것으로 생각됩니다. 그리고 만약 저에게 한국에서 일할 기회가 주어진다면, 많은 것을 배울 수 있는 좋은 기회라고 생각합니다.

易错点拨:

◉ "愿意"不能译成"원합니다"。此处的"愿意"是对面试官的提问"公司派你到韩国工作,你能接受吗?"的回答。因此译成"네, 가능합니다(能接受)"或者"네, 물론입니다(当然可以)"比较恰当。 当别人问你能不能接受的时候,回答"네, 물론입니다"比"네, 가능합니다"显得更有礼貌、更客气。

◉ "我学的是英语专业,也学过一个学期的韩语"是应聘者认为与韩国人在语言上的沟通应该没有大的障碍的依据。因此译成"~적이 있기 때문에"比较恰当。

第1课　面试
제1과 면접

- ◎ "与韩国人沟通"译成译文的主语(如：한국인과의 의사소통이)不太恰当。因为这么翻译与"큰 문제가 없다 (没什么大问题)"不相呼应,因此译成"한국인과의 의사 소통에 큰 문제가 없다" 比较恰当。
- ◎ "应该没什么大问题"译成"큰 문제가 없을 것으로 생각됩니다"比较合适。第一,"-에 큰 문제가(어려움이) 없다"带有判断并得出结论的口气,因此用比较委婉的说法"-가 없을 것으로 생각됩니다"比较恰当。第二,"问题"可译成"문제"或者"어려움"。
- ◎ "如果有机会到韩国工作"译成"만약 (저에게) 한국에서 일할 기회를 주신다면" 不太适宜,此表达过于直接,而韩国人说话时更喜欢委婉的表达方式。因此译成"만약 한국에서 일할 기회가 주어진다면"或者"만약 (저에게) 한국에서 일할 기회가 생긴다면"比较恰当。不过建议此处译成前者,因为后者带有"如果不久的将来偶然有机会"的语义。
- ◎ "继续学习的好机会"可译成"많은 것을 배울 수 있는 좋은 기회"或者"자기 계발의 좋은 기회"。

❾ 我对工资的要求都写在简历上了,不过我可以接受公司的决定。

推荐翻译：제가 희망하는 급여 수준을 이력서에 기재했지만, 회사 내규(회사의 결정)에 따르겠습니다.

易错点拨：

- ◎ 此处的"要求"不能译成"요구"或者"요구하는 급여 수준"。韩语"요구(하다)"是对自己应该得到的东西或报酬提出要求的意思,因此要求方应该具有充分的条件(依据或者权利)提出这些要求的时候才能使用。如果被录用者对面试官(录取单位)用"요구(하다)"显得很不懂事而且没有礼貌。(☞ 3.5.2 口译基本常识)
- ◎ 此处的"可以接受公司的决定"译成"회사의 결정을 받아들이겠습니다"不太合适。从用人单位与被录用者的关系(双方不是对等关系)来看,此处的"接受"应理解为"따르다(服从公司的决定或规定)"比较适宜。
- ◎ "회사 내규"是"회사 내부 규정"的简略说法。

❿ 알겠습니다. 이상으로 면접을 마치도록 하겠습니다. 면접 결과는 일주일 이내에 인사부에서 알려드릴 겁니다. 수고하셨습니다.

推荐翻译：好的。面试就先到这里。一周之内,人力资源部会通知你面试的结果。

易错点拨：

- ◎ "알겠습니다"译成"好的"比译成"知道了"或者"明白了"地道得多。

- ☯ "이상으로 ~을/를 마치도록 하겠습니다"是韩语中比较固定的说法。"이상으로"用于文书或演讲的结尾，表示结束的语气和意思。
  - ☞ 이상으로 종합토론을 모두 마치고 약 15분간 휴식 시간을 가지도록 하겠습니다.

- ☯ "인사부에서 알려드릴 겁니다"可译成"人力资源部会通知你的"。"인사부에서"中"-에서(由)"是主格助词，用在集体名词(如：单位或机构)后，表示前面的名词或者名词性成分是句子主语。因此，当汉语主语不是有生命的事物时，翻译时要使用"-에서"。另外请注意，在韩语中"통지하다"带有强制、命令、压迫的语气，因此翻译"通知"时需要格外注意。

- ☯ "수고하셨습니다"直译为"辛苦了"，不过此处不必译出。这里请注意，"수고하셨습니다"一般不能用于长辈，而用于同辈或者晚辈。

1.5 口译基本常识

1.5.1 口译中使用准敬阶和尊敬阶　두루 높임(비격식체)과 아주 높임(격식체)

敬语发达是韩语的一大特点。韩语的敬语由于带有浓厚的社会色彩，因此通过使用敬语可以表示对对方和谈话涉及的第三者的尊敬，同时在人际关系横纵坐标轴中确定自己的位置。因此掌握好敬语是口译工作者的必修课。使用敬语时需要考虑的因素很多，比如：说话者和听话人的纵向和横向的社会人际关系(status)，双方的亲疏程度(solidarity)，说话的目的和逻辑等。译员如果使用了不适度、不恰当的敬语表达方式，会让人觉得不舒服，甚至会引起误会。

因此汉译韩时，需要使用正确的敬语表达方式，如：使用恰当的词汇(如：뵙다，여쭙다，드리다，모시다 等)，使用表示尊敬的助词(조사)、使用先语尾助词"-시-"、使用终结语尾(종결어미)。

笔者在从事口译教学中发现，不少学生练习在正式场合下担任口译时，常用终结性词尾"-요"。虽然终结词尾"-요"表达出了对听者的尊敬，但是词尾"-요"一般在对对方稍表尊敬时使用，在正式场合是不常用的。在正式场合，也就是对方是需要恭敬对待的对象时，应该使用含有十分尊敬对方意味的终结语尾"-ㅂ니다"。

☞ 해외사업부에서 근무하고 싶어요. (→面试时，不能这么说。)
　 해외사업부에서 근무하고 싶습니다. (→面试时，应该这么说。)

第1课 面试
제1과 면접

1.5.2 人称代词的翻译(一):第二人称代词的省略和补充　제2인칭대명사의 생략과 보완

也许很多学生已经注意到韩语中极少使用"당신"一词,这是由于在韩语中"당신"一词的使用被限制在极小的范围内。在口语中,"당신"一词可以用做第二人称代词的情况只有两种:即夫妇之间对对方的敬称;陌生人之间起冲突时作为贬低对方的称呼。第二种情况如:당신이 뭔데 참견이야.(你瞎掺合什么呀!)

作为参考,"당신"还可以作为第三人称代词使用,这时"당신"是对前面已经提到过的人(通常指上了年岁的长辈,如:祖父祖母、父母等)的敬称,如:할아버지께서는 생전에 당신(自己或者他)의 장서를 아주 소중히 다루셨습니다.(爷爷生前十分珍视自己的藏书。)

在韩语口语中,很多时候不必使用人称代词,特别是第二人称代词。因为韩语句法功能与汉语不同,只要适当使用敬语,使句子成立,即使不出现人称代词,其所表达的意思也会十分清楚。因此汉译韩时,在很多情况下,汉语的第二人称代词(如:你,您,各位,各位朋友,大家)不必译出。

☞ 如果(你)被录取的话,你希望在哪个部门工作?（2인칭 대명사 – 주어）
　　推荐翻译:만약 입사하게 된다면 어느 부서에서 일하고 싶습니까?
☞ 假如公司派你到韩国工作,你愿意吗?（2인칭 대명사 – 목적어）
　　推荐翻译:혹시 회사에서 한국으로 파견 근무를 보낼 경우 가능합니까?

如果句法上需要译出第二人称代词的时候,可译成"姓(或姓名)+职务"这一称谓语形式。因此,译员如果不了解对方的姓名和职务,就很难或者很可能无法正确地译出第二人称代词。

☞ 您什么时候决定了,请通知我。(对方姓名:朴俊炯,职务:课长)
　　推荐翻译:(박과장님께서) 결정하신 후 알려주십시오.

1.5.3 专有名词的翻译(一):人名、地名、公司名等　고유명사의 통번역

专有名词的翻译应该遵循如下规则,首先是查询已有信息,然后才是音译、意译。对于查询已存在信息,查询的内容通常来自:官方网站、百科全书、搜索引擎、大型媒体等,其信息可靠程度也依次降低。如果有的专有名词是机构名称或人名,往往去查询其官方网站,就可以确定正确的名称。当在网络上确实找不到某些专有名词时,才可以进行音译和意译。

1) 人名、地名的翻译

◎ **中国人名、地名的翻译**

第1课中出现的"天津""周丽"等地名和人名可以翻译成韩语汉字读音"천진""주려",也可以按汉语拼音翻译成"저우리(Zhou Li)""톈진(Tianjin)"。但令翻译人员感到困惑的

是：在韩国报纸、电视、书籍等大众传媒上出现的韩国语外来语标记法并没有统一的标准。学者们对外来语标记法各执己见，由此产生了不同的外来语标记法。译著者们在翻译的过程中采用的标记方法也互不统一，因而同一个人名或地名也存在着多种译法。例如"毛泽东"就有"마오쩌둥(正确的标记)／마오저둥／마오쩌뚱"等说法或者标记方法，"大连"一词也有"다롄(正确的标记)／다렌／따리엔／다리엔"等不同说法或者标记方法。

为了解决上述的标记不统一的问题，韩国国立国语院于1989年在"外来语标记法（외래어 표기법）"外来语标记示例（외래어 표기 용례）中增制了"汉语拼音和韩语字母对照表"来鼓励使用统一的汉语韩文标记法。(☞ 请参考附录2) 但是不少汉语学者对此标记法也予以质疑。此外，目前在韩国有韩语汉字读音后不加注汉字的倾向，从而导致读者理解上的困难。例如这则报道中电影标题《一代宗师》的韩语汉字读音并没有汉字加注，直接翻译为"일대종사"，这必然会导致理解上的困难。

> [2009.12.21 报道] 한류 스타 송혜교가 홍콩의 세계적인 영화감독 왕가위 감독의 신작 '일대종사'에 출연한다. '일대종사'는 이소룡의 스승 엽문(葉問)의 일대기를 그린 영화로, 양조위가 엽문 역을 맡을 예정이다. 이외에도 장첸, 장쯔이 등 중화권 톱스타들이 함께 출연한다.

目前为止对于汉语专有名词的翻译，按照韩语汉字读音翻译和按照汉语拼音外来语标记法翻译两种主张各有优劣，并没有明确的结论。翻译人员、学者、作家等往往根据文章的性质和时代背景来采用不同的翻译形式。

当然最近人名和地名的翻译出于尊重汉语本音而越来越强化使用外来语标记法，但对于那些已经广为人知的使用韩语汉字读音的中国人名、地名，基本上仍沿袭以前的标记法。古代和近代的人名已经形成使用韩语汉字读音的使用习惯，例如："孔子(공자)""刘备(유비)""曹操(조조)"等。"江泽民"则是两种翻译(강택민, 장쩌민)并用，这可以看作两种标记法并用的过渡时期的例子，而"胡锦涛"通常采用按照外来语标记法的翻译，即："후진타오"。正是由于这个原因，上面的报道中一些已经形成韩语汉字读音标记习惯的"王家卫、李小龙、叶问、梁朝伟"几个人名是用韩语汉字读音标记的，而"张震、章子怡"则是用外来语标记法标记的。

在现场翻译中国人姓名的时候，需要格外注意其发音。类似"李家诚"这样的三个字姓名，应该像"리，자，청"这样缓慢、清晰地发音，这时如果按照原来汉语的声调来发音，韩国人理解上会出现困难，因此应该尽可能地接近日常生活的发音(用平调来发音)。当翻译像"王晨"这样两个字的名字时，不要一次性发完"왕천"两个音，为了能使韩国人更容易听懂，在

"왕"与"천"两个字之间应该有短暂的停顿。

◎ 韩国人名、地名的翻译

如果条件允许的话,应该事先查询韩国人姓名和地名的汉字。此外,为了能准确翻译韩国人的姓名,平时就应该熟悉韩国人姓名中常用汉字的韩语发音。例如"金相勋"中的"勋"字是韩国男性起名时常用的汉字,如果不知道"勋"字的韩语读音是"훈"的话,是不可能翻译出这个名字的。(☞ 请参考附录1　韩汉发音出入较大的韩文名常用汉字 。)

2) 公司名称的翻译

◎ 跨国企业名称的翻译原则及注意事项　　외국계 기업명(다국적 기업명)

翻译公司名称时应先考虑该公司是中国公司还是其他国家公司。翻译其他国家公司名称时,韩语以音译为主,例如:마이크로소프트社(微软)、소니(SONY),而汉语虽然也有像"索尼(中国)有限公司"这样音译的例子,但是类似"微软(中国)有限公司"这样的意译也为数众多。因此在翻译外国公司名称时应上网搜索韩国对该公司的通称,然后再进行翻译。

☞ 举例:上海通用汽车有限公司 – 상하이GM 或者 상해GM

◎ 中国企业名称的翻译原则及注意事项 ——"○○公司"的翻译

第1课中出现的类似"网通公司"这样的具体公司名称中的"公司"一词翻译为"회사"是不恰当的。从下面的例子可知,在韩国,除了在某些情况下需要使用"주식회사○○○○""○○○○지주회사"这样的公司法人全称外,一般是省略"주식회사"的,特别是在口语中。

☞ 주식회사(股份有限公司)

> ㈜LG텔레콤·㈜LG데이콤·㈜LG파워콤 간의 합병 안내문
> 주식회사 LG텔레콤, 주식회사LG데이콤 및 주식회사LG파워콤은 경영 효율성을 증대시키고 유·무선통신사업의 결합을 통한 시너지 효과를 극대화함으로써 국내외 경영환경 변화에 적극 대처하며 세계적인 경쟁력을 보유한 통신회사로 성장하기 위하여 2010년 1월1일 자 합병을 결정하였습니다. LG텔레콤은 본 합병을 통하여 고객이 원하는 융합형 서비스를 실현하고 고객의 편익을 제공하는 등 국가 경제 발전에 기여할 것입니다.

☞ 举例:이미 IBM이 이 가능성을 믿고 투자하였으며, GE, 벨연구소 등과 같은 다국적 기업 및 세계적 연구소가 BRC에 참여를 희망하고 있습니다.

☞ 举例:삼성전자(株), 신한금융지주회사, (주)코오롱 (☞ 请参考附录5　韩国100强企业)

注意:韩语中的"공사(公社)"和汉语中的"公司"含义不同,韩语的"공사"指政府出资建立的机构,即非盈利性(公益性)政府机构。(例:한국전력공사,한국가스공사,농수산물유통공사)

口译花絮

都是地名惹的祸

2003年7月韩国总统卢武铉对中国进行国事访问期间,韩国政府主要部门的几位部长也随行。当时卢武铉总统的翻译由韩国外交部的职员专门负责,笔者担任产业资源部(现改称为"产业通商资源部")尹镇植部长的随同翻译。

随同翻译的第二天下午两点,召开了由韩国产业资源部部长及中国商务部部长(吕福源部长)出席的"第二次韩中投资合作委员会"会议,该会议是一场有50人出席的大型会议。在两国部长简短致辞及介绍出席人员后,两国与会者就韩中投资合作问题简单地发表了相关意见。

会议中,大韩矿业振兴公社的社长就两国在能源、资源领域合作的情况及未来的发展做了简短的发言,出人意料的是发言中他提到了"현재 섬서성 항래만 유연탄 탐사·개발 프로젝트,희토류 프로젝트,호남성 유서당 연·아연 프로젝트,요녕성 진가촌 마그네사이트 사업 등이 활발히 추진 중에 있습니다.(翻译:目前我公社正致力于推进陕西省杭来湾的有烟煤勘探开发项目、稀土项目、湖南省柳西塘的锌项目、辽宁省陈家村的菱镁矿项目等)"。

正在做笔记的笔者顿时直冒冷汗,在那短短的几秒钟里怎么也反应不过来"유서당"用汉语应该怎么说,顿感头脑发晕。到底是哪个"유"?是"柳",还是"刘"?"서"和"당"是不是"西"和"塘"?到底是哪几个汉字?这真是让人头疼!

韩国驻华大使馆在会议前一天已经给了笔者一份250多页的相关资料,由于时间紧迫,熬夜边阅读边上网检索资料,笔者逐一查询了资料中出现的地名,唯独"유서당"等三个地名没有找到与其对应的确切汉字。虽然与会前心中还是有些不安,但是以笔者的翻译经验来看,这是一场双方发言人数偏多的会议,而且都是高层人士,就想发言人应该不会说得那么详细。就这样心怀侥幸参加了会议。不料屋漏偏逢连夜雨,会议中偏偏就出现了这个陌生地名。

在做韩中翻译时,如果韩国人用韩语汉字读音提到中国地名或人名,真的很让人困惑。当然条件允许的话也能直接问问是哪个汉字,但是大多VIP翻译(贵宾翻译)不允许直接询问。不瞒大家,笔者到现在还不知道"유서당"的汉语表达是什么。

第2课　互访、会晤
제2과 기관 방문

2.1 翻译场景

任务：上海某高校校长（李家富）访问韩国首尔某高校。假设你作为中方大学工作人员陪同来访，请试译以下内容。

Task：상해에 있는 어느 대학의 (리자푸) 총장이 한국의 서울에 있는 모 대학교를 방문했습니다. 중국 대학의 직원으로서 이번 한국 방문에 동행했다고 가정하고 아래 내용을 통역해 보십시오.

在场人物：中国大学校长、韩国大学校长、两校陪同工作人员。

2.2 词汇预习

[汉译韩]

邀请	초청하다, 초대하다
地铁	지하철
四通八达	교통이 매우 편리하다
堵车	교통이 막히다, 차가 막히다
严重	심각하다
长袖	긴소매 (옷), 긴팔 (옷)
真诚地	진심으로, 진정으로
由衷地	진심으로
进一步	더욱더, 한층 더
深化	더 발전시키다, 강화하다, 증진시키다
增进	증진시키다, 강화하다

[韩译汉]

숙소	住宿
교통 체증	堵车, 交通拥堵, 交通堵塞
연휴	连休, 假期, 小长假
혼잡하다	混乱
더불어	一起, 同时
선선하다	凉爽, 凉快
일교차	日温差
총장	(大学)校长
배려하다	关照, 关怀
빌리다	借, 借助, 借用, 出租
닿다	触及, (机会)到来
아무쪼록	千万, 无论如何, 尽可能, 恳切, 诚恳

[专有名词]

연세대학교	延世大学
리자푸	〔人名〕李家富

第2课　互访、会晤
제2과　기관 방문

2.3 翻译内容

韩国大学校长： (握手)이렇게 뵙게 되어 반갑습니다. 우리 대학 방문을 진심으로 환영합니다.
中国大学校长： 非常感谢您的邀请。

韩国大学校长： (做手势,示意请坐)먼 길 오시느라 수고 많으셨습니다.
中国大学校长： (就座)上海离首尔不远,不觉得很累。

韩国大学校长： 상하이에서 서울까지 시간이 얼마나 걸리셨습니까?
中国大学校长： 大概两个小时左右。

韩国大学校长： 그럼 상하이에서 중국의 북쪽에 있는 도시로 가는 것보다 서울로 오는 게 더 가깝겠군요.
中国大学校长： 是的,确实如此。到首尔比到北京还要近呢。

韩国大学校长： 숙소에서 연세대학교까지 오시는 길에 교통 체증은 없었는지요? 오늘이 추석 연휴 다음 날이라 교통이 혼잡하지 않았는지 모르겠습니다.
中国大学校长： 听说首尔的地铁四通八达,但路面上堵车的情况好像和上海差不多,挺严重的。韩国也很重视中秋节吗?

韩国大学校长： 네, 추석은 설과 더불어 한국에서 가장 중요한 명절입니다. 우리나라는 요즘이 가장 아름다운 계절로, 날씨가 선선하여 활동하기 좋은데, 상하이의 날씨는 어떻습니까?
中国大学校长： 上海白天还是有点儿热。首尔早晚好像有点儿凉。来的路上,我看见这儿的人都已经穿上长袖了。

韩国大学校长： 한국은 요즘 일교차가 큰 편이라 그렇습니다. 그런데 리자푸 총장님은 한국 방문이 처음이십니까?
中国大学校长： 是的,之前去过几次日本,来韩国还是第一次。

韩国大学校长：우리 대학 방문대표단이 지난번 귀 대학을 방문했을 때 많이 배려해주셨다는 이야기를 들었습니다. 이 자리를 빌려 감사드립니다.

中国大学校长：不要客气，这是我们应该做的。我也真诚地邀请您在方便的时候来我校访问。

韩国大学校长：감사합니다. 기회가 닿으면 저도 꼭 한번 방문하고 싶습니다. 아무쪼록 서울에 머무시는 동안 뜻 깊고 보람 있는 시간이 되길 바라며, 이번 방문이 기억에 남는 좋은 추억이 되시길 바랍니다.

中国大学校长：谢谢，我由衷地希望能够通过这次访问进一步深化两校之间的了解，增进友谊。

2.4 细节详解

❶ 이렇게 뵙게 되어 반갑습니다. 우리 대학 방문을 진심으로 환영합니다.

推荐翻译：欢迎您来延世大学。真高兴能在首尔见到您！

易错点拨：

- "이렇게 뵙게 되어 반갑습니다."是在正式场合下，初次见面时常用的一句话。根据情况可译成"见到您非常高兴""见到您很荣幸""您好！""幸会，幸会！"等。此处的句中"이렇게"起强调现场感的作用。
- 后一句可直译为"欢迎您来我校访问"，此处译成"欢迎您来延世大学"也无妨。
- "진심으로 환영합니다"是比较固定的说法，通常可译成"热烈欢迎"或者"非常欢迎"。这里请注意，汉译韩时，"热烈"和"非常"等副词不能译成"열렬히"和"매우"。因为在韩语中"환영하다"通常与"진심으로(真心地、衷心地)"搭配使用。

❷ 非常感谢您的邀请。

推荐翻译：이렇게 초청해 주셔서 (정말) 감사합니다.

易错点拨：

- "感谢"或者"谢谢"可以带宾语，而韩语"감사합니다"或者"고맙습니다"却不能带宾语。因此"感谢"的宾语不能译成韩语的目的格。(☞ 5.5.3 口译基本常识)
- 此处的"邀请"不能译成"초대하다"，韩语"초대하다"是"사람을 불러 대접하다"或者"어떤 모임에 참가해 줄 것을 청하다"之意。

第2课　互访、会晤
제2과　기관 방문

- 此句译成"이렇게 초청해 주셔서 감사합니다"比译成"초청해 주셔서 감사합니다"更好。此句还可以译成"이렇게 초청해 주신 데 대해 감사드립니다",不过第一种译法更为简洁。如果不是当面交谈的话(如:书信里),可以不加"이렇게"。
  - ☞ 이처럼 훌륭한 만찬에 초청해 주신 데 대해 감사드립니다. (摘自던 호주 총독 내외 주최 국빈만찬 때, 김대중 대통령 연설문)

❸ 먼 길 오시느라 수고 많으셨습니다.
  推荐翻译: 各位远道而来,一路上辛苦了。
  易错点拨:
  - "먼 길 오시느라 수고 많으셨습니다"是比较固定的说法,是"먼 길을 오시느라고 수고가 많으셨습니다"的简洁表达。"먼 길을 오다"可以直译为"远道而来",因此"远道而来的〇〇〇(人名)先生"通常可译成"멀리서 와 주신 姓名+职务+님께"。
  - "수고 많으셨습니다"比"수고하셨습니다"强调的作用更强一些,更加客气。这里请注意,在한국어 표준화법(韩国语标准说法)中"수고하셨습니다"这句问候语原则上用于同辈或晚辈,不能用于长辈或上司,否则,有可能会让对方产生不悦之感。

❹ 上海离首尔不远,不觉得很累。
  推荐翻译: 상하이와 서울이 (거리상) 가까워서 그런지 그다지 피곤하지 않습니다.
  易错点拨:
  - 此句用"때문에"连接不太恰当,因为"때문에"用来表示明确的原因关系。所以此处用"그런지"来连接两个分句比较恰当。"그런지"是"그러한지"的缩略形式,"-ㄴ지"作为连接语尾,连接前面某个假设性的原因与后面一句并不一定正确的事实,表示推测。
  - ☞ 피곤해서 그런지 입맛이 없다.(没胃口,可能是比较累的缘故。)
  - "不很……"译成"그다지 - 않다"比较恰当。"그다지"是"그러한 정도로는, 그렇게까지는"的意思,通常与"- 않다"或者"- 못하다"连用。

❺ 听说首尔的地铁四通八达,但路面上堵车的情况好像和上海差不多,挺严重的。韩国也很重视中秋节吗?
  推荐翻译: 서울은 지하철 노선이 잘 발달되어 있다고 들었는데, 상하이와 마찬가지로 길이 많이 막히는 것 같더군요. 그런데 한국에서도 추석이 중요한 명절입니까?
  易错点拨:
  - 此处的"听说"译成"듣자하니"不太恰当,译成"~라고 들었는데(~라고 하던데不用于正式场合)"更恰当。"-자 하니(까)"是一种惯用形式,严格来讲不能说是郑重的表

达方式。

- "首尔的地铁"译成"서울은 지하철이"比译成"서울의 지하철이"更为恰当。因为此句意在将首尔和上海作比较,所以"서울은 지하철이"把首尔作为主语的译法,更能体现首尔是话题的中心,从而更贴近原文语义。
- "地铁四通八达"可译成"지하철이 잘 발달되어 있다"或者"지하철이 잘 되어 있다"。不过前者是更准确、更正式的表达方式,而后者虽然也常用,但不太适用于正式场合。
- "和上海差不多"可译成"상하이와 마찬가지로"或者"상하이처럼"。

> **参考语法**
> "마찬가지"是指某事物的外形或事情的状况是相同的。助词"-처럼"则表示事物的外形相似或相同,同样助词"-같이"是指前面一词与被比较的一方同时具有某个典型的特征。

- "韩国也很重视中秋节吗?"直译为"한국도 추석을 중요하게 생각합니까?"或者"한국에서도 추석을 중요하게 생각합니까?"推荐翻译属意译,更符合韩语的语言习惯,更自然。

> **参考语法**
> "-에서(由)"是主格助词,用在集体名词(如:单位、机构或国家)后,表示前面的名词或者名词性成分是句子的主语。如:중국 정부에서도 저임금을 바탕으로 한 경공업 대신 서비스업과 금융업 등 새로운 산업 분야에 대한 유치를 위해 고심하고 있다.

❻ 上海白天还是有点儿热。首尔早晚好像有点儿凉。来的路上,我看见这儿的人都已经穿上长袖了。

推荐翻译:상하이는 낮에 아직도 약간 더운 편인데, 서울은 아침, 저녁으로 다소 쌀쌀하군요. 오면서 보니까 여기는 전부 긴 팔 옷을 입었더군요.

易错点拨:

- "上海白天还是有点儿热"译成"상하이는 낮에 아직도 약간 더운 편인데"比译成"상하이는 낮에 아직도 덥습니다"更为恰当。**第一**,如果译成"상하이는 낮에 아직도 약간 덥습니다"的话,带有下结论的口气,因此使用语气比较委婉的"편(还算是……)"来翻译比较合适。**第二**,如果此句译成单独一个句子的话,在与后边句子衔接时还需要一个连词,而且说话者要说的是两个城市的温差,因此"上海白天还是有点儿热"和"首尔早晚有点儿凉"合为一个句子翻译,对比的意思显得更明确。
- "来的路上,我看见……"可译成"오면서 보니까"或者"오는 길에 보니까"。

第2课　互访、会晤
제2과　기관 방문

❼ 리자푸 총장님은 한국 방문이 처음이십니까?

推荐翻译：李校长,您是第一次来韩国访问吗?

易错点拨：

- 韩国人称呼中国人名"리자푸(☞ 请参考附录2　外来语标记示例)"时,发音不可能像中国人那么标准,而且通常不带声调,把音发成平调,因此译员可能无法猜测正确的汉语姓名。所以进行翻译前,译员要掌握出席人员的汉语姓名。(☞ 2.5.1 口译基本常识)

- 在韩语中,大学的校长称为"총장(總長)",而小学和中学的校长则称为"교장(校長)"。这里请注意,"총장"一词并不限于"大学校长",其他场合也有使用,如:검찰 총장(检察长)。

- ☞ 반기문(潘基文) 총장:此处的"총장"是"유엔 사무총장(联合国秘书长)"的简略说法。

- "한국 방문이 처음이십니까?"译成"您是第一次来韩国访问吗?"比较符合汉语的表达习惯。因此汉译韩时"第一次+动词"句型很多时候可译成"-이(은) 처음이다"。这里请注意,在口语中,"한국은 처음이십니까?"或"한국은 처음 오셨습니까?"等表达方式虽然常用,但严格来讲,此句的正确表达应该是"한국에는 처음이십니까?"或者"한국에는 처음 오셨습니까?"

❽ 不要客气,这是我们应该做的。我也真诚地邀请您在方便的时候来我校访问。

推荐翻译：아닙니다. 별말씀을 다 하십니다. 총장님께서도 시간이 편하실 때 (언제 한번) 우리 대학을 꼭 한번 방문해 주시기를 바랍니다.

易错点拨：

- "不要客气(您太客气了),这是我们应该做的。"可译成"아닙니다. 별말씀을 다 하십니다.(更正式)"或者"아닙니다. 별말씀을요."此表达作为惯用语常用。这里请注意,此处的"这是我们应该做的"直译为"당연히 해야 할 일을 했을 뿐입니다"不太恰当,这句话多半是在自己做了义不容辞的事却得到他人的感谢或者夸奖时,用来表示谦虚的一种说法。

> **☞ 参考语法**
> "별말씀(別--)"是"별말"的敬语。"별말씀을 다 하십니다""별말씀을요""별말씀을 다 하시네요"带有一种"我(们)所做的只是我(们)所应该做的,对方过于客气的话语在我听来有点不敢当"的意思。第一种表达更适用于正式场合;第二种表达一般不用于长辈;第三种表达一般熟人之间常用,也不适合用于正式场合。

- 主语第一人称代词"我"不必译出。(☞ 2.5.2 口译基本常识)

- 此处的"邀请"不能译成"초청합니다"。因为"초청합니다"通常在邀请函等书信形式里

使用,当面不能跟对方说"초청합니다"。所以此处的"我恳切邀请……"译成"꼭 한번 방문해 주시기를 바랍니다(希望您能够来我校访问)"比较恰当。

☞ 초청 이벤트 공연에 회원님을 초청합니다.(在邀请函等书信形式里使用。)

> **☞参考语法**
> "번"在表示顺序、次数、量的概念时,前面的冠形词"한""두""세"与其并用需要隔写,如:한번。如果"한번"替换成"두번""세번",意思也成立的话就要隔写;如果不能替换,则合写,即"한번"。如"한번 엎지른 물은 다시 주워 담지 못한다.(覆水难收)"。这句话中若将"한번"替换成"두번",则语义不通,所以此处的"한번"要合写。

◉ "您"不能译成"교장 선생님",应译成为"총장님"。(☞ 3.5.2 口译基本常识)

❾ 감사합니다. 기회가 닿으면 저도 꼭 한번 방문하고 싶습니다. 아무쪼록 서울에 머무시는 동안 뜻 깊고 보람 있는 시간이 되길 바라며, 이번 방문이 기억에 남는 좋은 추억이 되시길 바랍니다.

推荐翻译: 谢谢您的邀请!有机会我一定去。希望您在访问期间能收获多多,并愿此次首尔之行给您留下美好的回忆。

易错点拨:

◉ "기회가 닿으면"可译成"有机会"。此处的"닿다"是"기회, 운 따위가 긍정적인 범위에 도달하다"的意思。与"기회가 있으면"相比,更具有期待的意味。

◉ "아무쪼록"是在邀请或拜托他人时,表现热切或恳切心情的副词,可以理解为"千万、无论如何、尽可能、恳切、诚恳"。此副词在正式场合下的结束语里经常与"-기(를) 바랍니다"搭配使用。(☞ 请参考附录3)。不过韩译汉时,比较难以体现其词义,因此可以使用更加诚恳的语气来体现其热切盼望的心情。

☞ 아무쪼록 서울에 체류하시는 동안 보람있는 시간을 보내시기 바랍니다.
아무쪼록 오늘 이 자리가 양국 소프트웨어 산업의 긴밀한 협력 관계에 군건한 초석으로 자리매김 하기를 바랍니다.

◉ "서울에 머무시는 동안 뜻 깊고 보람 있는 시간이 되길 바라며"中的"머무시는 동안"还可以表达为"체류(滞留)하시는 동안"。"보람 있는 시간"是比较固定的说法,是"希望这段时间对您有所帮助,取得丰硕成果"的意思。"되시길"是"되시기"和"ㄹ(与"를"相比,是更口语化的格助词)"合成的形式。

第2课　互访、会晤
第2과　기관 방문

❿ 我由衷地希望能够通过这次访问进一步深化两校之间的了解，增进友谊。

推荐翻译：이번 방문을 계기로 앞으로 두 학교 간의 관계가 더욱더 돈독해지기를 바라 마지않습니다.

易错点拨：

◉ 主语第一人称代词"我"不必译出，译出来反而不符合韩语表达习惯。（☞ 2.5.2 口译基本常识）

◉ "由衷地希望"可译成"바라 마지않습니다（바라다 + 마지않다）"，此表达在正式场合下常用于表达说话人的诚意。"마지않다"是"마지아니하다"的缩略形式，用于动词后，起强调作用。

☞ 부디 참석해 자리를 빛내 주시길 바라 마지않습니다.

☞ 다시 한번 이번 학술회의를 주최해주신 사회과학원 원장님과 관계자 여러분, 바쁘신 가운데서도 기꺼이 참여해 주신 전문가 여러분께 감사드리오며, 학술대회가 성공적으로 마무리되기를 바라 마지않습니다.

◉ "希望能够通过这次访问……"直译为"이번 방문을 통해 서로를 더욱더 잘 이해하고 양 교의 우의를 증진시킬 수 있기를（진심으로）바랍니다（기대합니다）."不过此处译成"이번 방문을 계기로 두 학교 간의 관계가 더욱더（더욱, 한층）돈독해지기를 바라 마지않습니다."更地道。第一，在韩语中，"이번 ○○을 계기로"是比较固定的说法。第二，"增进友谊"可直译为"양 교의 우의를 증진시키다"，但在这种场合里译成"두 학교 간의 관계가 더욱더 돈독해지기를"更地道。"돈독하다"是"深厚"的意思，在表达由衷地希望进一步增进双方（国家、机构、单位）之间的友谊的时候，常用"더욱（더）돈독해지기를 바랍니다（기원합니다）"或者"돈독히 할 수 있기를 진심으로 기원합니다"这些表达方式，如：양국간 우의가 더욱 돈독해지기를 바랍니다.

☞ 정근모 총장은 개회식 축사를 통해 "이번 교류전을 계기로 양 교가 더욱 돈독한 관계를 맺으며 서로에게 발전이 될 수 있는 계기가 되었으면 한다"는 소감을 밝혔다.

☞ 아무쪼록 상하이엑스포를 통해 양국의 경제문화적 교류가 더욱 확대되고 서로 간의 우의도 한층 돈독해지기를 기대합니다.

◉ "进一步"不能译成"진일보"，译成"더욱더（一个词），한층 더（两个词）"比较恰当。因为韩语里"진일보"是个名词，不能作为动词的状语使用，因此不能说成진일보 증진하다(X), 진일보 증진시키다(X)。

☞ 김성진 재정경제부 차관보는 한미FTA를 국내 금융산업이 진일보하는 계기로 삼기 위해, 금융 부문에서 포괄적이고 과감한 협상을 추진했다고 밝혔습니다.

2.5 口译基本常识

2.5.1 会面翻译之前的准备工作及一些注意事项   기관 방문 수행통역

    译员在接到口译任务之后,应该先确认关于口译任务具体情况的基本信息。也就是需要向口译委托方了解出席人员的姓名、职位、对话主题等信息。这之后需要熟记出席者的姓名,而且要收集并熟悉一些可能出现的对话主题和最近时事话题的相关信息。比如像第2课所出现的翻译情境,负责来访机构的口译,就需要熟记双方领导的姓名、两机构的历史沿革等相关信息。例如,当我们负责"环保"相关机构的口译时,则需要了解并熟记环保相关专业术语、相关国际组织名称、国际条约名称等。如果翻译内容专业术语较多,应根据了解到的情况制作单词表和相关知识手册,并尽量记熟。

    相对于笔译,口译中出现人名的频率较高,而且会面翻译时人名至关重要。因此译员需要事先通过委托方了解出席者的名单。这时,韩国人的汉字名字应该事先确认。如果事前了解名单比较困难,则应该在口译开始之前通过其他方式了解主要人员的名字。根据VIP(贵宾)口译和一般口译的不同情况,了解对方姓名的方式也有所不同。例如,直接索要名片、通过下属询问主要人士的姓名并作笔记等。在翻译人名的时候,应该注意以下两点:

    第一,韩译汉时,当不能准确了解到对方的姓名时,且不能用"您"来代替称呼时,用"李校长"这样"姓+职务"的称呼替代其姓名也是一种方法。第二,汉译韩时,韩方人士如果想知道在谈话中所涉及到的中国人的姓名或中国地名所用的汉字时,恰当的方法是以韩国汉字词典上的释字方法来解释汉字(如:人—사람'인')或者以韩国常用单词中的汉字为中心来解释汉字。对中国人来说,第一种方法的难度较大,因此建议采取第二种方法。例如:"胡锦涛"的最后一个字"涛"可以解释为"물결'도'자입니다"或者"'파도'의'도'자입니다("波涛"的"涛"字)",再则利用汉字的结构"'수명'의'수'자 왼쪽에 물 수(水)변이 있는 글자입니다("寿命"的"寿"字左边加上三点水旁)"来说明也并无不可。这其中第一种方法因为不会造成发音混淆而更为恰当,不过韩国人对第二种方法中出现的汉字更熟悉。

2.5.2 人称代词的翻译(二):第一人称代词的省略和补充   제1인칭대명사의 생략과 보완

    在汉语中第一人称代词做主语的时候省略的情况并不多见,但在韩语中经常省略第一人称代词主语。尤其是在口语中,因为韩国人具有放低自己身份的谦让礼仪,所以有着不突出"我",且婉转表达自己的习惯。另外在韩语中虽然没有像法语、德语似的严格的动词形态变化,但在敬语中,根据主语的不同动词也会发生改变,因此单凭动词也可以推断出没有直接出现的主语。

    ☞举例:그런 의미에서 이번 포럼은 한국과 중국 간(의) 실질적인 과학기술 협력 방안

第2课　互访、会晤
제2과　기관 방문

을 도출하는 뜻 깊은 자리가 될 것으로 기대합니다(확신합니다).

推荐翻译：从这个意义上讲,我深信今天的论坛具有深刻而长远的意义,并将成为建立中韩两国科技合作战略新的重要契机。

讲解：韩语原话省略了主语第一人称代词,但译成汉语时需补充主语—人称代词"我"。

☞ **举例**：21세기 한중간 경제협력 관계의 새로운 지평을 여는 동북아 시대를 맞이하여, 이곳 북경에서 무역상담회가 개최된 것에 대해 주중 한국대사관을 대표하여 환영과 축하의 말씀을 드립니다.

推荐翻译：21世纪,韩中两国经济合作关系迎来了新的东北亚时代,适逢商贸洽谈会在北京隆重召开,我谨代表韩国驻华大使馆表示热烈的欢迎和衷心的祝贺。

因此,翻译"我衷心祝愿……""我希望……""我(们)相信……""我认为……"等句型的时候,在大多数情况下不必译出主语第一人称代词。译出主语反而不符合韩语的表达习惯。如：

☞ 我衷心祝愿此次韩国商品展取得圆满成功。

推荐翻译：① 이번 한국상품전시회의 성공적인 개최를 진심으로 기원합니다.
② 이번 한국상품전시회가 성황리에 개최될 수 있기를 진심으로 기원드립니다.

☞ 首先,我代表河北省贸促会对各位朋友在百忙之中能够参加今天的招待会表示热烈的欢迎和衷心的感谢!

推荐翻译：먼저, 바쁘신 일정에도 불구하고(바쁘신 중에도 불구하고) 오늘 열린 리셉션에 참석해 주신 여러분께 허베이성(河北省)무역촉진위원회를 대표하여 진심으로 환영과 감사의 말씀을 드립니다.

☞ 我相信,通过本次媒体高层对话,中韩两国媒体间的交流合作,一定会更上一层楼,开创一个新局面!

推荐翻译：이번 고위급 언론포럼을 통해 한중 언론계의 교류와 협력(의) 수준이 한 차원(한 단계) 높아질 것으로 기대되며, 우리 앞에 새로운 길이 펼쳐질 것이라고 믿습니다 (새로운 지평이 열릴 것이라고 믿습니다).

2.5.3 口译笔记(Note-taking)　노트테이킹

口译工作者除了具备良好的语言表达能力外,还需要有敏捷的反应能力和较强的记忆能力,做笔记也是一个重要的辅助手段。口译的过程中,译员会遭遇许多信息负荷上的困难,例如:信息过多、信息杂乱或是信息陌生(如,专有名词或数字)。据有关记忆研究报告,

一段没有内在联系的内容,只要不复述的话,最多维持记忆3到5秒钟。即使能够完全理解信息的内容,人的短时间记忆也只可容纳由20多个单词组成的句子。因此,译员完全依赖人脑的记忆能力是很难完整地将信息传达出来的。这时候,我们就需要一些辅助手段,这就是口译笔记(노트테이킹,Note-taking)。

口译笔记的功能是:**第一**,笔记具有辅助短时记忆的作用,避免遗忘漏失。**第二**,笔记具有段落逻辑分析与保存的功能,能将语篇的段落整理清楚并保存一段时间。也许没有翻译实践经验的外语学习者只认识到口译笔记的第一功能,其实第二功能更为重要。译员的笔记不同于速记员的速记(phonography或stenography),口译笔记的目的并不是记录"原话",而是迅速保留原语信息要点和关键词语,酌情转译成另一种语言。

笔记是口译信息整理与保存的工具,运用这项工具时必须先了解到底笔记的内容是什么。口译时,建立新架构的必要信息是5WH(何人、何事、何时、何地、何因、如何),另外要加上数字与专有名词、专业术语。笔者在从事口译教学时发现两种常见情形:

一是,不少学生刚开始练口译笔记时都很认真,可是记下了一些细节,却忽略了一段话语的整体意思(逻辑关系),结果反倒影响了脑记和传译。口译笔记应有所选择,应选那些难以靠理解去记忆的,得依靠机械性记忆的数字、专有名词和专业术语,或者语句中的关键词等记下来,而把主要精力用于原语的听解上。我们除了用简略的方式记录话语的逻辑脉络之外,对于各个句子一般只需记录其主干,不必总是主、谓、宾俱全。有时只要记录主语和宾语,相应的谓语自然而然就能回忆起来。举个例子:"表示热烈的欢迎和衷心的感谢",我们只要笔记"欢迎"和"感谢"两个词或者替代符号就行,"热烈"和"衷心"这些词很容易就在大脑中形成印象。**二是**,有的学生只记下来孤零零的几个单词或短语,看自己的笔记仍不能回忆起来一段话语的整体意思。做口译笔记的关键在于,看到笔记应该能够回忆起整句话的逻辑关系。如果口译笔记仅仅是简单的单词罗列,反而只会阻碍记忆。

那么,职业译员采取何种方式做口译笔记呢?这要因人而异。比如,做笔记的速度很慢的译员会开发使用一些仅属于自己的笔记符号(如:用"↗"符号表示增加,用"↘"符号表示减少,用"C"表示中国,用"K"表示韩国)。笔者在做口译笔记时,有在主语下方画线或者在关键词语上画圈的习惯,必要时还会中韩文并用。

口译笔记只是译员对短时工作记忆或一定时间内的长时间记忆的提示性补充,它不能完全替换译员的记忆职能,但可以起某种"路标"的作用,从而提醒译员注意他在工作中所需要的各种信息。

在口译工作开始前,有必要先检查一下是否备好了专用的笔记本和笔。

◎ **专用的笔记本**:许多职业译员采用垂直翻页的笔记本,一般以A5幅面大小的居多。

交传笔记中的逻辑脉络以纵向延伸,所以窄型的本子可以在一页上记录较多的逻辑内容。有时译员手头没有专用的笔记本,不得不使用零散的纸张。在这种情况下,一定需要注意在每页笔记上标明顺序,否则工作时间长了难免弄乱。

◎ 笔:要先检查一下,笔是否书写顺畅,数量是否充足等等。

노트테이킹 중인 한국인 통역사
（正在记笔记的韩方译员）

노트테이킹 중인 중국인 통역사
（正在记笔记的中方译员）

口译花絮

谢谢你雪中送炭!

2000年至2005年,笔者经常受韩国驻华大使馆的邀请,给部长级的政府官员做陪同翻译。一次,笔者接受翻译任务,陪同韩国某政府机关的官员访问中国某政府机关。

那天,当笔者做为韩方翻译做口译笔记即将结束的时候,突然笔"罢工",不出水了。我翻遍了包也没找到多余的笔,这时才想起出门前换了包。一时间浑身直冒冷汗,虽然这个部分的口译笔记基本结束,还算顺利交差。然而事实上后面仍有口译任务。就在我如坐针毡、不知所措时,旁边的中方译员察觉到我的尴尬,于是把多余的笔递给了我!我当时感激得不知该说什么好,只是在心中默默感激他的及时相助。

单独会面时,译员坐在后面。
(右侧是笔者的导师许嘉璐先生)

中韩两国首脑会面
因是15~20位或以上集体会面,译员坐在总统身旁,主宾坐在对面。

通常情况下,政府部长级的面谈都会在接见室进行,双方的译员都会坐在双方领导后面。有时候,双方只安排一位译员,即便双方译员都在场,也会被中间茶几上的花束遮住视线,加之距离比较远,两位译员无法对视。那天,中方译员坐在能递给笔者笔的距离之内,真是"天助我也"。这件事发生之后,笔者养成了翻译的时候带3支笔的习惯,而且要确保每支笔都能够正常"工作"。

第3课 告知行程安排
제3과 행사 일정 안내

3.1 翻译场景

任务：参加北京大学国际学术研讨会的韩方代表结束公务活动之后，按计划将游览北京。北京大学国际合作部的相关负责人员将告知与会代表第二天的游览行程，假设你作为翻译，请试译以下内容。

Task: 북경대학교에서 열린 국제학술대회에 참가한 한국 측 대표들이 모든 공식 일정을 마치고 그 다음 날 북경 관광을 할 계획입니다. 내일 관광 일정과 관련하여 북경대학교 대외협력처 담당자가 설명을 하게 됩니다. 본인이 통역을 맡았다고 가정하고 아래 내용을 통역해 보십시오.

在场人物：北京大学工作人员（中）、与会专家们（韩）。

3.2 词汇预习

[汉译韩]

学术研讨会	학술대회(학회), 학술세미나
正式	정식으로, 공식적으로
介绍	소개(하다), 설명(하다)
游览	관광(하다)
行程	일정, 여정
参观	참관하다, 둘러보다, 관광하다, 견학하다, 시찰하다
大厅	로비(lobby), 홀(hall)
集合	모이다, 집결하다, 집합하다
疑问	의문, 의문점, 궁금한 점, 질문
整修	보수하다, 정비하다
没来得及	미처 ~하지 못하다
修改	고치다, 수정하다
景区	관광지
争取	~하기 위해 노력하다, 애쓰다
安排	(~하도록) 준비하다, (누구에게 무슨 일을 하도록) 하게 하다
市中心	시내
购物	구매하다, 사다, 쇼핑하다
购物中心	쇼핑센터, 쇼핑몰(shopping mall)

[韩译汉]

교외	郊区
쇼핑하다	购物, 买东西
지인	熟人, 朋友
면세점	免税店
여권	护照
지참하다	携带
달러	美元, 美金
위안화	人民币

第3课　告知行程安排
제3과　행사 일정 안내

● **[专有名词]**

八达岭长城	〔地名〕(바다링 부근의) 만리장성
十三陵	〔地名〕명 13릉

3.3 翻译内容

北京大学工作人员：各位代表，为期三天的"中韩佛教交流史国际学术研讨会"今天正式结束了。大家辛苦了！现在我向大家简单介绍一下明天游览北京的行程安排。明天我们要去参观著名的八达岭长城。早上7点半前大家在宾馆的二楼用餐，7点45分在宾馆大厅集合，8点准时出发。如果您对刚才所说的行程安排还有什么疑问，请提出来。

韩国人1：내일 명13릉은 안 가나요? 일정표에는 만리장성과 명 13릉 두 곳으로 되어있는데요?

北京大学工作人员：非常抱歉，因为十三陵正在整修，不便参观。我们也是前几天才接到通知的，所以没来得及修改日程表，很抱歉现在才通知各位。

韩国人2：만리장성이 북경 교외에 있는 걸로 들었는데, 여기서 시간이 어느 정도 걸리나요?

北京大学工作人员：如果不堵车的话，从各位现在住的宾馆到景区一般需要两个小时左右的时间。请大家务必准时集合，我们争取8点准时出发。

韩国人1：내일 쇼핑할 시간이 있을까요? 한국 지인들에게 줄 차를 좀 사고 싶어서요.

北京大学工作人员：您不必担心。明天下午我们会安排大家去市中心购物。

韩国人2：그럼 내일 시내면세점도 가나요? 여권을 지참해야 하는지 궁금해서요.

北京大学工作人员：明天我们去市内的购物中心，大家不用带护照。如果护照放在宾馆您不放心的话，也可以带在身上。不过，千万小心不要弄丢了。

韩国人1：혹시 내일 쇼핑센터에서 물건 살 때 달러를 사용할 수 있나요? 아니면 위안화만 가능한가요?

北京大学工作人员：我也不太确定，可能只能用人民币。如果没有其他问题的话，请大家今晚好好休息，我们明天见！

3.4 细节详解

❶ 各位代表，为期三天的"中韩佛教交流史国际学术研讨会"今天正式结束了。大家辛苦了！

推荐翻译： a. 오늘로서 3일 간의 "한·중 불교 교류사 국제학술대회" 일정이 모두 끝났습니다. 그 동안 수고 많으셨습니다.

b. 오늘로서 3일 간의 "한·중 불교 교류사 국제학술대회"와 관련한 공식 일정이 모두 끝났습니다. 그 동안 수고 많으셨습니다.

c. 오늘로서 "한·중 불교 교류사 국제학술대회" 관련 공식 일정이 모두 끝났습니다. 3일 동안 (모두) 수고 많으셨습니다.

易错点拨：

☯ 此处的"各位代表"不必译出。（☞ 1.5.2 口译基本常识）在其他需要译出的情况下，译成"여러분(들)"比较恰当。

☯ 用"오늘로서(到今天为止结束)"可以明确地表达出所有活动结束的意思。此处的"-로서"不是表示身份或资格的格助词，而是表示某动作发生或开始的格助词。

☯ 因为与会者都知道此研讨会的具体名称，所以"中韩佛教交流史"可以不译，此时添加"이번(此次)"比较合适。"学术研讨会"译成"학술대회"比较恰当。（☞ 3.5.2 口译基本常识）

☯ 此处的"正式"译成"정식으로"不太恰当。韩语"정식으로"是"정당한 격식이나 의식을 통해(通过某种正式的仪式)"的意思。

☞ 애플이 오는 6월 7일부터 11일까지 닷새 동안 샌프란시스코에서 열릴 '전세계 개발자 컨퍼런스(WWDC)'에서 업그레이드된 아이폰 모델을 정식으로 선보이고, 가격과 사양 등을 발표할 것 같다고 업계 전문가들이 전망했다.

因此，如果要将"正式"译成状语的话，译成"공식적으로"比较恰当。不过在本文环境设定下出现的"正式"译成"공식"，并且译成相对应名词的定语比较好，如：공식 일정，공식 행사。

☞ 2월 9일 금요일 오전 9시 30분에 호텔 로비에 집결하여 기념 촬영을 가진 후, 공식 일정을 모두 마치고 출국 준비를 위해 공항으로 이동할 예정입니다.

☞ 活动马上就要正式开始了，请各位来宾尽快入座。

第3课　告知行程安排
제3과　행사 일정 안내

(곧 공식 행사가 시작될 예정이오니 참석하신 여러분들은 자리에 착석하여 주시기 바랍니다.)

◎ "大家辛苦了。"译成"그 동안/3일 동안 (모두) 수고 많으셨습니다(此期间/这三天以来大家辛苦了)"比较恰当。**第一**,"大家"不必译出。**第二**,加译"그 동안"或者"3일 동안"比较好,翻译时如果省略主语后仅译成"수고 많으셨습니다"的话,在前后句子连接上显得不自然,有点突兀。**第三**,译成"수고 많으셨습니다"比译成"수고하셨습니다"强调的作用更强一些,更加客气。这里请注意,在한국어 표준화법(韩国语标准说法)中"수고하셨습니다"这句问候语原则上用于同辈或晚辈,不能用于长辈或上司,否则,有可能会让对方产生不悦之感。

❷ 现在我向大家简单介绍一下明天游览北京的行程安排。明天我们要去参观著名的八达岭长城。

推荐翻译: 지금부터 내일 있을 북경 관광 일정에 대해 간략하게 말씀드리겠습니다. 내일은 여러분들이 잘 아시는 만리장성을 관광할 예정입니다.

易错点拨:

◎ "我"和"向大家"均不必译出。(☞ 2.5.3 口译基本常识)

◎ 此处的"介绍"译成"소개하다"不太恰当,译成"말씀드리겠습니다, 안내 드리겠습니다, 설명(을) 드리겠습니다"更恰当。像此处的"介绍"意思为"어떤 일이나 대상의 내용을 상대편이 잘 알 수 있도록 밝혀 말하다(向对方告知某事物的具体内容)",用于口头通知、介绍某件事(如:行程安排)的时候,译成"소개하다"不太恰当。(☞ 3.5.3 口译基本常识)

◆ 此处的"游览"不能译成"유람하다",而应该译成"관광하다"。现代韩语中"유람하다"一词词义缩小,现在其词义只限于"周游"的意思,如:명승지를 찾아 전국을 유람했다(周游全国各地)。(☞ 3.5.3 口译基本常识) 名词"유람"的使用范围也有局限性,如:유람선(游船)。

☞ 안석경이 대승암과 처음 인연을 맺게 된 것은 1746년 봄의 일이다. 안석경은 그때 구룡사와 대승암을 유람하고 비로봉 정상에도 올랐으니 그 때부터 대승암을 마음에 두었던 듯하다.

◎ 此处的"安排"指"日程安排",此时应译成"일정"。

◎ "著名的八达岭长城"译成"여러분들이 잘 아시는 만리장성(众所皆知的万里长城)"比较恰当。**第一**,"著名的"不能译成"저명한"。"저명하다"一般不能用于形容事物,只用于形容人。(☞ 3.5.3 口译基本常识)**第二**,翻译时去掉"八达岭"比较适宜。因为大

部分韩国人对"八达岭"这一地名不熟悉,直译过来反而可能对韩国人听者抓住"长城"这一关键词造成干扰,而且口译中不便过多解释。所以建议不译出,不译"八达岭"对传达此句的意思并没有影响。不过在口译中减译处理要慎重。第三,需要加译"万里"。对韩国人来说,"万里长城"是比较熟悉的说法。

- 此处的"参观"不能译成"참관하다",而应译成"관광하다"。韩语中"참관하다"带有"被动地去观看某个事物(누가 무엇을 하는 것을 수동적인 입장에서 보다),对各种情况或事物加以比较观察"的意思,而且带有公务性质和明确的目的性,例如:학부형들이 수업을 참관하다(家长旁听课堂教学)。"参观"根据情况可译成"참관하다""둘러보다""관람하다""관광하다""견학하다""시찰하다"等。(☞ 3.5.3 口译基本常识)

> ◎ 참관[參觀]하다 - 수업을/개막식을 참관하다
> ◎ 둘러보다 - 시설을/현장을 둘러보다
> ◎ 관람[觀覽]하다 - 박물관을 관람하다, 영화/연극/전람회/운동 경기를 관람하다
> ◎ 견학[見學]하다 - 현대자동차 공장을/중국 CCTV방송국을 견학하다
> ◎ 시찰[視察]하다 - 공사 현장을/수해 복구 현장을 시찰하다

❸ 早上7点半前大家在宾馆的二楼用餐,7点45分在宾馆大厅集合,8点准时出发。如果您对刚才所说的行程安排还有什么疑问,请提出来。

推荐翻译:7시 반까지 호텔 2층에서 아침 식사를 하신 후, 7시 45분에 로비에 모여서 8시 정각에 출발하도록 하겠습니다. 방금 말씀 드린 일정과 관련하여 혹시 질문 있으십니까?

易错点拨:

- 此处的"集合"不能译成"집합하여",因为"집합하다"带有团体的集体行为时所特有的强迫性的、命令的色彩,类似军队里所使用的强硬命令语气。(☞ 3.5.3 口译基本常识)因此,此处译成"모여서"或者"다 같이 집결하여"比较恰当。后者稍微带有书面语色彩,因此通常用于正式场合。

- "8点准时出发"可译成"8시 정각에 출발하도록 하겠습니다"。"准时"与具体时间一起使用的时候,不能译成"정시에",而应译成"정각(正刻)에"。

- "如果"通常可译成"만약 - 하(시)면",不过此处译成"혹시 - 하(시)면"更恰当。"혹시"是"그러할 리는 없지만 만일에"的意思,当说话者认为几乎没有这种可能性,进行假设时使用此副词。

- "疑问"根据情况可译成"의문점, 궁금한 점, 질문"。此句译成"혹시 질문 있으십니까?"比译成"혹시 궁금한 점 있으시면 질문하십시오"更好。因为"-십시오"虽然也

第3课　告知行程安排
제3과　행사 일정 안내

可以表达劝说的意思,但仍是一种表示命令的终结语尾,在较正式的场合下,使用此表达不是很得体。(☞3.5.1 口译基本常识)

❹ 非常抱歉,因为十三陵正在整修,不便参观。我们也是前几天才接到通知的,所以没来得及修改日程表,很抱歉现在才通知各位。

推荐翻译：죄송하지만 명13릉이 보수 공사로 인해(보수 공사 중이라) 관람이 어렵게 되었습니다. 저희도 며칠 전에야 통보를 받아서 일정표를 미처 수정하지 못했습니다. (일정 변경을) 지금 알려드리게 된 점 양해를 부탁드립니다.

易错点拨：

◐ 此处的"整修"译成"수리하다"不恰当,而应译成"보수하다"。"보수 작업에 들어가다"是一种比较固定的说法。此外,"리뉴얼 공사로 인해 임시 휴업"或者"리뉴얼 공사로 인해 임시 휴관"中的"리뉴얼 공사"是重新装修的意思。如：고급화와 대형화, 디자이너 매장 확대와 감각적인 패션전문점을 컨셉(规范用法为"콘셉트")으로 2013년 5월 리뉴얼 오픈하였습니다.

☞ 시교육청은 올 여름 방학부터 6억 원을 들여 보수 작업에 들어가서 겨울 방학까지 문화교실, 독서상담실 등이 자리잡은 어린이들의 문화 공간으로 만들 것이라고 밝혔다.

◎ 보수하다: 对建筑或设施老化及破损之处进行修缮。
　　　　　例如：다리를/박물관을 보수하다
◎ 수리하다: 对产生故障或破旧之处进行修理(多用于机械)。
　　　　　例如：자전거를/집을/컴퓨터를/휴대폰을 수리하다
◎ 수선하다: 修复老化或破烂之处(多用于衣物)。例如：구두를/옷을 수선하다

◐ "前几天才"可译成"며칠 전에야"。请注意,"몇 일"是不规范的写法。
◐ "没来得及"可译成"미처",经常与"못하다"搭配使用。

❺ 如果不堵车的话,从各位现在住的宾馆到景区一般需要两个小时左右的时间。请大家务必准时集合,我们争取8点准时出发。

推荐翻译：차가 막히지 않을 경우에는 여러분이 묵고 계신 숙소(호텔)에서 보통 2시간 정도 걸립니다. 내일 아침 8시 정각에 출발할 수 있도록 시간을 꼭 지켜주시길 부탁 드립니다.

易错点拨：

- 此处的"住"是"묵다(住宿)"的意思。因此译成"여러분이 묵고 계신 숙소/호텔(곳)에서"或者"여기서"比较恰当，前一个译法比较全面，后一个译法比较简洁。
- "到景区"直译为"관광지까지"，此处译成"만리장성까지"更恰当。不过为了表达简洁，"到景区"建议不译。
- 此处的"需要……时间"可译成"시간이 걸리다"或者"시간이 소요되다"。
- "务必准时"可译成"시간을 지켜주시기 바랍니다(시간을 엄수해주시기 바랍니다)"或者"시간을 지켜주시길 부탁 드립니다(시간을 엄수해주시길 부탁 드립니다)"。当说话人在转达命令的同时又带有委托或邀请的语气时使用"-시기 바랍니다"要比"-십시오"更恰当。(☞ 4.5.1 口译基本常识)
- 此处的"争取"不能译成"쟁취하다"。在韩语中，"쟁취하다"是"겨루어 싸워서 얻다(通过争斗获得所需的东西)"的意思，如：독립을 쟁취하다(争取政治独立)。(☞ 3.5.3 口译基本常识)"大家务必准时集合"的目的是为了8点准时出发，因此此处的"争取"译成"~할 수 있도록"比较适宜，这样目的性更加明确。"争取"作为力求实现的意思使用时，可译成"~할 수 있도록 노력하다, ~하도록 애쓰다（"以便于""为了""以使"）。

❻ 您不必担心。明天下午我们会安排大家去市中心购物。

推荐翻译：a. 내일 오후 일정에 쇼핑이 포함되어 있으니 염려 안 하셔도 됩니다.
　　　　　b. 내일 오후에 쇼핑 일정이 잡혀있으니 염려 안 하셔도 됩니다.

易错点拨：

- 将两个句子合为一个句子翻译比较合适。此时把后一个句子先译出来更自然。
- "您不必担心"译成"염려(걱정) 안 하셔도 됩니다"比译成"걱정하지 마십시오"更恰当。因为"-십시오"是命令形，给人感觉语气过于强硬，所以翻译时要尽量避免译成命令形式。(☞ 3.5.1 口译基本常识)，而且"걱정하지 마십시오"带有说者为听者提供保障或担保的语气。
- "安排"不能译成"안배하다"。韩语"안배(하다)"有"对全体之中某一部分内容(比率或数字)进行合理配置"之意。如：시험 시간(을) 안배(하다), 체력(을) 안배(하다), 지역(을) 안배(하다)。
  ☞ 회사 일에 대한 시간 안배는 중요한 것부터 한다.
  　译文：对公司事务的时间安排，应从重要事项开始。

第3课　告知行程安排
제3과　행사 일정 안내

❼ 明天我们去市内的购物中心,大家不用带护照。如果护照放在宾馆您不放心的话,也可以带在身上。不过千万小心不要弄丢了。

推荐翻译: 시내에 있는 쇼핑센터로 갈 예정이기 때문에 여권을 가져가실 필요는 없습니다. 혹시 여권을 호텔에 두는 게 불안하시면 가져가셔도 상관 없지만 (여권을) 분실하지 않도록 조심하셔야 합니다.

易错点拨:

- 第一个句子的两个分句可以看成因果关系,因此用"때문에"来表示因果关系比较合适,这样韩国人更容易理解。
- "购物中心"可译成"쇼핑센터(shopping center)"或者"쇼핑몰(shopping mall)"。(☞ 5.5.2 口译基本常识)这里请注意,在韩国"쇼핑몰"多半是"인터넷 쇼핑몰(网上商城)"。
- "如果"通常可译成"만약 ~하(시)면",不过考虑与"불안하다"搭配使用,此处的"如果"译成"혹시 ~하(시)면"也许更恰当。"혹시"是"그러할 리는 없지만 만일에(虽然可能性很小,但是仍进行假设)"的意思,说话者认为几乎没有这种可能性的时候使用此副词。

> ☞ **参考语法**
> "혹시"用于说话者自己认为可能性很小时。"만약"带有可能有这样意外的情况发生之意,虽然发生机率很小,但仍然认为有这样的可能性。

- "也可以带上"可译成"가져가셔도 상관 없지만"或者"가져가셔도 되지만"。此处的"可以"可译成"-하셔도 됩니다"。(☞ 4.5.1 口译基本常识)

❽ 혹시 내일 쇼핑센터에서 물건 살 때 달러를 사용할 수 있나요? 아니면 위안화만 가능한가요?

推荐翻译: 明天在购物中心买东西的时候,可以用美金吗? 还是只能用人民币?

易错点拨:

- "혹시"用于疑问句的时候,表示说话人对自己的想法不太确定而稍有犹豫。
- "달러(dollar)"是"美金"的意思,有些人把"달러"发音为[딸러]或者[딸라],如果发后一个音则显得说话人文化层次较低。"달러"作为依存名词的时候,与"불(弗)"意思相同。如:최근 세계 경제의 회복 지연에도 불구하고 상호보완적인 산업구조를 적절히 활용하여 금년에는 양국 간 교역 규모가 1800억불(美金)을 넘어설 것으로 예상됩니다.

- "위안화"是"人民币"的外来词标记。有些韩国人把"人民币"写成或读成"위앤화",但"위안화"是规范的写法。

❾ 我也不太确定,可能只能用人民币。
推荐翻译:저도 확실하게는 말씀 못 드리겠지만, 아마 위안화만 (사용) 가능할 것 같습니다.

易错点拨:
- "我也不太确定"可译成"저도 확실하게는 말씀(을) 못 드리겠지만"。"확실하게 말씀(을) 드리다"和"확실하게 말씀(을) 못 드리다"是比较固定的说法。"말씀"一词在尊称他人所说的话或者谦称自己所说的话时使用,在这里它是谦称。
- "可能只能用……"可译成"아마 ○○만 사용할 수 있을 것 같습니다"或者"아마 ○○만 (사용) 가능할 것 같습니다"。

❿ 如果没有其他问题的话,请大家今晚好好休息,咱们明天见!
推荐翻译:다른 질문이 없으시면 이상으로 내일 일정 안내를 마치겠습니다. 그럼 오늘 밤 푹 쉬시고 내일 뵙겠습니다.

易错点拨:
- "如果没有其他问题的话"可译成"(다른) 질문(이) 없으시면 이상으로 -을/를 마치겠습니다"。此处的"问题"译成"문제"不太恰当。
☞ 질문(이) 없으시면 이상으로 브리핑을 모두 마치겠습니다.
- "好好休息"可译成"푹 쉬다"。此处的"好好"可译成"푹, 편안하게(편안히, 편히)"。"푹(편히) 쉬십시오(쉬세요)"一般睡觉前互道晚安时使用。

3.5 口译基本常识

3.5.1 口译中巧用疑问、陈述形式代替命令形式　비명령문으로 통역

在正式场合下进行翻译工作时要尽最大限度地使用郑重的表达方式,只有这样才能使在座的韩国听众感到自然舒服。韩语通常使用敬语、委婉语气的表达、开放式的表达等方式来体现郑重的语气和氛围。而在韩语的学习过程中我们已经熟练掌握了韩语中基本的敬语体和委婉语气的表达方式,下面我们来了解一下另外一项重要的口译技巧——开放式的表达。这里所说的"开放式的表达"包含请求式、疑问式和肯定性表达等等。如下例所示,汉译韩时应尽可能避免使用命令式,而改用请求式或疑问式。下面将列举出不同句式的韩语译文,试体会其中的微妙差异。

☞ 举例:如果有什么疑问,请提出来。(见本课。)
此句译成"혹시 질문 있으십니까?"比译成"혹시 궁금한 점 있으시면 질문하십시오."更恰当。因为"-십시오"是一种命令形终结词尾。

☞ 举例:2013年5月美国演员威尔·史密斯访韩时,主持人跟他说: 한국 팬들에게 인사해 주시겠습니까?(首先,请向韩国的广大粉丝们打个招呼。)(摘自2013年5月9日采访)

> <녹취> 오승원 (아나운서): "한국 팬들에게 인사해주시겠습니까."
>
> <녹취> 윌 스미스 (영화배우): "그럼요. 저기를 보고 말하면 되나요. 저기 한국 팬들이 모두 있는 겁니까."

☞ 举例:请你再说一遍。
다시 한번 말씀해 주십시오. (命令形 — 字面翻译)
다시 한번 말씀해 주시겠습니까? (请求语气 — 推荐翻译)

☞ 举例:请填好资料。
서류를 작성해 주십시오. (命令形 — 字面翻译)
서류를 작성해 주시겠습니까? (请求语气 — 推荐翻译)

☞ 举例:请签名。
(여기에) 서명해 주십시오. / 사인해 주십시오. (命令形 — 字面翻译)
(여기에) 서명해 주시겠습니까? / 사인해 주시겠습니까? (请求语气 — 推荐翻译)

☞ 举例:请您先就全球金融危机对中国和世界的影响做一个简单的分析。
먼저 이번 글로벌 금융 위기가 중국과 전 세계에 미치는 영향에 대해 간단히 분석해 주십시오. (命令形 — 字面翻译)
먼저 이번 글로벌 금융 위기가 중국과 전 세계에 미치는 영향에 대해 간단히 분석해 주시겠습니까? (请求语气 — 推荐翻译)

☞ 举例:您不必担心。(摘自第3课)
걱정하지 마십시오. (命令形 — 字面翻译)
염려(걱정) 안 하셔도 됩니다. (非命令形 — 推荐翻译)

3.5.2 国际会议名称的翻译 　국제회의 명칭

国际会议根据会议的性质、类型往往分为Conference, Symposium, Forum, Meeting, Seminar、Committee、Council、Workshop等名称。在韩语中，由于国际会议名称通常使用外来词，韩译英或者英译韩时，大多数情况下可以一一对应翻译。而韩译汉和汉译韩时，不存在一一对应关系，翻译情况比较复杂。因此翻译国际会议名称时，事先需要查询已有信息（如：官方网站），然后确定正确的名称。

(1)"论坛"通常可译成"포럼（Forum）"。例如：

汉：2010上海世博会**论坛**
英：2010 Shanghai EXPO **Forum**
韩：2010 상하이 엑스포 **포럼**

汉：第二届(2004)上海环保与新能源国际**论坛**
英：2004 Shanghai Environment Protection & Renewable Energy International **Forum**
韩：제2회(2004) 환경보호·대체에너지 국제**포럼**

(2)"会议""大会"通常可译成"컨퍼런스（Conference）"。例如：

汉：第13届国际艾滋病**会议**
英：XIII International AIDS **Conference**
韩：제13회 국제 에이즈 **컨퍼런스**

汉：2009国际内容开发者**会议**
英：ICON 2009（International Content Creater's **Conference**）
韩：2009 콘텐츠 개발자 국제 **컨퍼런스**

汉：第三届中国游戏开发者**大会**
英：China Game Developer **Conference** 2010（CGDC 2010）
韩：제3회(2010) 중국 게임개발자 **컨퍼런스**

汉：第四届中国生物产业**大会** 2010
英：2010 4th China Bioindustry **Conference** Convention
韩：제4회(2010) 중국 바이오산업 **컨퍼런스**

(3)"研讨会"的翻译情况较为复杂，通常可译成"컨퍼런스（Conference）"或者"심포지엄（Symposium）"，但有时还可译成"포럼（Forum）"或者"세미나（Seminar）"。"学术

研讨会"一般译成"학술대회"。例如：

汉：2009国际液晶科技**研讨会**

英：2009 International **Symposium** on Liquid Crystal Science and Technology

韩：2009 액정(LC)기술 국제 심포지엄

汉：2011年信息科学、自动化和材料国际**研讨会**

英：2011 International **Conference** on Information Science, Automation and Material System

韩：2011 정보과학·자동화·소재시스템 국제 컨퍼런스

汉：2009中国汽车出口物流国际**研讨会**

英：2009 China Automotive Export Logistics **Forum**

韩：2009 중국 자동차 수출 물류 국제 포럼

汉：中国饭店业行业标准**研讨会**

英：China Hotel Industry's Standards **Seminar**

韩：중국 호텔업계 서비스 표준화 세미나

3.5.3 汉字词的翻译：不能一一对应翻译的汉字词 한자어의 통역

　　虽然韩语词汇里存在大量的汉字词，但是不少韩语汉字词翻译为汉语时不能照搬。因为有些韩语汉字词与汉语词在词义范畴、词组搭配、词性、感情色彩等方面有不同的用法，因此翻译时需谨慎对待。例如：从第1课至第3课为止出现的"商务、方面、校长、介绍、参观、著名、游览、安排、争取"等的汉语词均不能一一对应译成"상무，방면，교장，소개하다，참관하다，저명하다，유람하다，안배하다，쟁취하다"。如下所示：

　　(1) 词义范畴不同

　　由同样的汉字所构成的汉语词和韩语汉字词同时存在时，其词义范围也可能会有不同。如果不事先了解两个词语的不同点而照搬翻译，必然会使听者难以理解或造成误解，因此在翻译汉字词时应该特别注意。

　　☞ 韩国留学申请签证所需材料清单。

　　　推荐翻译：한국 유학비자 신청에 필요한 서류 목록.

　　　讲解：此处的"材料"不能译成"재료"。在韩语中"재료"是指原材料的意思。

　　☞ 我公司非常重视产品的质量和性能。

推荐翻译: 당사는 제품 품질과 성능을 매우 중요하게 생각합니다.
讲解: 此处的"质量"不能译成"질량"。韩语"질량"专指物理学中的质量。"质量"通常可译成单音节"질"或者双音节"품질",如:生活质量 – 삶의 질。此处,为了明确表达产品质量的意思,译成双音节"품질"更为恰当。

☞ 全校在编教师5226人,其中教授1379人,副教授1780人。
推荐翻译: 현재 저희 대학에는 정교수 1,379명, 부교수 1,780명을 포함하여 총 5,226명의 전임 교원이 재직하고 있습니다.
讲解: 此处的"教师"不能译成"교사"。在韩语中,"교사"指的是幼儿园、小学、中学的老师,而不包括大学的教师,在韩语中称所有的大学教师为教授。也就是说,汉语"教师"和韩语"교사"在词义范围上有所差别。

(2) 词组的前后搭配习惯不同
在外语学习的过程中,熟悉主语和谓语,宾语和谓语,状语(副词)和谓语,定语(形容词)和名词的固定搭配是十分重要的。需要注意的是汉语和韩语的句子成分间的搭配是有许多不同之处的。

☞ 我们打算组织一次才艺比赛,丰富大家的业余生活。
推荐翻译: (학생) 여러분들이 여가 시간을 유익하게(알차게) 보낼 수 있도록 장기자랑 대회를 준비할 예정입니다.
讲解: 此处的"组织"不能译成"조직하다"。韩语中"조직하다"是"(고정적, 장기적으로) 어떤 단체나 기구를 조직하다"的意思,其宾语一般是集体名词(机构名称),如:자원봉사단을 조직하다 / 11월 열리는 주요 20개국(G20) 정상회의 준비를 위해 1년 전 G20준비위원회가 조직됐다。动词"组织"通常可译成"준비하다, 구성하다, 편성하다, 모집·파견하다"等。另外,此处的"丰富"不能译成"풍부하게 하다"。韩语中"생활(生活)"不能与"풍부하다/풍부하게 하다"搭配使用,而与"풍요(豊饒)롭다(生活富足、生活富裕)"搭配使用,而且"풍부하다"与"풍요(豊饒)롭다"的词义不同。

☞ 希望大家多多支持我的新歌。
推荐翻译: (이번) 신곡 많이 사랑해주세요.
讲解: 此处的"支持"不能直译为"지지(하다)"。在韩语中,"지지(하다)"是"어떤

第3课　告知行程安排
제3과　행사 일정 안내

사람이나 단체 따위의 주의·정책·의견 따위에 찬동하여 이를 위하여 힘을 쓰다"的意思,通常用于支持某政治家或某组织的政治理念或思想,因此其宾语不能是具体事物。

☞ 今天,参加招待酒会的有,部分国家的驻华使节、商协会代表和工商界人士,还有中国贸促会的领导,其中有很多与河北省贸促会合作多年的老朋友,也有刚刚结识的新朋友。

　　推荐翻译: 오늘 만찬 리셉션에는 여러 나라의 주중 외국사절, 상공협회 및 상공업계 인사들 그리고 중국국제무역촉진위원회 고위 관계자들께서 참석해 주셨습니다. 이 중 많은 분들은 하북성무역촉진위원회(CCPIT 하북성 지부)와 오랫동안 협력을 해 오신 분들이고, 이번에 새로 뵙게 된 분들도 있습니다.

　　讲解: 此处的"参加"译成"참가하다"不太恰当,译成"참석하다"更恰当。"참석(하다)"相对于"참가(하다)"和"참여(하다)"来讲,所指的范围更小,意义也更具体。"참가(하다)"相较于"참석(하다)"有着更宽泛的词义,更强调动态的行为。"참여(하다)"一词则含有"참가해서 관계하다(不仅参与活动且强调与活动的相关性)",即更加强调"참석한 것에서 어떤 역할을 한다는 것(在所参加的活动中所担任的角色)"。因此,类似本句中所出现的"聚会(如:만찬 리셉션, 개막식)"作为宾语出现时,并且其意思为"出席"时应译成"참석(하다)"。

(3) 词性不同

　　由同样的汉字所构成的汉语词和韩语汉字词同时存在时,两个词语的词性可能完全不同,或者其常用词义的词性不同。因此,翻译时不能照搬。比如说,第2课出现的韩语"연휴(連休)"是名词,而汉语"连休"是动词性成分。

☞ 这次展览作为河北省第十九届对外经贸洽谈会的重要组成部分,展区面积大,展品丰富,全面展示了河北经济的发展水平、产业优势和地方特色。

　　推荐翻译: "제19회 하북성 대외경제무역 상담회"의 주요 행사 중(의) 하나인 이번 전시회는 전시장의 면적이 넓고 제품이 다양하다는 특징을 가지고 있어, 하북 지역의 경제 발전상과 비교우위(경쟁력)를 가지고 있는 산업, 그리고 지방 특색을 종합적으로 반영하고 있습니다.

讲解：此处的"产业优势"不能直译为"산업 우세"。在韩语中，"우세"一般不能作为单独名词，而是常以"우세하다"或者"우세적이다"等形式出现。因此名词性"优势"应译成"(비교)우위, 경쟁력, 강점, 장점, 이점"等。此处译成"(비교)우위"或者"경쟁력"比较恰当。

☞ 这种微型手机除了样式小巧外，还有一个更大的优势就是极其低廉的价格。
　　推荐翻译：① 이런 초미니 휴대폰은 크기가 작아 모양이 깜찍하다는 점 외에 가격이 아주 저렴하다는 것이 큰 장점입니다. / ② 이런 초미니 휴대폰은 크기가 작다는 점 외에 가격이 아주 저렴하다는 큰 장점을 가지고 있습니다.
　　讲解：此处的"优势"不能译成"우세"，译成"장점"或者"이점"比较恰当。

☞ 下面有请北京大学校长周其凤先生为本次论坛致辞。
　　推荐翻译：다음은 북경대학교 저우치펑 총장님께서 축사(환영사)를 하시겠습니다.
　　讲解：此处的"致辞"不能译成"치사하시겠습니다"（韩语中无此表达）。**第一**，韩语"치사/축사"作为名词，与动词"하다"搭配使用，如：정운찬 국무총리가 8일 서울 신라호텔에서 열린 세계전략포럼 개막식에 참석, 치사를 하고 있다（摘自报纸报道）。而汉语"致辞"常用作动词，表示行为。**第二**，"致辞"与"치사(或치사를 하다)"在词义范围上有所差别，在大部分情况下不能译成"치사"。(☞ 10.5.1 口译基本常识)

(4) 同形异义
由同样的汉字所构成的汉语词和韩语汉字词同时存在时，其意义可能会有不同，如果翻译时只是一一对译会造成听者理解上的困难或误解。因此，在使用时需要注意，切忌在翻译同形异义词时产生错误。

☞ 如果贵方同意我们的建议，我校校长将赴韩国与贵校签署协议。
　　推荐翻译：저희 쪽 제안에 동의하신다면, 귀 대학과의 MOU체결을 위해 우리 대학 총장님께서 한국을 방문하실 겁니다.
　　讲解：此处的"建议"不能译成"건의"。韩语中"건의"是"(为了改善硬件或者软件环境)개인이나 단체가 의견이나 희망을 내놓음. 또는 그 의견이나 희망"的意思，如：회원들의 건의에 따라 휴게실을 설치하기로 하였습니다.

第 3 课　告知行程安排
제3과　행사 일정 안내

☞ 我们还会对女性的发型、妆容等提一些小建议。
　　推荐翻译：여성분들의 헤어 스타일이나 화장 스타일에 대해 간단한 조언도 해 드립니다.
　　讲解：此处的"建议"不能译成"건의"。请参考上述讲解。

☞ 双方在亲切友好的气氛中进行了交谈。
　　推荐翻译：양측은 편안한(화기애애한) 분위기에서 대화를(의견을/담소를) 나눴습니다.
　　讲解：此处的"亲切的"不能译成"친절한",韩语中"친절하다"具有"대하는 태도가 매우 정겹고 고분고분함. 또는 그런 태도"之意,如:사모님께서 아주 친절하게 찾아오는 길을 알려주셨어요.

(5) 语气或感情色彩有别

由同样的汉字所构成的汉语词和韩语汉字词同时存在时,两个词语的语气或感情色彩也可能有所不同,口译时需要格外留意。不适当的翻译会使对方听的时候感觉不自然,甚至会产生不悦之感乃至造成误解。

☞ 我们7点45分在宾馆大厅集合,8点准时出发。(见本课)
　　推荐翻译：7시 45분에 로비에 모여서 8시 정각에 출발하도록 하겠습니다.
　　讲解：此处的"集合"不能译成"집합하여",因为"집합하다"带有在团体的集体行为时所要求的强迫性的、命令的色彩(如:军队里)。因此,此处译成"모여서"或者"다같이 집결하여"比较适宜。

☞ 我对工资的要求都写在简历上,不过我可以接受公司的决定。(摘自第1课)
　　推荐翻译：제가 희망하는 급여 수준을 이력서에 기재했지만, 회사의 결정에 따르겠습니다.
　　讲解：此处的"要求"不能译成"요구(요구 조건)"或者"요구하는 급여 수준"。韩语"요구(하다)"是对自己应该得到的东西或报酬提出要求的意思,因此要求方应该具有这些要求的充分条件(依据或者权利)的时候才能使用。如果被录用者对面试官(录取单位)用"요구(하다)"显得很不懂事而且没有礼貌。

☞ 这次金融危机是由美国次贷危机引发的, 发展速度之快出乎大家的预料。

推荐翻译: 이번 금융 위기는 미국의 서브프라임 위기로 인해 촉발된 것으로, 예상을 뛰어넘는 빠른 속도로 확산되고 있습니다.

讲解: 此处的"发展速度"译成"(금융 위기의) 발전 속도"不太恰当,译成"(금융 위기의) 확산 속도"比较恰当。因为韩语中"발전(하다)"具有"더 낫고 좋은 상태나 더 높은 단계로 나아가다"之意,通常用于褒义。

口译花絮

切忌生搬硬套

如果照搬汉语词,将其生硬地照搬释义为由相同汉字所构成的韩语汉字词,有可能会造成误会。我们来看一个例子。

几年前韩国某集团总裁访问中国,会见中国高层领导时,中方领导人对来华的韩企总裁说的内容被中国译员翻译为"○○○ 사장님이 ○○○ 회장님의 조수라고 들었습니다"。中方译员可能按照"助手"所应对的韩语汉字音,将其直接翻译为了"조수",这种说法在韩方总裁听来就是非常不自然的。韩语中"조수"一词字典解释为:"어떤 책임자 밑에서 지도를 받으면서 그 일을 도와주는 사람(在负责人的手下工作,接受其领导并辅助其工作的人)"。但是,这里一般指的是辅助领导做一些简单的杂事,即"조수"一词带有"此人就是做一些无关紧要的杂事的助理"之意。

中方领导人可能为了对这位总裁进行高度评价而使用了"助手"这一词,但是译员对文字进行直译的过程中使韩方总裁产生了误解。通过这个例子,我们可以看到,忽视由同样的汉字所构成的汉语词和韩语汉字词之间的语气及语体色彩的差异,会导致不恰当的口译。尤其是在政治、外交部门做口译时,更要切记谨慎用词。

第 4 课　游览名胜古迹
제4과 관광

4.1 翻译场景

任务： 参加北京大学国际学术研讨会的韩方代表结束了全部公务活动之后，按计划今天将游览八达岭长城。北京大学国际合作部的相关工作人员负责担任导游陪同参观。假设请你作为翻译，请试译以下内容。

Task: 북경대학교에서 열린 국제학술대회에 참가한 한국측 대표들이 모든 공식 일정을 마치고 오늘 오전에 만리장성을 관광할 계획입니다. 북경대학교 대외협력팀 담당자가 동행하여 안내를 하고 있습니다. 본인이 통역을 맡았다고 가정하고 아래 내용을 통역해 보십시오.

在场人物： 北京大学工作人员（中）、与会专家们（韩）。

4.2 词汇预习

● [汉译韩]

贵重物品	귀중품
护照	여권
数码	디지털
随身物品	소지품
队伍	일행
惊慌	당황하다
车牌	차량 번호판
疑问	의문, 의문점, 궁금한 점, 질문
恐怕	아마
集合	모이다, 집결하다, 집합하다
根据	~에 따르면, ~에 의하면
测绘	측량
数据	데이터(data), 통계 수치
公里	킬로미터(kilometer)
紧接着	이어서, 바로 뒤
关口	중요한 길목, 요충지(要衝地)
称为	~(이)라고 부르다
导游	관광 안내원, 가이드(guide), 안내하다

● [韩译汉]

불구하고	不顾, 尽管

● [专有名词]

中国国家文物局	중국국가문물국(한국의 '문화재청'에 해당)
八达岭	〔地名〕(바다링 부근의) 만리장성

第4课　游览名胜古迹
제4과　관광

4.3　翻译内容

(在旅游大巴上)
北京大学工作人员：我们已经到了，请各位下车前带好贵重物品。
韩国人：이 가방 차에 두고 내려도 될까요? 중요한 물건은 없어요.
北京大学工作人员：可以。包里面如果没有贵重物品的话，可以放在车上。

(下车后)
北京大学工作人员：请大家注意一下。爬长城之前，我先跟大家说几个注意事项。第一，请注意保管好自己的护照、钱包、相机等随身物品。第二，万一和队伍走散了，请不要惊慌，11点之前回到现在的位置就行了。第三，请大家记住我们的车牌号，是"京A27335"，后三位数字为335。请问，有其他疑问吗？
韩国人2：저기… 화장실이 좀 급한데, 만리장성 안쪽으로 들어가도 화장실이 있나요?
北京大学工作人员：进了景区恐怕就没有洗手间了。有需要方便的朋友，最好现在去。(用手指方向)洗手间就在那边，看见那个商店了吗？从那个商店的左边进去就是了。好了，我们10分钟后还在这儿集合。

(开始爬长城)
韩国人1：(边走边和中方工作人员聊天儿)궁금한 게 있는데요. 만리장성의 길이가 정말 만리인가요?
北京大学工作人员：根据中国国家文物局的测绘数据显示，长城约有6300公里。因为一公里相当于2里，所以长城的实际长度应该超过了一万里。
韩国人2：아까 오면서 보니까, 입구에 '팔(八)' 뭐뭐 장성이라고 적혀 있던데, '팔' 뒤의 두 글자가 무슨 글자입니까?
北京大学工作人员：是"八达岭"。"八"后面紧接着的字是"到达"的"达"和"山岭"的"岭"。
韩国人2：아! 그 두 글자가 '달' 과 '령' 자였군요. 그런데 '팔달령' 이 무슨 뜻입니까?
北京大学工作人员："八达岭"是长城上一个关口的名称。因为这个关口"四通八达"，所以就叫"八达岭"了。后来，人们习惯上把它附近的这段长城都称为"八达岭长城"。
韩国人2：아! 고유명사였군요. 주말임에도 불구하고 이렇게 수고해주셔서 감사합니다.
北京大学工作人员：您太客气了，这是我应该做的。你们是远道而来的贵客，能为你们当向导，我感到十分荣幸。

4.4 细节详解

❶ 我们已经到了,请各位下车的时候带好贵重物品。

推荐翻译: 목적지에 도착했습니다. 차에서 내리실 때 귀중품을 잘 챙겨서 내리시기 바랍니다.

易错点拨:

◎ "我们已经到了"译成"목적지에 도착했습니다"或者"만리장성에 도착했습니다"比较合适。**第一**,第一人称代词"我们"不必译出。(☞ 2.5.2 口译基本常识) **第二**,如果仅译成"도착했습니다",显得有点突兀,因此需要在前面添加"场所(목적지)和表示处所的助词(-에)",这样比较符合韩语的表达习惯。

◎ "请+动词"译成"-시기 바랍니다"比译成"-세요"或者"-십시오(表示命令或劝诱终结语尾)"显得更郑重、有礼貌。(☞ 4.5.2 口译基本常识)

◎ "各位"不必译出。(☞ 1.5.2 口译基本常识)

◎ 此处的"带"译成"챙겨서(무엇을 빠뜨리지 않았는지 살피다:收拾东西以免遗漏)"比译成"가지고"更为恰当。

❷ 请大家注意一下。爬长城之前,我先跟大家说几个注意事项。

推荐翻译: 여러분, 잠시 주목해 주시기 바랍니다. 만리장성에 오르기 전에 먼저 몇 가지 주의 사항을 말씀드리겠습니다.

易错点拨:

◎ "一下"通常可译成"한번(**与"한 번"意思不同**)"或者"좀",不过此处译成"잠시"比较恰当。在韩语中,需要引起别人的注意时,常用"잠시 주목(注目)해 주십시오"这一表达。如果在正式的场合下需要使用更加郑重礼貌的表达方式时,可译成"잠시 주목해 주시기 바랍니다"。

◎ "爬长城"可译成"만리장성에 오르다"或者"만리장성을 오르다"。前者"만리장성에"表达"만리장성"是场所的意思,而后者"만리장성을"表达"만리장성"是动词(爬)行为的对象。

◎ "跟大家"可译成"여러분께",不过此处不必译出,显得更简洁。

◎ 此处的"说"译成"말씀드리겠습니다"比较恰当。(☞ 请参考第3课"细节详解"第❷点)

◎ "几个注意事项"可译成"몇 가지 주의 사항을"或者"주의 사항 몇 가지를"。

第4课　游览名胜古迹
제4과　관광

❸ 第二,万一和队伍走散了,请不要惊慌,11点之前回到现在的位置就行了。
推荐翻译: 두 번째는 혹시 도중에 일행과 떨어졌을 경우에는 당황하지 마시고 11시까지 이 곳으로(지금 이 자리로) 오시면 됩니다.

易错点拨:

- 此处的"万一"译成"혹시"比较适宜。"혹시"是"그러할 리는 없지만 만일에(虽然可能性很小,但是仍进行假设)"的意思,说话者认为几乎没有这种可能性而进行假设时使用此副词。
- "11点之前"译成"11시까지"比译成"11시 전에"更为恰当。"-까지"表示某种行为或状态在相关范围内的结束,而"전"则用于表示在某时间点之前的时间范围。此处更侧重表现"11点之前"这个时间范围,所以译为"11시까지"比较恰当。
- "位置"直译为"위치",不过此处译成"곳, 장소, 자리"更恰当。在韩语中,"위치"基本上可以替代"자리",例如:프랜차이즈 가게(连锁店)는 위치가 좋아야 장사가 잘돼요. / 프랜차이즈 가게는 자리가 좋아야 장사가 잘돼요。但是"자리"有时不能替代"위치"一词,例如:자리가 좁아서 불편하지 않으세요?(此句成立) / 위치가 좁아서 불편하지 않으세요?(此句不成立)。也就是说"자리"意指主语所占据的空间的时候,不能替代"위치"。
- ☞ 핸드폰 번호를 입력하시면 현재의 위치가 위성지도에 표시됩니다.

❹ 第三,请大家记住我们的车牌号,是"京A27335",后三位数字为335。
推荐翻译: 마지막으로(或者"세 번째는") 탑승하셨던 차량 번호를 잘 기억해 두시기 바랍니다. 차량 번호는 '경A27335' 입니다. '경A'는 '북경' 의 '경(京)' 자, 다음에 영어 알파벳A이고, 그 뒤의 숫자는 27335입니다. 끝(마지막) 세 자리가 335입니다.

易错点拨:

- "请大家记住"译成"잘 기억해 두시기 바랍니다"比译成"잘 기억해 두십시오"更恰当。因为"-십시오"是一种命令形终结词尾。(☞ 4.5.1 口译基本常识)
- "我们的车牌号"不能译成"우리 차 번호, 저희 차 번호",应译成"저희가 탑승했던 차량 번호"或者"(여러분이) 탑승하셨던 차량 번호"。后者意思更明确、更简洁。"车牌号"可以理解为"차량 번호판+번호",可译成"차량 번호"或者"차 번호",前者更正式一些。
- "京A27335"仅译成"경(或징) 에이 27335(이, 칠, 삼, 삼, 오)"的话,韩国人理解起来可能有些困难。因此添加解释性词语更为恰当,例如:加译为"北京的京""英语字母A""后边的数字是27335"等。

◎ "后三位数字"可译成"끝(의) 세 자리"。

❺ 有需要方便的朋友,最好现在去。

推荐翻译:화장실에 가실 분들은 지금 다녀오시는 것이 좋을 것 같습니다.

易错点拨:

◎ "有需要方便的朋友"可译成"화장실에 가실 분들은" "혹시 화장실에 가실 분이 계시면" "화장실에 다녀오실 분들은" 等表达方式。"화장실에 다녀오다"是比较固定的说法。

◎ 此处的"朋友"不能译成"친구"。(☞ 4.5.2 口译基本常识)

❻ (用手指方向)洗手间就在那边,看见那个商店了吗? 从那个商店的左边进去就是了。好了,我们10分钟后还在这儿集合。

推荐翻译:(손으로 방향을 가리키며) 화장실은 저기 보이는 상점(가게) 왼쪽으로 들어가시면 있습니다. 그럼 10분 후에 여기서(이 자리에서) 다시 모이도록 하겠습니다.

易错点拨:

◎ "洗手间就在那边……从那个商店的左边进去就是"直译为"화장실은 저 쪽에 있습니다. 저기 상점이 보이십니까? 저 상점의 왼쪽으로 들어가시면 됩니다"。在韩语中,说明近距离场所的具体位置时,常用"저기 보이는 (건물 명칭)의 왼쪽(오른쪽)에 있습니다. / 저기 보이는 (건물 명칭)의 왼쪽(오른쪽)으로 가시면 됩니다"这一表达方式。这种表达方式更为简洁,推荐使用。

◎ 此处的"集合"不能译成"집합하겠습니다",应该译成"모이도록 하겠습니다"。(☞ 请参考第3课"细节详解"第❸点)此时"겠"作为词尾,表示说话者的意志或者委婉的态度。

❼ 根据中国国家文物局的测绘数据显示,长城约有6300公里。因为一公里相当于两里,所以长城的实际长度应该超过了一万里。

推荐翻译:한국의 '문화재청'에 해당하는 기관인 중국 '국가문물국'의 발표 자료에 따르면, 만리장성의 길이는 약 6300킬로미터입니다(약 6300킬로미터라고 합니다). 1킬로(미터)가 2리 정도 되므로, (실제 길이는) 만리가 넘는다고 봐야 합니다.

第4课　游览名胜古迹
제4과　관광

易错点拨：

- 前一句在口译和笔译时的表达方式有所不同。如果是笔译的话，译成"중국 국가문물국(한국의 '문화재청'에 해당)의 발표 자료에 따르면"更为恰当。

- "中国国家文物局"直译为"중국 국가문물국"，不过译员最好解释一下此机构相当于韩国的"문화재청(文化財廳)"。(☞ 7.5.2 口译基本常识专有名词的翻译(2))或者可以采用解释性翻译，以"중국의 국가 지정 문화재와 박물관을 관리하는 기관"来替代直接翻译"中国国家文物局"这一具体机构名称(중국의 국가 지정 문화재와 박물관을 관리하는 기관인 중국 '국가문물국'의 발표 자료에 따르면)。或者用"중국 정부 발표에 따르면"也无妨。对韩国人来说，"문물국"是韩国人所不容易理解的表达方式。(☞ 4.5.2 口译基本常识)**原因一**是，虽然在韩语中有"문물"这一词，但是意思与汉语不同，是指"文化的产物，是和政治、经济、宗教、艺术、法律等与文化相关的事物的统称"。**原因二**是，此处的"局"相当于韩国政府机构名称"청(廳)"。因此，如果没有进一步解释说明，"문물+국"对韩国人而言很难理解。

- "数据"直译为"(통계) 데이터，(통계) 자료"，不过此处译成"발표 자료"比较恰当。在韩国，引用(权威)机构或者国家机关公布的统计数据时，常用"(机构名)의 발표 자료에 따르면"来表达。

- "一万里"不应该译成"일만리"，而应该译成"만리"。这里请注意，目前在韩国不太常用"里""斤"等计量单位，因此韩国年轻人对这些计量单位不太了解。比如，上年纪的老年人在回顾自己童年的时候常说"10리 길을 걸어서 학교를 다녔어"这一表达方式，因此韩国年轻人虽然对"10리"的说法比较熟悉，但对到底等于多少公里没有正确的概念。"斤"仅限于称量肉类时使用。中韩两国在计量单位使用上的差异所导致的麻烦也同样体现在翻译工作领域中。(☞请参考本课"口译花絮"。)

- "公里"在韩语中正式说法是"킬로미터(kilometer)"，除了正式场合外，在口语中通常说成"킬로"。此时需要将其与"킬로그램(kilogram)"的简称"킬로"区分开来。此外，"百分比"既可以表达为"퍼센트(percent)"，还可以表达为"프로(pro)"。前者是源于英语的外来词，后者则是源于荷兰语"procent"的外来词。两者均是规范的说法。

- "应该超过了一万里"译成"만리가 넘는다고 봐야 합니다"比译成"만리가 넘습니다"更为恰当。因为"만리가 넘습니다"带有一种过于确定的语气。

❽ 是"八达岭"。"八"后面的字是"到达"的"达"和"山岭"的"岭"。

推荐翻译： '팔달령'이라는 글자입니다. 팔 바로 뒤의 글자는 '도달하다'의 '달'자이고, 세 번째 글자는 '고개 령'자입니다.

易错点拨：

- "是八达岭"译成"'팔달령'이라는 글자입니다"比译成"'팔달령'입니다"更恰当。
- "山岭的岭"译成"'고개 령'자"比较恰当。如果译成"산령의 '령'자",韩国人理解起来可能有困难。在韩语中,虽然有"산령"这个汉字词,但是"산봉우리"的使用频率远远高于"산령"。在韩语中,"령(嶺)"通常用于山岭的具体名称(即专有名词),如:대관령(大关岭,位于韩国东部江原道)。
- 在韩国说明某汉字时,根据情况可以采用两种方式。一种是举例包含该字的词语来说明汉字,如:"'도달(到達)하다'할 때 '달'자"(常用于口语),或者"'도달(到達)하다'의 '달'자"。另一种是采用字典里的标准解释,如:美—아름다울 '미'자。

⑨ "八达岭"是长城上一个关口的名称。因为这个关口"四通八达",所以就叫"八达岭"了。后来,人们习惯上把它附近的这段长城都称为"八达岭长城"。

推荐翻译： '팔달령'은 만리장성의 여러 관문 명칭 중 하나인데, 이 곳이 위치상으로 볼 때 사방으로 모두 통하는 요충지(要衝地)였기 때문에 '팔달령'이라는 이름이 붙여졌습니다. 이런 이유로 (후대에 와서) '팔달령' 부근의 만리장성 구간을 '팔달령 만리장성'이라고 부르고 있습니다.

易错点拨：

- "一个关口的名称"译成"여러 관문 명칭 중 하나인데"比译成"관문 명칭입니다"更恰当。因为大部分韩国人不知道长城有许多关口,因此译成类似"关口之一"的表达方式,韩国人理解起来比较容易。
- "这个关口四通八达"译成"이 관문이 사통팔달이라/ 이 관문이 사통팔달이기 때문에"不太适宜。在韩语中,"사통팔달"是名词,不能单独作为谓语使用,而通常作为用来修饰名词的定语使用。因此译成"사방으로 모두 통하다"比较合适。
- "习惯上称为……"译为"-(이)라고 불리고 있습니다"或者"-(이)라고 부르고 있습니다"比较恰当。此处的"习惯"不能译成"습관"。在韩语中,"습관"是"在长期反复的基础上自然而然形成的行为方式"的意思,因此通常指某种个人习惯。

⑩ 您太客气了,这是我应该做的。你们是远道而来的贵客,能为你们当向导,我感到十分荣幸。

推荐翻译： 아닙니다. 별말씀을요. 멀리 외국에서 오셨는데, 안내를 해 드리게 되어 오히려 영광입니다.

第4课　游览名胜古迹
제4과 관광

易错点拨:

- "您太客气了,这是我应该做的。"可译成"아닙니다. 별말씀을 다 하십시오."(更正式)或者"아닙니다. 별말씀을요."此表达方式作为固定形式经常使用。(☞ 请参考第2课"细节详解"第❽点)

- "你们是远道而来的贵客"译成"멀리 외국에서 오셨는데"比较好。第一,此处的"你们"不必译出,译出来反而显得别扭。第二,此句直译为"멀리서 오신 귀한 손님이신데",但不采用"귀한 손님"这一表达方式比较好。虽然词典中"손님"有"다른 곳에서 찾아온 사람"这一义项,但"귀한 손님"一般用于指代第三方。

> ☞ [2010.11.5 报道] 서울 G20 정상회의 직전 삼성 서초사옥에 귀한 손님이 방문할 것인가. 이번 G20 서울회의를 맞아 삼성에 일부 외국 정상급 인사나 글로벌 최고경영자(CEO)가 방문할 가능성이 큰 것으로 알려져 주목된다. G20 회의나 비즈니스 서밋 일정이 짧지만, 그 시간을 쪼개 한국 재계의 대표격인 삼성과의 커뮤니케이션을 하면 상징성이 작지 않기 때문이다. 방문이 성사된다면 G20 회의 직전인 10일이 유력하다.

- 此处的"当向导"译成"안내를 맡다"或者"안내를 해 드리다"比较合适。
 ☞ 이 공장에서는 안내 담당 직원이 영어로 가이드를 해 준다. 제품의 제조에서 가공 공정까지 이어지는 설명을 들은 뒤에는 제조라인으로 안내된다.

4.5 口译基本常识

4.5.1 最大限度地使用郑重礼貌的表达方式　최대한 정중한 표현으로 통역

在正式场合在翻译表示邀请或征求许可的间接性命令性语句时,也要最大限度地使用郑重礼貌的表达方式。比如本课中提到的,转达事物的同时出现委托或邀请的情况时使用"-시기(를) 바랍니다"要比"-십시오"更恰当。"-십시오"虽然当做尊称使用,但也是可以表现命令或劝诱的终结语尾,所以在此"-시기(를) 바랍니다"更能表达郑重礼貌的语气。

"-시기를 바란다"表示说话者期待着某事情或某对象按照个人的想法和愿望发展。"-시기(를) 바랍니다"是"-시기를 바란다"和"-ㅂ니다"(表示到现在为止一直持续的动作或状态的终结语尾)结合使用的表达方式。

☞ **举例:** 请大家记住我们的车牌号。(见本课)
　　讲解: 此句译成"탑승하셨던 차량 번호를 잘 기억해 두시기 바랍니다"比译成 "탑승하셨던 차량 번호를 기억해 두십시오"更为恰当。

☞ 举例:请把护照复印件用传真发过来或者扫描后发到我邮箱。
　推荐翻译: 여권 복사본을 팩스로 보내시거나 스캔 후 제 메일(주소)로 보내주시기 바랍니다.
　讲解: "보내주시기 바랍니다"比"보내주십시오"(命令形)更能表达郑重礼貌的语气。

下面是汉语中表示邀请或许可的句式与韩语中表达郑重礼貌语气的实例,供参考。

1) 表示邀请时的表达方式　부탁이나 요청
◎ 请……: -하여(해) 주시기 바랍니다
◎ 请不要……: -않도록 -하여(해) 주시기 바랍니다

☞ 如果有什么不便之处,请随时跟我说。
　推荐翻译: 혹시(혹시라도) 불편하신 점이 있으시면 언제든지 말씀해 주시기 바랍니다.
☞ 活动马上就要正式开始了,请各位来宾尽快入座。
　推荐翻译: 곧 공식 행사가 시작될 예정이오니 참석하신 여러분들은 자리에 착석하여 주시기 바랍니다.

◎ 要……: -하여(해) 주시기 바랍니다 / -하여(해) 주시기를 부탁드립니다
◎ 一定要……: 꼭(반드시) -하여(해) 주시기를 부탁드립니다
☞ 请一定要在3月5日之前提交论文摘要。
　推荐翻译: 3월 5일까지 논문 초록(抄錄)을 보내주시기 바랍니다/보내주시기를 부탁드립니다.

2) 表示征求许可时的表达方式　허락
◎ 可以……: -하셔도 됩니다 / -하시면 됩니다
◎ 就行……: -하시면 됩니다
◎ 不用……: -하실 필요(는) 없습니다
☞ 如果对质量不放心的话,贵公司可以派人来我们厂监督生产。
　推荐翻译: 품질이 걱정되신다면 귀사에서 생산감독을 위해 직원을 파견하셔도 좋습니다(됩니다).

☞ 不用盖印章,签名就行。

推荐翻译:도장 날인 대신(도장을 찍으실 필요는 없고) 사인만 하시면 됩니다.

4.5.2 掌握文化背景知识的重要性　문화에 대한 이해의 중요성

　　翻译过程不仅仅是照搬对应的词汇的过程,更要将原语(或者译出语:source language)转换为地道的目的语(或者译入语:target language),因此,特定的文化因素在翻译中也占据了重要的位置,文化转化是译员所要克服的主要障碍之一。不少翻译错误就是由于译员对文化背景知识的缺乏以及两种语言迥异的思维模式所造成的,因为人们总是根据自己的文化背景及语言习惯用自己固有的思维方式去理解别人所说的话。语言和文化的关系是相辅相成的,所以如果了解对方国家的文化背景知识,懂得如何用对方思维方式理解对方的语言,就会给外语理解带来很大的帮助,反之,就会造成理解上的障碍。比如:本课出现"有需要方便的朋友"这一表达。如果韩国人担任口译的话,此处的"朋友"绝不会译成"친구"。反过来说,如果韩国人将此句的意思表达为汉语的话,除非他对汉语(或者中国文化)特别精通,否则不会用"方便"和"朋友",而会译成"如果有想去洗手间的人"或者"如果有人要上卫生间"。因为韩国人对"朋友"这一词的理解与中国人不同。即使韩方译员能把握如何将"朋友"译成韩语,但是在韩译汉时也不太会常用到"朋友"一词,因为一般水平的汉语学习者在使用汉语"朋友"一词时并没有很大把握。

☞ 举例(一):欢迎大家远道而来,光临人民日报社。非常高兴见到各位朋友。我是人民日报社社长许中田。

推荐翻译:먼 길에도 불구하고 이렇게 저희 인민일보사를 방문해주신 여러분을 진심으로 환영합니다. 저는 인민일보사 쉬종티엔(許中田) 사장입니다. 오늘 이렇게 만나 뵙게 되어 대단히 기쁘게 생각합니다.

讲解:如果韩国人担任口译的话,上面的"朋友"不会译成"친구"。再比如人民日报的有关人士一行造访韩国的某报社的话,韩方译员可能会将此句译成"非常高兴见到各位",译成"非常高兴见到各位朋友"的可能性比较小。

☞ 举例(二):首先,我代表河北省贸促会对各位朋友在百忙之中能够参加今天的招待会表示热烈的欢迎和衷心的感谢! 今天,参加招待酒会的有部分国家的驻华使节、商务代表、商协会代表和工商界人士,还有中国贸促会的领导,其中还有很多是与河北省贸促会合作多年的老朋友,也有刚刚结识的新朋友。

推荐翻译:바쁘신 중에도 오늘 열린 만찬 리셉션에 참석해 주신 여러분께 河北省 무역촉진위원회를 대표하여 진심으로 감사의 말씀을 드립니다. 오늘

만찬 리셉션에는 여러 나라의 주중 외국사절, 상무 대표, 상공협회 및 상공업계 인사들 그리고 중국국제무역회 고위 관계자들께서 참석해주셨습니다. 이 중 많은 분들은 하북성무역촉진위원회(CCPIT 하북성 지부)와 오랫동안 협력을 해 오신 분들이고 이번에 새로 뵙게 된 분들도 있습니다.

☞ **举例(三)**：我叫周丽。今年22岁,来自北京大学,将于明年7月份毕业。(摘自第1课)
　讲解："22岁"应译成"中国 나이로 스물 두 살(中国年龄22岁)"或者"만 스물 두 살(22周岁)"。

　　对韩语学习者来说,了解和熟悉韩国的社会文化知识,包括政治、经济、历史、地理、文化、社会制度等方面的概况以及社会背景、生活方式、风俗礼仪、思维方式、价值观念等,对于提高听力和翻译水平将起到举足轻重的作用。只有了解所学目的语国家的文化背景知识,才能正确理解语言信息包含的真正含义和说话者真实的意图,才能尽量避免理解上的偏差。
　　为此,平时需要大量阅读各方面的韩文读物,在课外阅读中扩大知识面,增加信息量,熟悉韩国的历史文化、民俗、风情、价值观念等,拓宽视野,提高听力和理解能力,实现有效的跨文化交际。

第4课 游览名胜古迹
제4과 관광

口译花絮

"个"与"斤"之争

20年前,笔者在北京住了约半年时间。那时候最让人头疼的事是买东西。对于笔者来说,买水果或买蔬菜既要充满勇气,又会心感郁闷。当然,这并不是说因为笔者的汉语水平不够而导致交流有困难,那时候笔者已经积累了丰富的汉韩双语翻译经验。那么原因何在呢?——是因为笔者对中国的"斤"这一重量单位一头雾水。

在韩国,除了大型超市,大部分小商店在卖水果和蔬菜时都是论"个"或论"袋"卖,所以并不了解一斤的具体概念。在韩国大型超市里买水果和蔬菜时也有时称重计价,但就算是这种情况,通常韩国人也只会记住一个大概多少钱,没人会按重量记住价格。再加上笔者在大学毕业之前基本上就没尝试过自己去买水果或蔬菜,而且对重量和数字的概念又很模糊,所以每次在北京只要一逛菜市场,那份恐惧感就会油然而生。

客居北京后,笔者开始尝试去逛菜市场,以了解中国人的计量习惯,先是掂量一斤西红柿大概有几个,然后是西瓜、鸡蛋……种类渐多,却老记不住。经过几番实践与"搏斗",笔者最终决定还是到离住处比较远的大型超市里去买菜,因此笔者与"斤"的这场"不见硝烟的战争"算是"休战"了。

中韩两国在因计量单位使用上的差异所导致的麻烦也同样体现在翻译领域中。在2000年前后,有一段时间中国的高新科技园成为韩国政府官员们访问中国时的必到之地,作为陪同翻译,笔者已经多次去过位于北京、上海、深圳的知名高新科技园。在双方交流过程中,中方人士通常以"占地面积1400亩""占地面积28公顷"等方式来介绍高新科技园的面积。在第一次接触到"亩""公顷"等单位时,真是有些惊慌失措,现在回想起来都净是些令人尴尬的回忆。当然现在笔者已经知道"一亩约等于667平方米""一公顷约等于10000平方米",可是只要一紧张还是会算不明白。

由此可见,不少翻译错误出现的原因之一就是译员社会、文化背景知识的缺乏。译员需要通过各种渠道扩大知识面,包括双方国家的社会生活习惯,以便实现有效的跨文化交际。

第5课 商务洽谈
제5과 비즈니스 상담

▲ 수원 라마다호텔에서 열린 'G-Trade GBC 수출상담회'에서 도내 중소기업 관계자가 해외 바이어와 상담을 진행하고 있는 모습

5.1 翻译场景

任务：韩国某贸易公司社长(金炳洙)一行二人访问中国公司,进行简单的商务洽谈。中国公司包括总经理(王京平)在内共三人参加此次洽谈。假设你作为翻译,请试译以下内容。

Task: 한국 모 무역회사의 사장(김병수) 일행 2명이 한 중국 회사를 방문해서 간단한 비즈니스 상담을 합니다. 중국 회사에서는 사장을 포함하여 총 3명이 이번 상담에 참석합니다. 본인이 통역이라고 가정하고 아래 내용을 통역해 보십시오.

在场人物：王京平总经理一行三人(中)、金炳洙社长一行二人(韩)。

5.2 词汇预习

● [汉译韩]

总经理	사장, 최고경영자(CEO), 총지배인(호텔)
市场部	시장부, 마케팅부
名片	명함
信任	믿고 맡기다, 신임(하다), 신뢰(하다)
支持	지지(하다), 지원(하다)
竭尽全力	최선을 다하다, 최대한 노력하다
规格	규격, 스펙(spec.)
质量	품질, 질
方面	분야, 부분, 측, 측면, 면
环节	(~의) 일환, 과정
厂区	공장의 생산 구역
车间	작업장, 작업 현장
至少	적어도, 최소한
接风	(멀리서 온 손님에게) 식사를 대접하다
失陪	실례하다

● [韩译汉]

해외영업부	海外事业部
대리	代理(高级职员)
쾌적하다	舒适
서비스	服务
배려	照顾,精心安排
신규	新,新的
오더	订货(order)
발주	发单,下订单
협의하다	商谈,商议,协商,协议,磋商
생산 라인	生产线
원자재	原材料
검사	检查,检验

| 로비 | 大厅, 大堂(lobby) |

● [专有名词]

王京平	〔人名〕왕징핑
张红	〔人名〕장훙
金炳洙	〔人名〕김병수
朴志勋	〔人名〕박지훈

5.3 翻译内容

李经理: 我来介绍一下。这位是我们公司的总经理王京平先生,这位是市场部的张红小姐。

金炳洙: 만나뵙게 되어 반갑습니다. 김병수입니다. 여기 제 명함입니다. (손으로 가리키며) 이 쪽은 저희 회사 해외영업부 박지훈 대리입니다.

王京平: 欢迎两位来到中国。这是我的名片。请坐。

(双方入座后)

王京平: 金先生,昨天晚上休息得好吗?

金炳洙: 네, 아주 편안하게 잘 쉬었습니다. 호텔이 쾌적하고 서비스도 좋더군요. 귀사의 세심한 배려에 감사드립니다.

王京平: 您太客气了,这是我们应该做的。(用手势)金先生,请喝茶。

金炳洙: 아… 네, 감사합니다. 이번에 저희가 중국에 온 목적은 신규 오더 발주 시기 및 수량을 협의하기 위해서입니다.

王京平: 非常感谢您对我公司的信任和支持。我们会竭尽全力满足您在产品规格和质量方面的要求。

金炳洙: 그리고 가능하다면 이번 기회에 귀사의 생산 라인을 좀 둘러봤으면 합니다.

王京平: 可以。不过不知您具体希望了解哪些环节的生产情况。

金炳洙: 원자재 처리 과정과 가공 공정, 그리고 가능하다면 제품 최종 검사 과정까지 보고 싶습니다.

王京平: 没问题。您想什么时候参观?我们的厂区规模比较大,如果您说的那几个车间都参观的话,估计至少需要两个小时。

金炳洙：내일 오후에는 다른 일정이 있기 때문에 내일 오전이 좋을 것 같습니다.
王京平：好的。我请李经理去安排一下。

李经理：金社长，今天晚上王总打算为两位接风。晚上6点半我去酒店接你们，可以吗？
金炳洙：네, 그럼 6시 반에 호텔 로비에서 기다리겠습니다.
李经理：好的。那我现在就去安排明天参观工厂的事情，失陪了。

5.4 细节详解

❶ 这位是我们公司的总经理王京平先生，这位是市场部的张红小姐。
推荐翻译：왕징핑 사장님이십니다. 그리고 이 쪽은 마케팅부의 장홍 씨입니다.
易错点拨：

- 第一个"这位"不必译出，第二个"这位"译成"이 쪽은"比较恰当。在韩国，在介绍别人的时候，通常用"姓名+职位+님+이십니다(被介绍的对象比介绍人职位高或者年纪大的时候)""이 쪽은 姓名+职务(或者'姓名+씨'—没有具体职务时)입니다"等句型来表达。此处李经理向他人介绍自己上司王总的时候，用"이 쪽은"不太恰当，因此建议第一个"这位"不译。

- "我们公司的总经理王京平先生"应译成"(저희 회사) 왕징핑 사장님"。第一，"我们公司(的)"可以不译。第二，汉语的称谓语是"单位名称+职位+姓名+先生(或女士)"的顺序。而在韩语中，称谓语是"(单位名称+)姓名+职位+님"或者"姓名(+单位名称)+职位+님"的顺序。例如："(대한항공) 서용원 부사장님"或者"서용원 (대한항공) 부사장님"。第三，"总经理"直译为"총경리"不太恰当，因为韩国没有这一职位，直译时只有对中国公司的职位有所了解的韩国人才能理解。(☞5.5.1 口译基本常识) 在韩国，使用"总"字的职务中，常用的仅有"총지배인(酒店的总经理)""총영사(总领事)""총무(总务)""총사령관(军队的总司令)"等这些称谓。

- 호텔 로비에서 만난 힐튼 남해(南海希尔顿酒店)의 새로운 총지배인 장 필립 자코팡은 자신을 'JP'라고만 소개했다. 건네받은 명함에는 분명 GM(General Manager)이라는 공식 직함이 적혀있었지만 직원들 사이에서도 'JP'로만 불린다고 한다.
译文：在宾馆大厅见到南海希尔顿酒店新总经理雅各邦(Jean Philippe Jacopin)，他只是简单地介绍自己叫"JP"。他递过来的名片上分明印有"总经理"这一正式职务，而宾馆职员们也只是简单地称他为"JP"。

第5课　商务洽谈
제5과 비즈니스 상담

- ☻ "市场部"可译成"시장부"或者"마케팅부(marketing部)"。严格来讲,两者意思不同("마케팅부"偏向于营销部的意思),而在韩国"마케팅부(营销部)"的说法则更常用。
- ☻ "……是张红小姐"应译成"장홍 씨입니다"。**第一**,此处的"小姐"应译成"씨"。为他人做介绍时,如果此人是刚入公司不久的员工,通常用"씨(不分性别)"来称呼。这里请注意,"씨(氏)"一般用于同辈或者晚辈。**第二**,发音应接近"장-홍 씹니다"。当翻译像"张红"这样两个字的名字时,不要一次性发完"장홍"两个音,为了使韩国人能更容易听懂,在"장"与"홍"两个音节之间应该有短暂的停顿。(☞1.5.3 口译基本常识)

❷ 만나뵙게 되어 반갑습니다. 김병수입니다. 여기 제 명함입니다. 이 쪽은 저희 회사 해외 영업부 박지훈 대리입니다.

推荐翻译：很高兴见到您！我叫金炳洙,这是我的名片。这位是我公司海外事业部代理朴志勋先生。

易错点拨：

- ☻ 翻译"这是……(某人或物)"这一句型时,主语通常不必译出,如：이것은 제 명함입니다(此句没有语法上的问题,但口语中这样说会显得十分生硬)。
- ☻ 此处的"대리"是韩国公司里的一种职位名称。在韩国,员工进入公司工作三年左右可晋升到"대리(代理)"这一职位,因此可以将其理解为"高级职员"。因为中国公司职位名称中没有与"대리"相对应的,所以此处直译为"代理"也无妨。(☞5.5.1 口译基本常识)

❸ 您太客气了,这是我们应该做的。(用手势)金先生,请喝茶。

推荐翻译：(아닙니다.) 별말씀을 다 하십시오. 김 사장님, 차를 좀 드시면서 말씀 나누도록 하시지요.

易错点拨：

- ☻ "您太客气了,这是我们应该做的"可译成"(아닙니다.) 별말씀을 다 하십시오(更正式)"或者"(아닙니다.) 별말씀을요"。(☞请参考第2课"细节详解"第❽点)
- ☻ 此处的"金先生"不能译成"김 선생님",而应译成"김(병수) 사장님",即"姓(名)+职务+님"。在一般情况下,在韩语中A将B称呼为"姓+선생님",B通常是从事某种特殊行业的专业人员,例如：教师、医生或者作家、编剧之类的文化领域的工作者等。这里请注意,学生对老师的称呼应该是"선생님"或者"姓名+선생님(如：김선희 선생님)",而不能称呼为"김 선생님"。对话双方同为教师时才能称对方为"姓+선생님"("김 선생님")。

◎ "请喝茶"译成"차를 좀 드시면서 말씀 나누도록 하시지요"比译成"차 드세요"更为恰当。第一,中方的总经理说这句话的意图是不要光顾说话,边喝茶边谈。若译成"차 드세요"的话,与前一个句子缺乏连贯性,听起来有点儿突兀,因此加上"말씀 나누도록 하시지요"来衔接上下文。第二,"-세요"是命令形终结语尾,因此用请求形尊敬阶"-시지요"显得更有礼貌,翻译时要尽量避免译成命令式语句。(☞ 4.5.1 口译基本常识)

> ☞ 参考语法
> "-시지요"是个请求形尊敬阶,由①선어말 어미(先语未语尾)-시-+②종결형 어미(终结语尾)-지-+③보조사(补助词)-요-组成。"-지-"为对于某件事进行肯定的叙述、提问、命令或建议时使用的终结语尾,通常用于叙述、提问、命令和建议等。

❹ 非常感谢您对我公司的信任和支持。我们会竭尽全力满足您在产品规格和质量方面的要求。

推荐翻译: 저희 회사 제품에 관심을 가져주셔서 감사합니다. 제품의 스펙과 품질을 귀사에서 원하시는 조건에 맞출 수 있도록 최대한 노력하겠습니다.

易错点拨:

◎ "感谢信任和支持"不能译成"저희 회사 제품에 대한 신임과 지지를 감사합니다"或者"저희 회사 제품에 대한 신임과 지지에 대해 감사드립니다"。第一,汉语动词"感谢/谢谢"的宾语不能译成韩语的目的语。第二,此处的"信任"不能译成"신임(하다)"。因为韩语"신임(하다)"用于人,而不能用于事物。"신임"常与"얻다""받다"搭配使用,如: 신임을 얻다/신임을 잃다/신임을 받다/신임이 두텁다。第三,此处的"支持"不能译为"지지(하다)"。(☞ 3.5.2 口译基本常识) 此句按照字面的意思直译的话,可译成"저희 회사 제품에 대한 신뢰와 관심에 감사드립니다"。不过用韩语表达类似的意思时,更常用"저희 회사 제품(或者 저희 회사)에 관심을 가져주셔서 감사합니다"这一表达方式。

◎ 后一个句子可译成"-에 대한 귀사(或"姓名+职位+님")의 요구 사항을/요구 조건을 만족시킬 수 있도록 최선을 다하겠습니다"或者"-을 귀사에서(或"姓名+职务+님+께서")원하시는 (어떤 조건)에 맞출 수 있도록 최대한 노력하겠습니다"。翻译时,主语第一人称代词"我们"不必译出。(☞ 2.5.2 口译基本常识) 此外,"您"可译成"귀사(贵公司)의"或者"김 사장님의",并置于"요구 사항/요구 조건(要求)"前面,如: 귀사의 요구 조건。

◎ "产品"通常可译成"제품"或者"상품"。此处译成"제품"更为恰当。"제품"多指厂商经过某些加工程序制造出的成品。如: 新产品发布会-신제품 발표회(正确)/신상품 발

第5课　商务洽谈
제5과 비즈니스 상담

표회(不正确),理财产品-재테크 상품(正确)/재테크 제품(不正确)。

- "规格"直译为"규격"。不过商贸洽谈时更常用外来词"스펙("specification"的简略说法)"。严格来讲,这里的"스펙"并不是词典收入的规范词语,但却广泛使用。这里请注意,自2004年起词典收入的"스펙"是指"직장을 구하는 사람들 사이에서, 학력·학점·토익 점수 따위를 합한 것을 이르는 말"。

- 此处的"质量"不能译成"질량"。在韩语中"질량"指的是物理学意义上的质量(质量表示物体所含物质的多少,是物体的一种基本属性)。(☞ 3.5.3 口译基本常识) 因此"质量"应译成"질"或者"품질",如:生活质量-삶의 질。此处,为了明确表达产品质量的意思,译成双音节的"품질"更为恰当。

- 此处的"满足……方面的要求"直译为"-에 대한 요구 사항(요구 조건)을 만족시키다"。第一,"方面"一般不能译成"방면"。因为韩语"방면"是"방향(方向),분야(领域)"的意思。(☞ 请参考第1课"细节详解"第❼点)第二,此处的"要求"译成"요구"不太适宜,译成"요구 사항"或者"요구 조건"更为恰当。"满足"作为及物动词使用时,可译成"만족시키다(名词"만족"+具使动意味的动词化词尾"-시키다")",而"만족시키다"的宾语应该更具体,如:요구 사항, 요구 조건。

❺ 可以。不过不知您具体希望了解哪些环节。
推荐翻译:네, 가능합니다. 그런데 구체적으로 어떤 제조 공정을 보고 싶으신지요?
易错点拨:

- 前一个句子加译"네"更为恰当。

- 后一个句子直译为"그런데 구체적으로 어떤 제조 공정을 보고 싶으신지 모르겠습니다",不过译成疑问句更为恰当。此句表面看来是陈述句,但从其说话功能来看,实际上表达的是询问的意思。(☞ 4.5.1 口译基本常识)

- 此处的"不过"不能译成"하지만"。"하지만"是当上下文内容不一致或相反时,用于肯定前文意思并引起下文转折的关联副词。因此此处译成"그런데"比较恰当,或者与前句合译为"네, 가능합니다만"也无妨。

- 此处的"您"直译为"김(병수) 사장님께서는"。不过此处的"您"译出来反而显得不太自然,所以建议不译。 (☞ 1.5.2 口译基本常识)

❻ 没问题。您想什么时候参观?
推荐翻译:알겠습니다. 그러면 언제쯤 공장을 방문하시는 것이 편하십니까?
易错点拨:

- 此处的"没问题"译成"알겠습니다"或者"네, 가능합니다"比译成"문제 없습니다"更为

恰当。

◎ 此处的"参观"译成"참관하다"不太恰当,译成"둘러보다, 방문하다"比较恰当。(☞请参考第3课"细节详解"第❷点) 有时候,"参观"还可译成"투어(tour)를 하다",如:参观校园-캠퍼스 투어(campus tour),参观实验室—랩 투어(Lab tour)。

◎ 后一个句子可直译为"언제쯤 공장을 방문하시고 싶으십니까? / 언제쯤 공장을 둘러보시고 싶으십니까?"但是译成"그러면 언제쯤 공장을 방문하시겠습니까?"或者"그러면 언제쯤 시간이 편하십니까?"则更加郑重、简洁明了。

❼ 我们的厂区规模比较大,如果您说的那几个车间都参观的话,估计至少需要两个小时。

推荐翻译: 우리(저희) 회사는 공장 규모가 큰 편이라 말씀하신 작업 라인을 다 보시려면 적어도 두 시간은 걸릴 것 같습니다.

易错点拨:

◎ "我们的厂区规模"译成"우리(저희) 회사는 공장 규모가/우리(저희) 공장은 규모가"比译成"우리 회사의 공장 규모가/ 우리 공장의 규모가"更好。这样能更好地体现话题的中心是"我们的厂区"。

◎ "比较大"译成"큰 편이라"比译成"비교적(좀) 크기 때문에"更为恰当。韩国人通常说话语气都比较委婉,不常用过于肯定的语气。(☞请参考第9课"细节详解"第❶点)

◎ 此处的"如果……的话"译成"-려면"比较恰当。"-려면"作为连接语尾,用于假设,带有为了实现某种想法或愿望的意思。

◎ "至少"通常可译成"적어도"或者"최소한"。"적어도"是"아무리 적게 잡아도"的意思,而"최소한"则是"일정한 조건에서 더 이상 줄이기 어려운 가장 작은 한도"的意思。也就是说,前者包含了"话者心中假定会超过某种程度"的意思;后者则没有这样的假设,只包含了"在任何情况下减小到最小值"的意思。因此,此处的"至少"译成"적어도"更为恰当。

❽ 好的。我请李经理去安排一下。

推荐翻译: 알겠습니다. (두 분이) 내일 오전에 공장을 둘러보실 수 있도록 이 과장에게 준비하게 하겠습니다(준비시키겠습니다).

易错点拨:

◎ "好的。"译成"좋습니다"不太恰当,译成"알겠습니다"比较恰当。
◎ 主语"我"不必译出,译出来反而别扭。
◎ "你们"不必译出,不过译成"두 분이"也无妨。

第5课　商务洽谈
제5과　비즈니스 상담

- 此处的"李经理"译成"이 과장/리 과장"或者"이 부장/리 부장"比较恰当。第一,"李"既可以译成汉语拼音的"리(Li)",也可以根据韩语汉字读音译成"이"。(☞ 1.5.3 口译基本常识) 第二,"经理"不能译成"경리"。对于这样的翻译,韩国人理解起来有困难,或者会导致理解错误。(☞ 5.5.1 口译基本常识) 因此此处的"经理"译成"과장"或者"부장"比较恰当。

- 此处的"安排"不能译成"안배하다",译成"준비하다"或者"준비를 하다"比较恰当。(☞ 请参考第3课"细节详解"第❻点)

- 此句是使动句。使动句直译为"-에게 -하도록 시키다(或者"-하게 시키다","-라고 시키다")"。但是此句译成"(a) -하도록 이 과장에게 준비하게(준비하도록) 하겠습니다. / (b) -하도록 이 과장에게 준비시키겠습니다"比译成"이 과장에게(이 과장이) -을 준비하도록 시키겠습니다"更为恰当。用使动形式"준비(名词)+ –시키다(接尾词)"比用动词"시키다"更为恰当。因为"시키다"这一及物动词带有强迫性的、命令的色彩。虽然对总经理王京平来说,李经理是他的下属,但是用类似军队里所使用的强硬命令语气下达任务指令不太恰当。所以用"준비시키다"或者"준비하게 하다"这些表达方式比较恰当。这里请注意,(a)和(b)在具体意思上存在一些差异。(b)意在李经理让第三者(如:下属)安排参观事宜,而(a)则表现为间接使动,表示负责安排行程的人为李经理。

❾ 金社长,今天晚上王总打算为两位接风。晚上6点半我去酒店接你们,可以吗?

推荐翻译：김(병수) 사장님, 저희 사장님께서 두 분을 환영하는 뜻에서 오늘 저녁 식사에 초대하고 싶어하십니다. 저녁 6시 반에 제가 호텔로 두 분을 모시러 가려고 하는데 괜찮으시겠습니까?

易错点拨：

- 此处的"王总"译成"왕 사장님께서"不太恰当,译成"저희 사장님께서"更为恰当。在韩国,当说话人向他人称呼自己的上司时,一般不称为"姓+职位+님",而通常称为"저희 职位+님"(上司在不在场都可以使用)或者"姓名+职位+님"(上司不在场时)。

- 此处的"打算"译成"-하고 싶어하다"比较恰当。

- "接风"是"请刚从远地来的人吃饭"的意思,因此译成"(멀리서 온 누구를) 환영하는 뜻에서 식사에 초대하다/식사 대접을 하다"比较恰当。此外译成"저녁 식사 자리를 마련했습니다"也无妨。将"今天晚上"译成"식사"的定语比较恰当。这里请注意,部分词典将"接风"解释为"환영회를 열다",但此处不能译成"환영회를 열다"。韩语"환영회"通常用于规模较大的场合,如:신입생 환영회, 신입사원 환영회等。

◎ 此处的"接"不能译成"마중(을) 나가다"。因为"마중 나가다"是"오는 사람을 나가서 맞이하다(去迎接来自他方的人)"的意思。因此,"去(约好的地方)接人"应译成"(약속한 장소)로 (누구를) 모시러 가다"。

❿ 李经理:好的。那我现在去安排明天参观工厂的事情,失陪了。
   推荐翻译: 네, 알겠습니다. 그런데 말씀 도중에 죄송하지만, 두 분이 내일 공장을 둘러보실 수 있도록 준비를 해야 해서 먼저 실례하겠습니다.

易错点拨:

◎ 此处的"安排"可译成"준비하다"或者"준비를 하다"。相比之下"준비를 하다"比"준비하다"更为恰当。虽然原话里"安排"的宾语是"明天参观工厂的事情",但是按照韩语的语言表达习惯,将原话里的宾语译成韩语谓语的宾语不如译成表达目的的句式更加自然恰当。此时,将"安排"译成韩语的动宾结构(준비를 하다),显得句法上更加完整。(☞ 请参考第3课"细节详解"第❻点)

◎ "失陪了"直译为"(먼저) 실례하겠습니다",但根据韩语的语言表达习惯在前面加上"죄송하지만"或者"○○ 도중에 죄송하지만"比较好,如:말씀 도중에 죄송하지만, 회의 도중에 죄송하지만, 미팅 도중에 죄송하지만, 식사 도중에 죄송하지만。另外,"先走一步"可译成"그럼 먼저 가 보겠습니다"。

5.5 口译基本常识

5.5.1 称谓的翻译　직위에 대한 호칭 통역

在口译工作中,译员经常需要翻译各种职位、职衔或学衔。不同的称谓可以体现出一个人不同的资历和地位。由于中韩两国的职位不尽相同,因此译员需要准确了解各种组织机构和企业的职位、职衔、学衔。职位名称翻译的失误可能会使对方陷入误区,甚至会影响重大事件的决策。比如,韩国企业和中国企业要签署业务合同,韩企的"본부장(本部長)"到中国出差,可是由于中方译员不了解"본부장"这一职务概念,将其理解成"부장",于是译成了相当于"부장"级别的"部门经理",那会带来什么后果呢? 韩企派出的"본부장"属于高层管理人员,级别远远高于"部门经理"(下面会介绍翻译职位的正确方法),然而中方企业会把他的实际级别降低,把他当作部门经理来对待,认为他没有权力决定重大事件。

| 第5课　商务洽谈 |
| 제5과　비즈니스 상담 |

☞ 韩国公司企业职位名称(由低至高)

사원社員(职员) → 대리代理 → 과장課長 → 차장次長 → 부장部長(部门经理) → 이사理事(董事) → 상무常務理事 → 전무專務理事 → 부사장副社長 → 사장社長/대표이사代表理事/CEO(总经理) → 부회장副會長 → 회장會長(董事局主席、董事长)

★ "职位"小知识(1) ★

1. "사원"不能当作直接称谓,在直接称呼对方时,通常用"姓名+씨(不分性别)"这一称谓。
2. 韩国企业还有"팀장(team 長)"这一职位,根据企业组织结构通常由"과장, 차장, 부장"来担任此职务。

☞ 3년 이상 일한 과장급 직위의 보직자를 승진 대상에 넣었다.

译文:将工作三年以上的课长级干部列为升职对象。

3. "부장"照搬译成"部长"不太恰当。韩语的"부장"除了特殊情况(如:부장검사-指检察官)以外,通常相当于"部门经理或部门总监"。
4. 韩国企业还有"실장(室長)"这一职位,指比较特殊的某些部门的负责人,如:디자인실장(设计部负责人),홍보실장(公关宣传部负责人),기획실장(企划部负责人),비서실장(秘书部负责人),根据企业的组织结构,通常由"부장, 이사"来担任此职务。
5. 韩国企业还有"본부장(本部長)"这一职位,根据企业组织结构通常由"이사, 상무(상무이사), 전무(전무이사), 부사장, (계열사)사장"来担任此职务,属于高层管理人员,级别远远高于"부장(部门经理)"。
6. 除此之外,还有"임원(任員)"这一说法,指企业高管,通常指董事(理事)以上的职位。
7. 由于"사장"不是正式的法律用语,因此有些企业还使用"이사장"这一称谓,而名片上通常写成"대표이사"。

☞ 从以下新闻内容中可知:"김승년"先生的职位是"사장",而他的职务是"구매총괄본부장(購買總括本部長——采购总裁)"。

정몽구 현대차그룹 회장이 19일 오후 김승년 현대·기아차 구매총괄본부장 빈소가 마련된 현대아산병원 장례식장을 찾았다. 정 회장과 김 사장과의 인연은 20년 전으로 거슬러 올라간다. 김 사장은 경북 안동 출신으로 현대정공에서 자재담당 과장이던 1990년 비서로 발탁됐다. 이후 15년간 정 회장을 보필했다. 2000년 현대차에 합류한 김 사장은 비서실 상무와 비서실장, 비서실 전무를 거쳐 2005년 현대·기아차 구매총괄본부장으로 승진했다. 2002년 이사 승진

이후 사장 자리에 오르는데 단 6년 밖에 걸리지 않았다는 점은 그에 대한 정 회장의 신뢰가 얼마나 두터웠는지를 짐작케 했다.

译文：19日下午，现代汽车集团董事长郑梦九出席了在现代亚山医院为现代起亚汽车采购总裁金承年举行的葬礼。郑梦九与金承年之间有20年的友谊。出生于韩国庆尚北道的金承年原本只是现代精工公司的一个材料主管（相当于部门副经理），但自从1990年被选为郑梦九的秘书之后，就此与郑梦九共事了15年。2000年加入现代汽车集团的金承年先后担任了秘书室的常务董事、秘书室室长及秘书室专务董事职务，并于2005年升任为现代起亚汽车集团的采购总裁。自2002年担任董事起，金承年仅用了6年的时间便成为现代起亚汽车集团总经理，由此可见，郑董事长对其信任和倚重程度。

☞ 研究所的职位

연구원/研究員(Researcher) → 선임연구원/先任研究員(Junior Research Scientist) → 책임연구원/責任研究員(Senior Research Scientist) → 수석연구원/首席研究員(Principal Research Scientist) → 전문위원/專門委員(Research Fellow)

☞ 一些中国的职位与韩国的职位存在一对多的对应关系，例如：
◎ "校长"可译成"총장(大学)"或者"교장(中小学)"。
◎ "主席"可译成"회장(企业、协会)，CEO(企业)，이사장(企业)，총재(政党或者较特殊的机构)，의장(国会)，위원장(政府机构)"。
◎ "主任"可译成"위원장(机构)，센터장(中心主任)，국장(国家机构的办公室主任)，학과장(大学系主任)"等。
◎ "经理"可译成"과장, 차장, 부장, 매니저(manager)"。
◎ "总经理"可译成"사장/대표이사(老总)，본부장(事业部门总经理)，부장(部门总经理)"。
◎ "总裁"可译成"대표이사, CEO, 회장"。
◎ "董事长"可译成"이사장, 회장"。
◎ "秘书长"可译成"사무총장(国际组织)，사무국장"。

中国新闻：2010年5月11日，李家祥局长会见了<u>国际民航组织秘书长雷蒙·邦雅曼</u>，与其就进一步深化中国与国际民航组织合作、强化中国对亚太地区民航业影响力等问题交换了意见；双方随后共同签署了《中国民用航空局与国际民航组织谅解信函》。

第5课　商务洽谈
제5과　비즈니스 상담

> 韩国新闻：2011년 3월 29일 정종환 국토해양부 장관, 송영길 인천시장, 레이몬드 벤자민(Raymond Benjamin) 국제민간항공기구(ICAO) 사무총장, 인천항공 상주기관장 및 국적항공사 지점장 등 2천 여명이 참석한 가운데 인천국제공항 잔디광장에서 열리는 기념식에서 공항서비스평가에서 6년 연속 세계 1위의 업적을 달성하는 데 기여한 공항 상주직원 37명에 대한 정부 포상 및 국토해양부장관 표창이 진행되었다.

★ "职位"小知识(2) ★

1. 韩国也有"總裁(총재)"这一职位，指政党或者特殊机构的首长，如：한국은행 총재(韩国银行行长，相当于人民银行行长)、대한적십자사 총재(韩国红十字会主席)、새누리당 총재(现执政党"新世界党"主席)等。因此企业的"总裁"不能译成"총재"。

2. 韩国企业也有"經理(경리)"这一职位，但指级别较低的小会计，因此翻译的时候绝不能混淆。

3. 汉语中的"主任"是口译中相当棘手的一个职位。因其在韩国各机构或组织中的具体称谓各有不同，所以要求译员必须准确掌握韩国的机构或组织体系。不过这还不是最困难的，由于中韩两国的国情不同，两国机构或组织的构成也有所不同，这就会存在中方的"主任"在韩方并没有对应职位的现象(例如：办公室主任)。在这种情况下，有的译员就直接将"主任"译为韩语汉字读音"주임"。"주임"在韩国通常指企业营业部门或者工厂车间的高级员工，这样的直译很容易造成韩国人的误解，从而导致双方的不便甚至不快。因此了解韩国机构或组织的具体架构，并且尽可能翻译成韩国人容易理解的职位名称才能在最大程度上避免此类误解。

    ☞ 国家发展和改革委员会副主任(국가발전·개혁위원회 부위원장)、上海证券交易所研究中心主任(상해증권거래소 연구센터 센터장)、北京大学历史系系主任(북경대학교 사학과 학과장)。

以上列举的只是口译工作中常遇到的部分称谓。对于某一具体领域的称谓，译员必须平时留心积累经验。

5.5.2 外来词的翻译　외래어의 통역

与中国相比，外来词(외래어)在韩国的使用相当广泛。考查外来词的使用情况时，大致可分为三类。第一，固有词(고유어，无相应的汉字)和外来词并用的情况，如：网上回帖 - 댓글[고유어]或 리플[외래어]；第二，汉字词与外来词并用的情况，如：电子邮件 전자우편[한자

어]-이메일[외래어];第三,由于没有可替换的恰当的固有词或汉字词而只使用外来词的情况,如:컴퓨터[외래어]。如果译员不知道本课出现的"호텔(酒店)""서비스(服务)""오더(订单)""생산 라인(生产线)"等外来词的话,根本就无法翻译,而且误译的可能性也会变大。

在不能准确把握外来词的意思时,如果是笔译,还可以通过网上搜索或向周围人询问等许多方法来解决问题,但在口译现场这类方法是行不通的。特别是在做VIP口译(贵宾翻译)时,会出现很多日常会话当中接触不到的外来词,因此如果你对高级口译感兴趣的话,应该在外来词的学习上多下功夫。(☞请参考附录4常用外来词)

比如,"第二届韩中经济研讨会(제2회 한중 경제심포지엄)"韩国某部长在演讲时用到了以下外来词。

☞ 外来词

프로젝트(项目),

EU(欧盟),

물류 네트워크 조성(构筑物流网),

서비스 활성화(搞活服务行业),

인센티브 제공(提供奖金,建立激励机制),

새로운 산업협력 패턴(全新的产业合作模式),

양국의 장기 산업발전 비전 달성(实现两国产业发展的远景目标),

시너지 효과(协同效果),

에너지 소비(能源消费),

인프라 분야(基础设施领域),

새로운 경제협력의 패러다임(全新的经贸合作框架)。

한중 산업협력의 새로운 패러다임 모색

在做汉译韩时,当固有词(或汉字词)和同义的外来词同时存在时,我们还将面临选择哪个词语更加合适的问题。从词义的层面上讲,虽然两个词语几乎没有差别,可以自由替换,但是固有词和外来词或者汉字词和外来词之间很多情况下在具体用法上还是有细微差别的。比如,调查显示,韩国人在日常生活中使用"열쇠"和"키(key)"的比例分别是17%和83%。可以看出"키"一词的使用比例远远高于"열쇠"。

☞ 固有词(或者汉字词)和外来词的使用频率举例①

类型	固有词或汉字词	外来词
固有词-外来词	열쇠 17%	키(key) 83%
汉字词-外来词	감각 16%	센스(sense) 84%
汉字词-外来词	공책 4%	노트(note) 96%
汉字词-外来词	상자 13%	박스(box) 87%
汉字词-外来词	탁자 18%	테이블(table) 82%

"열쇠"与"키(key)"比较而言,"열쇠"所涵盖的范畴更为广泛。外来词"키"主要指汽车钥匙、家门钥匙、房门钥匙、酒店房间钥匙等等,而像开书桌抽屉或衣柜等家具的钥匙则一般不用"키"。也就是说,"키"虽然使用范围要小于"열쇠",但在日常生活中使用更频繁。

综上所述,固有词(或汉字词)与外来词之间,很多情况下分工十分细化,所以口译时要多注意它们具体用法上的差异。此外,口译时还要考虑前后有呼应关系的词语类型(即,前后文中使用的单词是固有词、汉字词还是外来词)。比如说,"品牌形象"译成"브랜드 이미지"比译成"상표 이미지"更为恰当。"品牌"既可译成汉字词"상표(商标)",也可译成外来词"브랜드(brand)",翻译时,考虑到与后边词语"이미지(形象)"的搭配使用,译成"브랜드"更为恰当。(☞ 请参考附录4 常用外来词)

5.5.3 宾格助词的正确使用 목적격조사 사용 오류

通过口译课程的教学,笔者发现很多同学在进行口译练习时,比笔译更容易出现以下一些韩语助词使用上的失误。其中,主格助词和宾格助词的使用问题最为突出。一般情况下,译员口译与发言人发言存在一定的时间差,而译员需要把其控制在2～3秒。因此,练习口译时,要求学生在短时间内做出翻译。很多同学在这种时间的压迫感下,很容易原搬照抄发言人原话的句子结构,从而导致失误。比较常见的宾格助词使用错误如下:

(1) 误用宾格助词

第一类错误是:汉语译成韩语不能为动宾结构,却照抄汉语的动宾结构。

原话:感谢贵公司的精心安排。(见本课)
错误翻译:귀사의 세심한 배려를 감사드립니다.

---

① 数据来自김문창著《擬似外來語의 문제점》。

推荐翻译:귀사의 세심한 배려에 감사드립니다.

原话:非常感谢您对我公司产品的信赖和支持。(见本课)
错误翻译:저희 회사 제품에 대한 신뢰와 관심을 감사합니다.
推荐翻译:① 저희 회사 제품에 대한 신뢰와 관심에 감사드립니다.
　　　　　② 저희 회사 제품에 관심을 가져주셔서 감사합니다.

原话:感谢您的邀请。(摘自第2课)
推荐翻译:이렇게 초청해 주셔서 감사합니다./이렇게 초청해 주신 데 대해 감사드립니다.

(2) 遗漏宾格助词
第二类错误是:遗漏宾格助词,学生练习口译时常犯此类型错误。

原话:我们这次来访的目的是想跟贵公司商谈一下新订单的时间和供货数量的问题。
错误翻译:이번에 저희가 중국에 온 목적은 신규 오더 발주 시기 및 수량 협의하기 위해서 입니다.
推荐翻译:이번에 저희가 중국에 온 목적은 신규 오더 발주 시기 및 수량을 협의하기 위해서 입니다.

(3) 重复使用宾格助词
第三类错误是:较短的句子中连用两个宾格助词,此时需要对句子结构进行改动,省略其中一个宾格助词更为自然。

・고객의 자료를 정리하는 것을 담당했습니다. → 고객 자료 정리를 담당했습니다.
・두 번을 거절을 당했습니다. → 두 번을 거절당했습니다.
・서류를 제대로 전달을 했습니까? → 서류를 제대로 전달했습니까?

(4) 忽略省略宾格助词
第四类错误是:没有正确处理宾格助词的省略。

・주말을 잘 보내세요 → 주말 잘 보내세요

第5课 商务洽谈
제5과 비즈니스 상담

原话:金先生,您尝尝,怎么样? 合口味吗?

推荐翻译:김 사장님, 이 요리 좀 드셔보십시오. 어떻습니까? 입맛에 맞는지 모르겠습니다.

上述常见错误中,第一类和第二类错误需要特别留意。像第三类和第四类错误的情况,因为译文本身没有语法上的问题,所以除非是本国人,不然很难避免此类错误。而避免第一种和第二种错误则需要在平时注意养成不遗落目的语助词的习惯,而且应该要非常熟悉汉语中"及物动词+宾语"的结构并不能完全套用韩语"他动词+目的语"的情况。汉语和韩语的语言体系和表达方式并不完全相同,用一一对应的方式将词语或语法结构翻译成韩语难免会出现不恰当的或者不正确的表达,因此应该格外注意。

☞ 使用"이러닝(E-learning)"的例子

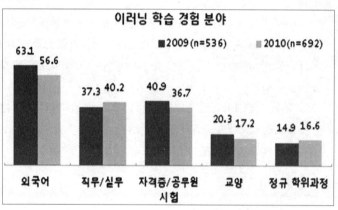

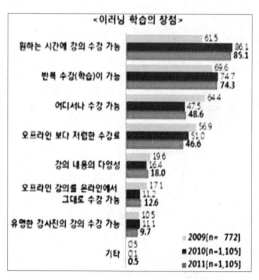

口译花絮

外来词——爱恨的两难选择

有一段时间,大韩贸易投资振兴公社(KOTRA)驻华贸易馆(北京办事处)曾经多次邀笔者给他们当翻译,其中两次因特殊情况被笔者婉言拒绝了。当时,笔者一边在北大教课,一边还为韩国驻华大使馆提供翻译服务,实在没有多余时间接受临时性的商务翻译。

然而几天之后,跟我还算有点交情的KOTRA北京办事处课长(经理级别),亲自打电话恳请笔者这次一定要帮忙为他们翻译。当时我很纳闷,后来才得知,原来有一家韩国企业的总经理曾经在北京与一家中国企业进行过业务洽谈,当时由于KOTRA北京办事处为他们安排的中国翻译人员对韩语外来词了解甚少,导致30%~40%的内容翻译有误,为此总经理火冒三丈,决定这次无论如何,也要请一位经验丰富的译员。

在给这家企业翻译的时候,笔者发现由于这家企业的业务涉及"E-learning(网络教学、在线学习)",翻译中出现了很多外来词。加之总经理是首尔大学(韩国最高学府)毕业,又在海外深造多年的"海归派",能讲一口流利的英语,从对方的表情和回答内容判断,马上就察觉到译员的翻译是否正确。

从这次翻译中,笔者感受到哪怕是韩国语说得再流利的中国翻译人员,遇到像"이러닝(E-learning)"这种韩国语发音的外来词,有时也会云里雾里,不知所云。如果你对翻译,尤其是对高级翻译感兴趣的话,那你就要深深爱上韩语中的外来词!

第6课 商务宴请
제6과 비즈니스 접대

6.1 翻译场景

任务: 中国公司总经理王京平为金炳洙社长一行接风,稍后将在一家川菜系特色酒楼设宴款待。假设你作为晚宴翻译,请试译以下内容。

Task: 중국 회사의 왕징핑(王京平) 사장이 한국에서 온 김병수(金炳洙) 사장 일행을 환영하는 뜻에서 저녁 식사에 초대했고, 잠시 후 사천요리 식당에서 저녁을 함께 합니다. 본인이 만찬 통역을 맡았다고 가정하고 아래 내용을 통역해 보십시오.

在场人物: 王京平总经理一行五人(中),金炳洙社长一行二人(韩)。

6.2 词汇预习

[汉译韩]

塑料	플라스틱
产品	제품, 상품
模具	(생산용) 모형, 몰드(mold)
厂长	공장장
接风洗尘	멀리서 온 손님에게 식사를 대접하다, 환영회를 열다
白酒	중국 술, 백주
葡萄酒	포도주, 와인
后劲儿	뒷심, 취기, 숙취
招牌菜	대표 메뉴, 추천 메뉴
合口	입(맛)에 맞다
川菜馆	사천요리 식당
合作	합작, 협력(하다), 제휴(하다)

[韩译汉]

신경을 쓰다	关心, 费心, 在乎
짜리	数量词作为表限定性的定语和名词中心语之间加入的词缀, 表示一定程度的数量、价值等
와인(wine)	葡萄酒
환대하다	热情款待, 盛情款待

[专有名词]

茅台	마오타이, 마오타이주
三友贸易公司	삼우무역

6.3 翻译内容

王京平：金先生、朴先生，你们到了！请进，请进！我来为各位介绍一下。这位是塑料产品模具厂的陈厂长。

第6课　商务宴请
제6과　비즈니스 접대

王京平：(对陈厂长说)这位是韩国三友贸易公司的社长金先生，这位是朴先生。

陈厂长：欢迎，欢迎！欢迎两位来到中国！

金炳洙：만나 뵙게 되어 반갑습니다. 왕 사장님께서 이번에 저희를 위해 신경을 아주 많이 써 주셨습니다.

王京平：哪里，哪里。各位请入席吧。金先生、朴先生，请坐这儿。陈厂长，请坐这儿！来，来，来！

(宾主落座)

王京平：今天晚宴是特地为金先生、朴先生接风洗尘的。大家都来点儿酒吧。金先生，您要白酒还是葡萄酒？

金炳洙：중국 술로 하겠습니다. 그런데 제가 중국 술에 대해서 잘 모르니 왕 사장님께서 추천하시는 걸로 하겠습니다.

王京平：茅台怎么样？听说茅台在韩国很受欢迎。茅台有38度、43度、53度的。金先生，您想尝尝高度数的，还是低度数的？

金炳洙：50도를 넘는 술은 아직 마셔본 적이 없어서 53도짜리를 한번 마셔보고 싶군요.(웃음)

王京平：那就53度的吧。喝高度酒，第二天没后劲儿。朴先生，您也来点儿白酒？陈厂长，您呢？

朴先生：저는 와인으로 하겠습니다. 술을 잘 못해서요.

陈厂长：我还是来点儿饮料吧，我开车来的，不能喝酒。

王京平：来，为金先生和朴先生的到来，干杯！

(上菜之后)

王京平：这道菜是这家餐厅的招牌菜，金先生，您尝尝，怎么样？合口吗？

金炳洙：네, 오늘 음식이 어제 호텔에서 먹은 음식보다 제 입맛에 더 맞는 것 같습니다.

王京平：那就好。听说韩国人爱吃辣的，所以今天特地选了这家有名的川菜馆。我们再来干一杯吧。预祝咱们的合作圆满成功，干杯！

金炳洙：이렇게 환대해 주셔서 감사드립니다. 왕 사장님, 제가 한잔 드리겠습니다.

6.4 细节详解

❶ 金先生、朴先生,你们到了!请进,请进!我来为各位介绍一下。这位是塑料产品模具厂的陈厂长。

推荐翻译:두 분 오셨군요. 어서 오십시오. 소개를 먼저 해 드리겠습니다. (이쪽은) 플라스틱 성형용 금형 제작 공장의 천 공장장님입니다.

易错点拨:

☯ 此处的"金先生"和"朴先生"不能译成"김 선생님"和"박 선생님",而应译成"김 사장님"和"박 대리님",或者"두 분"。(☞请参考第5课"细节详解"的第❸点。)

☯ 此处的"请进,请进!"译成"들어오십시오"不太恰当。当客人到场时,此句实际上表达欢迎之意,因此译成"어서 오십시오"更符合韩语的表达习惯。从句型表面来看,"어서 오십시오"是一种"-ㅂ시오"形式的命令句,但其话语功能在于表示欢迎。

☯ "塑料产品模具"可译成"플라스틱 사출 성형용 금형(plastic 射出 成形用 金型)"或者"플라스틱 성형용 몰드(mold)"。

❷ (对陈厂长说)这位是韩国三友贸易公司的金先生,这位是朴先生。

推荐翻译:왕 사장님께서 천 공장장님께 한국에서 오신 삼우무역의 김 사장님과 박 대리님이라고 두 분 소개를 하고 계십니다.

易错点拨:

☯ 原话直译为"한국에서 오신 삼우무역의 김 사장님이시고, 이쪽은 박 대리님입니다",但译员可以采用转述的表达方式(间接翻译的方法),将王总对陈厂长所表达的话语意思传达给金社长。(☞ 6.5.2 口译基本常识)

☯ 如果是需要直译的情况的话(如:正式场合下的介绍),此时"韩国三友贸易公司"译成"한국삼우무역회사"不太恰当。第一,此处的"韩国"不是公司名称的组成部分,因此译成"한국에서 오신(来自韩国的)"比较恰当。除了政府出资建立的机构名称,即非盈利性政府机构名称以外,韩国公司的名称通常不包含"韩国"或者"首尔"等地区名。第二,大部分情况下,具体公司名称中的"公司"一词不必译出,无需直译。(☞ 1.5.3 口译基本常识)

❸ 哪里,哪里。各位请入席吧。金先生、朴先生,请坐这儿。陈厂长,请坐这儿!来,来,来!

推荐翻译:아닙니다. 별말씀을 다 하십시오. 모두 자리에 앉으시지요. 김 사장님, 박 대리님, 두 분 이쪽으로 앉으시지요. [천 공장장님도 이쪽으로 앉으십시오. -此

第6课　商务宴请
제6과　비즈니스 접대

句译员不必译出。] 자, 모두 자리에 앉아 얘기 나누시지요.

易错点拨：
- ☯ "哪里哪里"译成"아닙니다. 별말씀을 다 하십니다"比较好。此两句经常连用。
- ☯ "请坐这儿"译成"이 쪽으로 앉으시지요"或者"이 쪽으로 앉으십시오"比译成"이 쪽으로 앉으세요"好些。因为"-세요"虽然也可以表示向对方提建议的意思，但仍是一种命令式终结语尾，在较正式的场合下，使用此表达不是很得体。
- ☯ "来, 来, 来!"可以不译。若要译出来，译成"모두 자리에 앉아 얘기 나누시지요"比较恰当。这样译出意思更明确，而且可以避免重复表达。
- ☯ "앉으시지요""나누시지요"中"-지-"的用法，请参考第5课"细节详解"第❸点。

❹ 今天晚宴是特地为金先生、朴先生接风洗尘。大家都来点儿酒吧。金先生，您要白酒还是葡萄酒？

推荐翻译： 오늘 저녁 식사는 두 분(김 사장님과 박 대리님)을 환영하는 뜻에서 특별히 마련한 자리이니, 술 한잔 하시는 것이 어떻습니까? 김 사장님, 중국 술인 백주로 하시겠습니까? 아니면 와인으로 하시겠습니까?

易错点拨：
- ☯ 第一个句子和第二个句子合为一个句子翻译比较好，这种译法更符合韩国人的表达习惯，而且表达的意思更加明确。
- ☯ 此处的"晚宴"不能译成"저녁 연회"，应译成"만찬"或者"저녁 식사"。在现代韩语中"연회"的使用范围极其有限，主要用于非常正式的大规模宴会，如：국빈 연회장, 호텔 연회 서비스(Banquet Service)。因此翻译时需要格外注意"연회"一词的使用。
  ☞ 주한 영국대사관이 윌리엄 왕자의 결혼식에 맞춰 각국 대사 등 국내외 인사들을 초청해 축하 연회를 열었습니다.
  译文：驻韩英国使馆为庆祝威廉王子的婚礼，举行庆祝宴招待各国大使等国内外人士。
- ☯ 此处的"(聚会)是为……"可译成"-하기 위해서 마련한 자리"或者"-하는 뜻(의미)에서 마련한 자리"。后者是比较固定的说法。
- ☯ "大家都来点儿酒吧。"译成"술 한잔 하시는 것이 어떻습니까?"比较恰当。汉译韩时，尽可能避免使用命令式，而改用请求式或疑问式会更加合适。(☞ 3.5.1 口译基本常识) 此处的动词"하다"是"음식물 따위를 먹거나 마시거나 담배 따위를 피우다"的意思。如：오늘 시간 있으시면 술 한잔 하시겠습니까? / 술을 좀 하십니까?
- ☯ "白酒"根据情况可译成"중국 술""중국 술인 백주""백주""바이주""고량주"等。比

如说，翻译中第一次提到"白酒"时，采用解释性翻译方法将"白酒"译成"중국 술인 백주"或者"중국 술"比较恰当。韩方人员如果第一次来中国或者对中国不太了解时，他们恐怕一时听不明白直译过来的"백주"，尤其是在没有前后语境第一次提到时(除非发音非常清晰)，韩国人很可能会把"백주"听成"맥주(啤酒)"，导致理解上有出入。这里请注意，在韩国，中国白酒被称作"배갈(来自白干，发音接近[빼갈])"，但因其声母发音包括"된소리 ㅃ"，听起来多少有些刺耳，而且多指档次较低的白酒，因此用此词时需掌握好语言环境。

☞ (某报纸报道中图片介绍说明) 대만 배우 F4 정원창이 20일 오후 서울 회기동 경희대학교 평화의 전당에서 열린 이민호 팬미팅(歌迷见面会)에서 생일 선물로 준비한 고량주를 건네고 있다.

◉ "葡萄酒"可译成汉字词"포도주"和外来词"와인(wine)"。"白葡萄酒"和"红葡萄酒"可译成"백포도주/화이트 와인"和"적포도주(赤葡萄酒)/레드 와인"，相比之下，外来词更为常用。

❺ 茅台怎么样？听说茅台在韩国很受欢迎。茅台有38度、43度、53度的。金先生，您想尝尝高度数的，还是低度数的？

推荐翻译：그럼 마오타이가 어떻습니까? (중국 술 중에서) 마오타이가 한국에서 인기가 많다고 들었습니다. 마오타이는 알코올 도수가 38도, 43도, 53도 세 종류가 있는데, 이 중 어느 걸로 하시겠습니까?

易错点拨：

◉ "听说茅台在韩国很受欢迎。"可译成"마오타이주가(중국 술 중에서 마오타이가) 한국에서 아주 인기가 있다고(많다고) 들었습니다"。"听说"译成"듣자하니"不太恰当(☞ 请参考第2课"细节详解"第❺点)

◉ 第二个和第三个句子直译为"마오타이는 알코올 도수가 38도, 43도, 53도 세 종류가 있는데, 알코올 도수가 높은 것과 낮은 것 중 어느 걸로 하시겠습니까?"但本书的推荐翻译更简洁。

◉ 此处的"尝尝"译成"하다(음식물 따위를 먹거나 마시거나 담배 따위를 피우다의 의미)"最恰当。(☞ 请参考本课的"细节详解"第❹点)

◉ 翻译茅台的度数时，最好添加"세 가지 알코올(alcohol) 도수"或者"세 종류"这一总结性表达，这样表达的意思更加明确。翻译时，译员需要总结一下说话人话语中的并列内容，以便听话人能够明确理解其并列内容。越是拥有丰富翻译经验的译员，越能当好内容总结的角色。

第6课　商务宴请
제6과　비즈니스 접대

◎ "酒度数"可译成"술 도수"或者"알코올 도수"。这里请注意,"알콜"虽然不是规范的说法和写法,但很常用。

❻ 那就53度的吧。喝高度酒,第二天没后劲儿。朴先生,您也来点儿白酒？陈厂长,您呢？
　推荐翻译: 그럼 53도짜리로 하시지요. 알코올 도수가 높은 술은(直译:알코올 도수가 높은 술을 마시면) 다음 날 숙취가 없습니다. 박 대리님도 중국 술로 하시겠습니까? [此句译员不必译出:천 공장장님은 어느 걸로 하시겠습니까?]

易错点拨:
◎ "53度的"可译成"53도짜리"或者"53도 마오타이"。在口语中,前者更常用。
☞ 롯데주류①는 알코올 도수 20도짜리 소주 '처음처럼 프리미엄'을 출시했다고 6일 밝혔습니다.
◎ 此处的"第二天"不能译成"둘째 날",应译成"다음 날"。
◎ "陈厂长,您呢？"不必译出。(☞ 8.5.1 口译基本常识)

❼ 我还是来点儿饮料吧,我开车来的,不能喝酒。
　推荐翻译: [译员需要向金先生解释陈厂长对王总说的话] 천 공장장님은 운전을 하셔야 해서 술을 못하신다고 하십니다. (直译:저는 술 말고 다른 음료수로 하겠습니다. 운전을 해야 해서요.)

易错点拨:
◎ 这是陈厂长对王总说的话,也就是两个中国人之间的对话。译员需不需要翻译这句话呢？ 此时韩方人员需要知道陈厂长不喝酒而喝饮料的原因,这样才不影响饭桌上的气氛。译员一定要会察言观色,知道什么时候该翻译,什么时候不该翻译。(☞ 8.5.1 口译基本常识)
◎ "还是……吧"通常可译成"~하는 것이 낫다(~하는 것이 나을 것 같다)"或者"~하는 것이 더 좋겠다"。此处可译成"술 말고 음료수가 낫겠습니다(술 말고 음료수가 나을 것 같습니다)",或者译成"술 말고 음료수로 하겠습니다"也无妨。
◎ "饮料"可译成"음료"或者"음료수"。但是严格来讲,两者所指不尽相同。"음료"是指以水为基本原料,由不同的配方和制造工艺生产出来,供人们直接饮用的液体食品,如可乐、雪碧、啤酒、白酒等。"음료수"是指水以及不包含酒精,供人们解渴的液体食品。以此为据,文中所指的是不含酒精的饮料,因此应与"음료수"相对应。
◎ "我开车来的"直译为"운전해서 왔어요"。不过韩国人在表达此意思时,常用"차(를) 가지고 왔어요"这一表达方式。因此此句可译成"차를 가지고 와서 술을 못 합니다

---

① 롯데주류: 乐天酒业有限公司。

(못 마십니다)"或者"운전을 해야 해서 술을 못 합니다(못 마십니다)"。

❽ 这道菜是这家餐厅的招牌菜,金先生,您尝尝,怎么样? 合口吗?
推荐翻译: 김 사장님, 이 요리 좀 드셔보십시오. 이 식당에서 제일 유명한 요리(대표 메뉴)입니다. 어떻습니까? 입맛에 맞는지 모르겠습니다.

易错点拨:

- 第一个分句直译为"이 요리는 이 식당의 대표 메뉴(추천 메뉴)입니다"或者"이 요리는 이 식당에서 제일 유명한 요리입니다"。
- "合口吗?"可译成"입맛에 맞으십니까?"或者"입맛에 맞는지 모르겠습니다"。在口语中,"合口"也可译为"입에 맞다"。

❾ 那就好。听说韩国人爱吃辣的,所以今天特地选了这家有名的川菜馆。我们再来干一杯吧。预祝咱们的合作圆满成功,干杯!
推荐翻译: 음식이 입맛에 맞으시다니 다행이군요. 한국분들이 매운 음식을 좋아한다고 들어서 오늘 특별히 유명한 사천요리 식당으로 모셨습니다. 앞으로 양측의 협력이(거래가) 순조롭기를 기원하는 의미에서 다시 한번 건배를 제안합니다. 건배!

易错点拨:

- "那就好"译成"~하(시)다니 다행입니다"比较恰当。此处可译成"음식이 입(맛)에 맞으시다니 다행입니다",此表达是比较固定的说法。
- 此处的"韩国人"译成"한국인"或者"한국 사람(들)"不太恰当。
- "选了这家川菜馆"的字面意思是"이 (사천요리) 식당을 선택했습니다",但此处译成"(사천요리로 유명한) 이 식당으로 모셨습니다"更为恰当。这与两国文化差异有关,韩国人在进行对话时注重考虑听者的身份,时时以听者为中心,所以表达为"모시다(陪您来)",这正好提醒了译员在翻译时,应时时考虑到韩国的礼仪文化。(☞ 4.5.3 口译基本常识)
- "预祝咱们的合作圆满成功,干杯!"译成"앞으로 양측의 협력이(거래가: 生意关系时) 순조롭기를 기원하는 의미에서(기원하며) 건배를 제안합니다. 건배!"比较恰当。**第一**,"预祝"译成"기원하다"比较恰当。在韩国,提议干杯时使用"~을 위해 건배!""~을 위해(~을 기원하는 의미에서) 건배를 제의합니다. 건배!""~을 기원하며 건배를 제의하겠습니다. 건배!"等句型。(☞ 8.5.2 口译基本常识) **第二**,"圆满成功"不能译成"원만한 성공"或者"원만하게 성공하기를"。在韩语当中,"圆满"不能与

第6课　商务宴请
제6과　비즈니스 접대

"成功"搭配使用，因此译成"성공적인 협력을 위해(将"成功"作为修饰"合作"的定语来翻译)"或者译成"협력이(거래가) 순조롭기를 기원하다"比较恰当。

❿ 이렇게 환대해 주셔서 감사드립니다. 왕 사장님, 제가 한잔 드리겠습니다.

推荐翻译：感谢您的盛情款待，王总，我敬您一杯！

易错点拨：

◉ "환대하다"通常译为"盛情款待"或者"热情的接待"。这里请注意，汉译韩时，添加"이렇게"来强调一种现场感，更为得体。例如：이렇게 뵙게 되어 영광입니다. 이렇게 만나 뵙게 되어 반갑습니다. (摘自第2课)

◉ "한잔 드리겠습니다/(对长辈)한잔 올리겠습니다"是比较固定的说法。此外，商务宴请时，"那我就先干为敬吧！"也很常用，可译成"제가 먼저 잔을 비우겠습니다"。

6.5 口译基本常识

6.5.1 商务宴请翻译时的一些注意事项　비즈니스 접대 통역

除了边进餐边进行十分重要的商务谈判的情况以外，商务宴请的翻译通常在相对比较轻松的气氛下进行。因此与气氛庄重的正式宴会(☞请参考第8课)相比，译员的压力也会相对小些。在进行一般的商务宴请翻译的时候需要注意以下几点。

第一，准备好较小的笔记本，但尽量不做笔记。

作为餐桌上的翻译有时受场所的限制不能做笔记，或者为了与餐桌上的气氛吻合而不做笔记，此时译员要尽量凭记忆进行翻译。但在条件允许或者讲话内容比较重要且比较长的情况下，还得做笔记，此时最好使用较小的笔记本。根据多年的翻译工作经验，如果当天翻译任务包括会议翻译和宴会翻译时，笔者通常会准备大小不同的两个笔记本。

第二，事先吃好饭，以便全力投入工作。

译员最好在进行午餐或晚餐翻译前吃好饭，以便全力投入工作，来不及事先吃饭时也要尽量保持精神集中的工作状态，待翻译工作结束后再进餐。如果在不得已的情况下(如：全天做陪同翻译)，在不影响翻译工作的前提下，尽量少吃食物，并选择吃容易入口、容易吞咽的食物，而且应避免口中有食物时讲话，要时刻集中注意力。

第三,平时积累菜名方面的知识

在进餐中,餐厅服务员上菜时通常会报菜名,有时还会介绍食材、烹饪方法,译员要将其正确地译出。为此,译员平时应该注意积累这方面的知识。如果译员对菜名没有把握,进餐前最好跟服务员要一份菜谱,翻译时可以看着菜谱进行翻译,特别是中国特色的餐饮词汇要掌握。

1) 解释说明此菜的由来,体现译员对饮食文化方面的了解。以佛跳墙为例,如:"불도장은 '절의 수행 승려가 담장을 넘는다' 라는 뜻으로, 절에서 채식을 하는 승려조차도 육식을 하도록 꾀어낼 수 있을 정도의 맛을 가지고 있음을 의미합니다"。

2) 如果客人问起其主料的话,应能对其进行简单的介绍,如:鱼翅(삭스핀,Shark's Fin)、海参(해삼,sea cucumber)、鲍鱼(전복,abalone)、扇贝(가리비,scallops)、鱼肚(생선 부레,fish maw-韩国菜中用鱼肚做的极少,因此有的韩国人会问起此材料)、银耳(흰목이버섯/백목이버섯,white jelly fungus/silver ear)等。

시진핑 중국 국가주석이 지난달 국빈 만찬에서 박근혜 대통령에게 대접한 8가지 요리를 재현했다. 격식보다 실리를 추구하는 시 주석의 방침에 따라 음식의 종류는 과거보다 단출했지만 여성에 대한 배려가 담긴 메뉴 선정이었다. 흰목이버섯탕은 양귀비와 서태후가 먹었다는 기록이 있다.

第四,双方互赠的礼物名称需要熟记。

进餐快结束的时候,双方通常会互赠礼物,因此需要熟记中韩两国经常赠送的礼物名称。根据其访问性质或双方关系的亲密程度,具体礼物会有所不同。比如:中方成员有女性工作人员在的话,韩方送化妆品套装(화장품 세트)的情况较多。而在公务活动中,双方互赠的礼物主要都是带有两国文化特色的物品。一般来说,中方所提供的礼物主要是手工艺品、仿真工艺品、刻有该单位徽章的纪念品(如:刻有单位徽章的摆件、摆架、文房四宝)等。韩方所提供的礼物主要是印有该单位徽章的礼品、人参(红参精/홍삼정、蜂蜜切片红参/홍삼 절편、人参茶/인삼차等)、手工艺品(螺钿工艺品/자개 공예품或나전칠기 공예품、漆器工艺品/칠기 공예품等)。

第6课　商务宴请

제6과　비즈니스 접대

▶ 홍삼 [红参; red ginseng]：수삼(没有晒干的新鲜人参)蒸熟后晒干而成，其颜色为深棕色，因而命名为红参。特别是韩国人作为珍贵礼品的红参精(浓缩液)，比一般人参产品昂贵得多。但是部分中方译员不了解晒干后的"人参"与"红参"的区别，往往将"홍삼"一概译为"人参"，导致获赠的中方人士没有真正体会到韩方赠予这份礼物的诚意，这种情况也是时有发生的。

6.5.2 恰当使用直接引语和间接引语　　통역 시 직접화법과 간접화법의 구사

　　口译时,说话人讲的内容可以用"直接引语"和"间接引语"这两种方式传达给听众。有时候,译员在翻译过程中并非必须严格使用直接引语(即第一人称)。例如:本单元中陈厂长的话——"我还是来点儿饮料吧,我开车来的,不能喝酒。"译员既可以采用直接引语方式将此话译成"저는 술 말고 다른 음료수로 하겠습니다. 차를 가지고 와서요(운전을 해야 해서요).",也可以采用间接引语方式译成"천 공장장님은 운전을 하셔야 해서 술을 못 하신다고 하십니다.(陈厂长说:他开车来的,不能喝酒)"。这是陈厂长对王总说的话,也就是两个中国人之间的对话,译员使用间接引语将陈厂长的原语意思传达给韩方更为恰当。这样译员不影响饭桌上的气氛(不打断一方饭桌上的谈话),同时也可以让韩方人员知道陈厂长不喝酒而喝饮料的原因。

　　如何选择使用"直接引语"和"间接引语"取决于很多因素,如:翻译领域、译员的翻译经验、口译形式等等。

　　一般来讲,在外交、经贸、科技、法律等领域中,外交翻译采用直接引语方式的比例相对高一些。这是因为外交翻译过程中出现的错误会造成严重后果,外交场合的庄重性和严谨性要求译员尽量做到与发言人的交际状态保持一致,使译文更符合发言人的语言特征,达到与发言人同等的语言效力。

　　口译形式也对采用哪种翻译方式有一定的影响。比如:同传和耳语口译这两种口译形式比较起来,耳语口译中,译员多使用间接引语。

　　据一项研究表明,具有丰富翻译经验的译员选择直接引语的比例显著高于新手译员。这可能是因为经验丰富的译员会更多地考虑现场交际效果,尽可能保持原语人称形式,减少中间传递的影响,达到发言人与听众直接交流的效果。

口译花絮

餐厅里的危机

笔者曾在2004年应韩国科学技术研究院韩中新材料合作中心的邀请,担任中国科学院常务副院长白春礼的随行翻译。包含会见科学技术部部长在内的首尔行程圆满结束后,白春礼副院长访问了济州大学。这是白副院长韩国之行的最后一站。在与济州大学校长结束谈话后,作为东道主,济州大学招待白副院长一行品尝了济州美食。截止到品尝美食之前,笔者的翻译任务还算完成得比较顺利,然而波折往往在最后一刻才会出现。

因为事先已经预定好了餐厅,大家刚刚落座,服务员立即摆上小菜。在等待主菜上桌的空档,大家三三两两地闲聊,气氛十分融洽。这时,中方的一位随行人员向笔者问到:"这是什么呀?"笔者定睛一看,那是盛在一个小酱碗里的韩国传统酱类小菜。虽然有点慌张,不过笔者以迅雷不及掩耳之势扫了一遍桌上的小菜,便故作从容之态由自己熟悉的开始一一介绍:明太鱼子酱、生蚝酱、虾酱、鱿鱼酱、小鱼酱、香贝酱等。不过,这已经是笔者的极限了。十几种酱类小菜,有些连笔者这个土生土长的韩国人都不太认识,所以笔者渐渐开始底气不足了。这时服务员进来上菜,笔者连忙询问小菜的名称。但是笔者还是被这些生疏的名称难倒了,不知该如何正确地翻译。

还好,白副院长发现了笔者的尴尬,微笑着感谢笔者的说明,笔者才能从这个尴尬局面里解脱出来。但是虽然尴尬过去了,笔者一直到用餐结束还对刚才的失误"耿耿于怀"。其实笔者一直都很喜欢研究饮食(仅限于吃),但没想到竟然在饮食翻译上摔了跟头,这确实是笔者意料不到的。从那以后,只要情况允许,笔者都会尽量详细地了解宴会餐厅的菜类特色。

除了饮食名称以外,别处也同样存在着"陷阱"。在首尔,凡是比较高档的韩式餐厅,包间内都可以看到一些装饰用的汉字书法作品,而中国客人大都对此比较好奇。不过,这些书法作品的字体往往都比较"豪放",不易辨认,所以每当看到包间里的书法作品时,笔者都忍不住在心里祈祷:"拜托,拜托,不要问我……"与笔者相熟的一位翻译,甚至还曾因此提前去一家韩式高档餐厅"三清阁"了解包间里用作装饰的书法作品,以备不时之需。

三清阁(餐厅名)
位于首尔的高档韩国餐厅
"三清"指太清、玉清、上清。

第7课 活动主持词
제7과 행사 진행 멘트

kotra
Korea Trade-Investment Promotion Agency

大韩贸易投资振兴公社
대한무역투자진흥공사 / 코트라(KOTRA)
무역진흥과 국내외 기업 간의 투자 및 산업·기술 협력의 지원을 통해 국민경제 발전에 이바지할 목적으로 설립된 정부투자기관

7.1 翻译场景

任务： 稍后将在喜来登饭店钻石大厅举行"第六届韩中技术展示暨洽谈会"。假设由你担任此次活动开幕式的翻译，请试译以下内容。

Task: 잠시 후 쉐라톤호텔 다이아몬드홀에서 '제6회 한·중 테크노마트' 행사가 시작됩니다. 본 행사 개회식의 통역을 맡았다고 가정하고 아래 내용을 통역해 보십시오.

在场人物： 主持人（韩）、中韩两国政府高级官员、特邀嘉宾、与会者及工作人员。

7.2 词汇预习

● [汉译韩]

참석하다	出席，参加，光临
행사	活动
착석하다	落座，入座
또한	同时，另外，并且
원활하다	顺利
사회	主持工作
국제협력부	国际合作部
과장	部门副经理
주관기관	主办方，主办单位
VIP	贵宾
개회사	开幕词
환영사	欢迎致词
차관	副部长
축사	致辞，祝辞
홍보	宣传
개회식	开幕式
행사장	活动场所，会场
다과	茶点
기념 촬영	合影照片，合影留念

第7课　活动主持词
제7과　행사 진행 멘트

[固有名词]

대한무역투자진흥공사	(韩国)大韩贸易投资振兴公社
CCPIT	中国国际贸易促进委员会
지식경제부	(韩国)知识经济部
임채민	〔人名〕林采民
완지페이	〔人名〕万季飞
조환익	〔人名〕赵焕益

7.3 翻译内容

[1] **会前介绍**　식전 안내 말씀(안내 멘트)
- 먼저 '제6회 한·중 테크노마트'에 참석하신 여러분께 깊은 감사를 드립니다.
- 곧 공식 행사가 시작될 예정이오니 참석하신 여러분들은 모두 자리에 착석하여 주시기 바랍니다. 또한 원활한 행사 진행을 위해 소지하신 핸드폰은 진동으로 해 주시거나 전원을 꺼 주시면 감사하겠습니다.

[2] **主持人自我介绍**　사회자 본인 소개
- 저는 오늘 사회를 맡은 대한무역(투자)진흥공사 국제협력부 박철훈 과장입니다.

[3] **贵宾入席**　VIP 입장 / 초청 인사 입장
- 양국 정부 및 주관기관의 VIP께서 입장하고 계십니다. 박수로 맞이하여 주시기 바랍니다.

[4] **宣布活动开始**　행사 시작
- 지금부터 '제6회 한·중 테크노마트'를 시작하겠습니다.

[5] **介绍领导及嘉宾**　내빈 소개
- 먼저 오늘 행사에 참석하신 양국 정부의 내빈 소개가 있겠습니다.
—먼저 한국 지식경제부 임채민 차관님을 소개합니다.
—다음은 중국 CCPIT 완지페이(萬季飛) 회장님을 소개합니다.

[6] **嘉宾致辞**　내빈 인사말
- 먼저 이번 행사의 한국측 주관기관인 대한무역(투자)진흥공사 조환익 사장님께서 개회사를 하시겠습니다.
- 다음은 중국 CCPIT 완지페이 회장님의 환영사가 있겠습니다.
- 이어서 한국 지식경제부 임채민 차관님께서 축사를 하시겠습니다.

[7] **播放视频短片**　영상물 상영
- 다음은 대한무역(투자)진흥공사 홍보 영상물을 약 5분간 보시겠습니다.

[8] **开幕式结束词及茶歇**　폐회사 및 (중간) 휴식 시간
- 이상으로 '제6회 한·중 테크노마트' 개회식을 모두 마치고, 20분간 휴식 시간을 가지도록 하겠습니다.
- 행사장 바깥에 자유롭게 이용하실 수 있도록 간단한 다과와 음료가 준비되어 있습니다.

[9] **宣布活动结束**　행사 종료 안내
- 이상으로 오늘 행사를 마치도록 하겠습니다.
- 잠시 후, 1층 현관 앞에서 간단한 기념 촬영이 있겠습니다. 모두 1층 현관 앞으로 이동하여 주시기 바랍니다.

7.4 细节详解

❶ 먼저 '제6회 한·중 테크노마트'에 참석하신 여러분께 깊은 감사를 드립니다.
推荐翻译：首先，向莅临"第六届韩中技术展示暨洽谈会"的各位来宾表示衷心的感谢！
易错点拨：

- 此"먼저"是"시간적으로나 순서상으로 앞서서"的意思，在各种活动正式开始时，主持人常用此副词。而韩语的"우선"则是"어떤 일에 앞서서"的意思，与前者用法不同。因此，此时出现的"首先"不能译成"우선"，而应该译成"먼저"。

- "테크노마트(techno mart)"为"technology market"的缩略语，是"技术交易市场"的意思。此次活动包括技术展示和洽谈会两方面内容，因此译成"技术展示暨洽谈会"比较恰当。

- 此处的"참석하신"可译成"莅临"或者"出席"。"참석(하다)"和"참가(하다)"的区别，请

第7课 活动主持词
제7과   행사 진행 멘트

参考第3课"口译基本常识"。

◉ 在正式场合下(如:讲话、演讲开头等)向与会者表示感谢时,通常使用"깊이 감사드립니다""여러분께 깊은 감사를 드립니다""여러분께 깊은 감사의 말씀을 드립니다"等表达方式。(☞ 11.5.2 口译基本常识及附录3)

❷ 곧 공식 행사가 시작될 예정이오니 참석하신 여러분들은 모두 자리에 착석하여 주시기 바랍니다.

推荐翻译: 活动马上就要(正式)开始了,请各位尽快入座。

易错点拨:

◉ "공식 행사"是韩语中比较固定的说法,此处译成"正式活动"不符合汉语的表达习惯。因此把"正式"译成动词"开始"的状语比较好。

◉ "착석하여 주시기 바랍니다"比"착석하여 주십시오"更能体现尊敬的语气。(☞ 4.5.1 口译基本常识) "착석하다"比"앉다"更正式一些,可译成"落座、就座"。这里请注意,韩语中请嘉宾入座时通常不用"尽快"作限定性状语,因为韩国人认为用类似于"尽快"这样的词语带有催促的口气,不礼貌。严格来讲,"자리(席)에"和"착석(席)하다"中的"석(席)"有重复表达的现象,不过此表达方式经常使用,所以不视之为病句。

☞ 지금 바깥에 계신 분들은 모두 회의장 안으로 들어오셔서 자리에 착석하여 주시기 바랍니다.

译文: 还在会场外面的各位,请回到会场就座。

❸ 또한 원활한 행사 진행을 위해 핸드폰은 진동으로 해 주시거나 전원을 꺼 주시면 감사하겠습니다.

推荐翻译: 为保证活动的顺利进行,请您关闭手机或将手机设置为振动或静音状态,谢谢。

易错点拨:

◉ "또한"通常可译成"同时""另外""并且""此外"等连词,此处译成"另外"比较恰当,或者不译也无妨。这里请注意,在韩语中,两个句子连接时或者是篇章衔接时经常使用连词。也就是说,汉译韩时,需要添加必要的连词。汉语是语义型语言,较少采用连接性词语;韩语为形态型语言,连接性词语是组词成句或段落衔接的重要手段。(☞ 11.5.3 口译基本常识)

◉ "원활한 행사 진행을 위해"可译成"为保证活动的顺利进行"。汉语"进行"与"顺利"搭配使用,而韩语"진행(하다)"通常与"원활하다(원활한, 원활하게)"搭配使用。

(☞ 3.5.3 口译基本常识)

◉ "진동으로 해 주시기 바랍니다" "진동 모드로 전환해(바꾸어) 주시기 바랍니다"可译成"设置(调整)为振动状态"。此外,"调整为静音状态"可译成"무음으로(或"매너 모드로") 전환해 주시기 바랍니다"。

◉ "(휴대폰의) 전원을 끄다"是比较正式的表达方式,可译成"关闭手机"。在口语中,经常缩略为"휴대폰을 끄다"。

◉ "-주시면 감사하겠습니다"是比较固定的说法,其中的"겠"作为词尾,表示说话者委婉的态度。

❹ 저는 오늘 사회를 맡은 대한무역(투자)진흥공사 국제협력부 박철훈 과장입니다.

推荐翻译: 我是大韩贸易投资振兴公社国际合作部的课长朴勋哲,今天由我来担任本开幕式的主持工作。

易错点拨:

◉ 定语较长是韩语的特点之一。此句如果按照韩语的句型一一对应译出的话,不符合汉语的表达习惯。

◉ "사회를 맡은"可以理解为"我是主持人"或者"由我来担任主持工作","저는 오늘 사회를 맡은 ○○○입니다/ 저는 오늘 사회를 맡은 ○○○이라고 합니다"是固定表达方式。第一个说法一般用于主持人正式介绍自己的职务时或者听众对主持人的身份比较熟悉时。

◉ "대한무역(투자)진흥공사"直译为"大韩贸易投资振兴公社",但由于中国人对"大韩"一词的理解相对困难,因此有时候也可译成"韩国大韩贸易投资振兴公社"。这里请注意,此处的"공사(公社)"和汉语中的"公司"含义不同。(☞ 1.5.3 口译基本常识)

> ☞ 大韩贸易投资振兴公社[Korea Trade-Investment Promotion Agency]:成立于1962年,1996年此机构的名称从"大韩贸易振兴公社"改为"大韩贸易投资振兴公社"。不过不少人习惯上仍然将其称为"大韩贸易振兴公社"或者"코트라(KOTRA-英文简称)"。

◉ "과장(課長)"相当于部门副经理或者部门主管。(☞ 5.5.1 口译基本常识) 在韩国,活动主持人在进行自我介绍时,通常会介绍自己的职务,但如果主持人只是普通职员则无需介绍职务。相反,在中国一般是不会介绍自己的职务的。

☞ 各位嘉宾,各位朋友,大家上午好。我是来自中国人民日报国际部的温宪,很高兴今天能够作为中方主持人在这里与大家一起交流。(备注:温宪-中国人民日报国际部副主

第7课　活动主持词
제7과　행사 진행 멘트

任)
내외 귀빈 여러분, 안녕하십니까? (저는) 오늘 중국측 사회를 맡은 인민일보 국제부 온셴(溫憲) 부주임입니다. 오늘 이처럼 의미있는 자리에(或이 자리에) 함께하게 되어 매우 기쁘게 생각합니다.

❺ 양국 정부 및 주관기관의 VIP께서 입장하고 계십니다. 박수로 맞이하여 주시기 바랍니다.

推荐翻译：现在让我们以热烈的掌声有请来自两国政府部门及承办方单位的领导和嘉宾入场。

易错点拨：

- "주관기관(主管機關)"的字面意思是"承办单位、承办方",不过由于中韩两国筹办活动形式不同,有时候可译成"主办单位、主办方"。(☞ 7.5.3 口译基本常识)
- "VIP(브이 아이 피)"或者"귀빈"的字面意思是"贵宾",不过此处译成"领导和嘉宾"更符合汉语的表达习惯。这里请注意,汉译韩时,"领导"是口译中相当棘手的一个词。因为韩语中没有与"领导"相对应的词语。而且在各种典礼、活动上的致辞中所出现的"领导"一词不能单纯按照词典上的解释来翻译。(☞ 10.5.1 口译基本常识) "领导"通常可译成"고위 관계자, 고위 인사, 책임자, 상사(윗분)"。
- ☞ (新闻图片介绍) 10일 열린 세계해양포럼의 환영 리셉션에서 팔라우의 존슨 토리비옹 대통령 등 VIP들이 정담을 나누고 있는 모습.
- "입장하고 계십니다"直译的话,应该是"正在步入会场",但这种译法不符合汉语的表达习惯,将其译成"现在请……入场"比较恰当。
- "박수로 맞이하여 주시기 바랍니다"是韩语中比较固定的表达,可译成"让我们以热烈的掌声欢迎他们"。其中"以热烈的掌声"还可用"뜨거운 박수로"这一表达方式进行翻译。

❻ 먼저 오늘 행사에 참석하신 양국 정부의 내빈 소개가 있겠습니다.

推荐翻译：首先,请允许我来介绍一下出席本次活动的两国政府领导和嘉宾。

易错点拨：

- 此处的"내빈"译成"领导和嘉宾"更符合汉语的表达习惯。反过来说,汉语致辞开头的"领导和嘉宾"这一称呼译成"내외 귀빈 여러분"或者"내·외빈 여러분"比较恰当。(☞ 11.5.2 口译基本常识) 这里请注意,"外宾"的本意虽为"외부나 외국에서 온 귀한 손님",然而一般不能作为独立的称谓代词使用(除了专指国外要员外)。

- "참석하신"根据情况可译成"出席的、参加的、莅临的、光临的、主席台就座的"等。
- "소개가 있겠습니다"中的"겠"是表示将来时或者推测的词尾。此句与"(姓名+职务)를 소개합니다"的意思不同。

❼ 먼저 이번 행사의 한국측 주관 기관인 대한무역투자진흥공사 조환익 사장님께서 개회사를 하시겠습니다. 다음은 중국 CCPIT 완지페이 회장님의 환영사가 있겠습니다.

推荐翻译：首先,请本次活动的韩方承办单位——(韩国)大韩贸易振兴投资公社的社长赵焕益先生致开幕词。下面,有请中国国际贸易促进委员会会长万季飞先生为我们致欢迎词。

易错点拨：

- "먼저""다음은""이어서"都是表示时间顺序的副词,分别可译成"首先""下面""接下来"。
- "한국측"中的"측"可译成"方"。如：中方-중국측,校方-학교측,甲方-갑측。
- "기관인"的"ㄴ"作为冠形词形词尾,表示"한국측 주관 기관"与"대한무역(투자)진흥공사"是同位语。
- 在韩语中,称谓的顺序是"单位名称+姓名+职务+님"或者"姓名+单位名称+职务+님",如："대한무역(투자)진흥공사 조환익 사장님""중국 CCPIT 완지페이 회장님"。汉语称谓的顺序则是"单位名称+职务+姓名+先生(女士)"。(☞ 5.5.1 口译基本常识)
- "사장"通常可译成"总经理"或者"总裁",不过此处这样译出不太恰当。因为"코트라(KOTRA)"不是追求利润的民营企业,而是由政府出资建立的非盈利性(公益性)机构。
- "개회사를 하시겠습니다"可译成"致开幕词",此处的"겠"是表示将来时的词尾。在韩语中"개회사(환영사)"与动词"하다"搭配使用。这里请注意,韩语还有"개막사"一词,但两者意思不同。因此当将"开幕致辞(开幕词)"译成韩语时,要注意准确使用这两个词。
- "CCPIT"是"中国国际贸易促进委员会"的英文简称。当国外机构名称较长的时候,韩国人常使用英文简称。因此译员进行翻译前需要查询有关机构的官方网站,熟悉相关的英文简称。
- 这里请注意,"请(某嘉宾)致词"和"(某嘉宾)为我们致词"可译成"(某嘉宾A)께서 축사를 하시겠습니다"或者"(某嘉宾B)님의 축사가 있겠습니다"。在两位嘉宾先后致词时,如果A的级别明显高于B的话,最好用前一种翻译方式。如果A和B的级别不分上下,用前者或后者都无大碍,但是为了避免重复表达,分别使用比较好。

第7课　活动主持词
第7과　행사 진행 멘트

❽ 다음은 대한무역(투자)진흥공사 홍보 영상물을 약 5분간 보시겠습니다.

推荐翻译： 下面请大家观看韩国大韩贸易投资振兴公社的介绍短片，本片长约五分钟。

易错点拨：

- 此句译成"请大家+动词"这一句型比较恰当。"보시겠습니다(시청하시겠습니다)"中的"-시-"这一语尾表示动作的主体是说话者需要尊敬的对象。这里将与会者看成需要尊敬的对象，因此使用"-시-"这个语尾。

- "홍보(弘報)"通常可译成"宣传"，如：홍보 전략(宣传策划)、홍보 대사(宣传大使或形象大使)。此处"홍보 영상물"可以译成"介绍短片"或"宣传短片"。这里请注意，"홍보 영상물"需要与"홍보물"区分开来。严格来讲，后者应该包括前者，不过在一般情况下后者多半指文字形式的宣传材料(如：홍보 포스터/宣传海报、홍보 전단(지)/宣传单、홍보 용품/宣传礼品等)。

❾ 이상으로 '제6회 한중 테크노마트' 개회식을 모두 마치고, 20분간 휴식 시간을 가지도록 하겠습니다.

推荐翻译： "第六届韩中技术展示暨洽谈会"开幕式到此结束，下面是20分钟的休息时间。

易错点拨：

- "이상(以上)으로"用于文书或演讲的结尾，表示"结束"的语气和意思。"이상으로 ○○○을 모두 마치도록 하겠습니다"是韩语中比较固定的说法，相当于"○○○到此结束""○○○就此结束"。这里请注意，"이상으로"通常用在句子开头。

- 此处的"개회식"可译成"开幕式"。这里请注意，在韩语中"개회식"和"개막식"意思不同，因此汉译韩时需要格外注意。

> 개회식：会议或聚会开始时举行的仪式。
> 개막식：将要持续一段时间的活动开始时所举行的仪式。

- 汉语的"休息"既可以作为动词，还可以作为名词使用。而韩语"휴식"主要作为名词使用，如："휴식 공간""휴식이 필요하다""휴식 시간을 가지도록 하겠습니다"。(☞ 3.5.2 口译基本常识) 也就是说，"休息20分钟"译成"20분간 휴식하겠습니다"不太恰当。汉译韩时，动词"休息"译成"(-분) 동안 휴식 시간을 가지다"或者"(-분) 동안 휴식을 취하다"比较恰当。

☞ 서울의 최고 기온이 30도를 웃돌며 무더운 날씨를 보이는 5일 오후 서울 광진구 한강유원지를 찾은 시민들이 편안하게 휴식을 취하고 있다.

❿ 잠시 후, 1층 현관 앞에서 간단한 기념 촬영이 있겠습니다. 모두 1층 현관 앞으로 이동하여 주시기 바랍니다.

推荐翻译：稍候我们将进行合影留念,请大家到一楼大厅门前集合。

易错点拨：

- ☯ "현관(玄關)"是"건물의 출입문"的意思,可译成"入口处、门口、门前"。
- ☯ "-에 앞서(~ 후에) 간단한 기념 촬영이 있겠습니다"是比较固定的说法,直译为 "……之前(……之后)将安排合影留念"。这里请注意,在正式场合下说需要合影留念 时,译成韩语时不要加上"간단한"这个词。
- ☯ "이동하다"有"움직여 옮김. 또는 움직여 자리를 바꿈(转移到某场所)"的意思,因此 将其译成汉语之前,需要正确理解其意思。例如:日程表上的"호텔→공항: 차량으로 이동"可译成"驱车前往机场"。
- ☞ 2월 9일 금요일 오전 9시 30분에 호텔 로비에 집결하여 기념 촬영을 가진 후, 공 식 일정을 모두 마치고 출국 준비를 위해 공항으로 이동할 예정입니다. / 우리의 설 과 같은 중국 최대의 명절 '춘제'를 앞두고 대규모 귀성 이동이 시작됐습니다. / 우 리나라 여행자는 비교적 이동이 많은 일정을 선호하기 때문에 무작정 짐을 늘릴 수 만도 없다.
- ☯ "-기(를) 바랍니다"比"-하여(해) 주십시오"更能体现尊敬的语气。(☞ 4.5.1 口译基 本常识)

7.5 口译基本常识

7.5.1 翻译活动主持词时的注意事项　행사 진행 멘트 통역

随着国际交流、国际活动的日益频繁,现代社会对译员的需求也越来越多。对外活动, 尤其是与经贸方面相关活动的程序与下图所示的流程大体相同。但是根据活动性质的不 同,其程序或内容上可能会出现一些变化或比较特殊的主持环节,因此译员在活动前一定要 与主持人确认好活动流程,尽量请对方提供台词及相关资料提前练习。就下面的活动程序 我们来看一下口译时应该注意的具体事项。

第7课　活动主持词
제7과　행사 진행 멘트

▶ 活动流程 행사 진행 순서 / 일반적인 식순

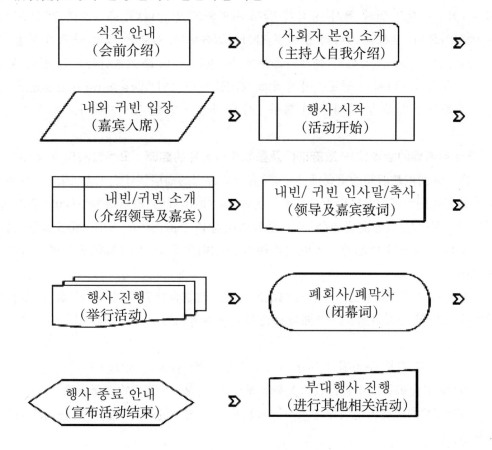

第一，准确了解主持人、嘉宾的名字及职务的中、韩文翻译。

第二，主持人在介绍嘉宾时应该及时地、非常流利地进行口译，以便中韩与会人员都能同时作出反应。

第三，做致辞翻译时的注意事项请参考第10课的口译基本常识。

第四，翻译时，译员一般会站在主持人的旁边，这时一定要注意端正身姿，挺胸抬头，保持良好形象。没有丰富口译经验的译员在初次担任大型活动口译工作时，由于紧张，往往会出现低头只盯着台词的情况，因此在平时做口译练习时，应该尽可能地正视前方，用眼睛的余光来看台词。此外，在口译现场应该随时确认主持人与听众的反应，适当地调整口译节奏。

第五，活动口译与陪同口译、商务谈判口译等不同，需要口译人员使用洪亮的、带有感情的、悦耳的声音进行活动现场的口译。

第六，虽然这种情况极少出现，但是为了应对像麦克、投影仪等与活动相关的设备出现

突发情况,应该提前准备好解释突发状况的主持词。例如:잠시 안내 말씀이 있겠습니다. 지금 ○○ 문제로 인해 행사 시작이 잠시 지연되고 있습니다. 예정보다 10분 늦게 시작될 예정이오니, 잠시만 기다려 주시면 감사하겠습니다. 불편을 드려 대단히 죄송합니다.

☞ 2일자 스포츠닛폰과 산케이스포츠 등 일본 주요 스포츠신문들은 전날 사이타마 슈퍼아레나에서 열린 '아이리스' OST 콘서트인 'Dramatic live stage IRIS' 가 좌석 문제로 두 차례 공연 모두 1시간 가량 지연됐다고 전했다.

7.5.2 专有名词的翻译(2)- 政府部门及国家机构名称的翻译　고유명사의 통역(2)

在中韩两国政府间的重要活动中,常有政府部门的高层领导们出席,因此了解两国政府机关的准确翻译名称就显得十分重要。比如,第7课出现的"지식경제부(2013年改名为'산업통상자원부/産業通商資源部')"就是韩国政府17个部门中的一个。第5课出现的"中国国家文物局(中国文化部的直属机构)"相当于韩国的"문화재청(韩国文化体育观光部的直属机构)"。

韩国的政府组织在2013年朴槿惠政府执政后改制为"17부(部)+3처(處)+17청(廳)+2실(室)+6위원회(委員會)"。17部与17厅的名称参考如下:

☞ 한국의 정부 부처명(17부) - 오른쪽은 산하 기관인 청(廳)
"청(廳)"是韩国的中央行政机关分类单位之一,是"부(部)"的直属机构。
"부(部)"的最高级别领导是"장관(部长)","청(廳)"的最高级别领导是"청장(相当于副部长级)"。

(가나다 순)

	17부(部)	17청(廳)
1	국방부 (國防部)	병무청, 방위산업청
2	국토교통부 (國土交通部)	행정중심복합도시건설청
3	고용노동부 (雇傭勞動部)	
4	교육부 (敎育部)	
5	기획재정부 (企劃財政部)	국세청, 관세청, 조달청, 통계청
6	농림축산식품부 (農林畜産食品部)	농촌진흥청, 산림청
7	문화체육관광부 (文化體育觀光部)	문화재청
8	미래창조과학부 (未來創造科學部)	
9	법무부 (法務部)	검찰청

第7课　活动主持词
제7과　행사 진행 멘트

10	보건복지부 (保健福祉部)	
11	산업통상자원부 (産業通商資源部)	중소기업청, 특허청
12	안전행정부 (安全行政部)	경찰청, 소방방재청
13	여성가족부 (女性家族部)	
14	외교부 (外交部)	
15	통일부 (統一部)	
16	해양수산부 (海洋水産部)	해양경찰청
17	환경부 (環境部)	기상청

▶ 17个厅当中在口译或笔译时出现频率较高的4个厅是관세청, 문화재청, 중소기업청和특허청:

· 관세청(關稅廳):相当于中国海关总署,管理关税的缴纳、减免及征收,进出口商品的报关,进出口管制等事务。

· 문화재청(文化財廳):相当于中国国家文物局,掌管文物的保护与管理等事务。

· 중소기업청(中小企業廳):相当于中国国家发改委中小企业司,负责中小企业的保护与培养等事务。

· 특허청(特許廳):相当于中国国家专利局,负责审批专利、实用新型和外观设计等事务。

政府部门以及机构名称是固有名词,因此译员绝对不能任意地改变其名称进行翻译。但是,比如韩语当中并不存在"信息产业部"中的"信息"一词,韩国人也几乎不可能推测出其意思,因此如果出现此词,有必要对其做进一步的说明。口译时,将"信息产业部"译成"'신식산업부'는 기존의 '정보통신부'에 해당합니다('신식산업부'等同于韩国以前的'정보통신부')"比较恰当。笔译时,应该像下面例子一样在韩语汉字读音标记的后面用繁体字做进一步说明比较好。举例:"신식산업부(信息産業部——기존의 '정보통신부'에 해당)"

☞ 정보통신부(情報通信部): 2008年李明博政府执政后,将情报通信部拆分为行政安全部、知识经济部、文化体育观光部等部门,因此现在已经不存在"情报通信部"。

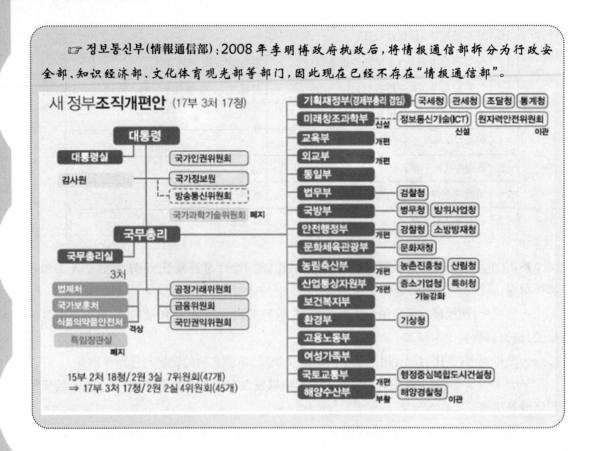

7.5.3 "举办、举行"和"主办、承办"的翻译

在担任活动口译时,经常会出现"举办、举行、主办、承办"等词语,译员需要准确掌握相应的韩语表达。

1) "举办"和"举行"的翻译

一般情况下,"举办"可译为"개최(開催)하다/개최되다","举行"可译为"거행하다/거행되다"。例如:世界杯足球赛的举办城市-월드컵 개최 도시,举行动工(开工)仪式-착공식을 거행하다。但这种对应关系并不是绝对的,口译时需要格外留意。"举办"含有"举行+办理"的意思,只能用于活动主办方为主语的句子当中,但是韩语的"개최하다"则不受这样的制约。

☞ 오늘 역사상 가장 큰 상하이 엑스포를 개최하게 된 것을 중국 정부에게 진심으로 축하를 드리고 매우 성공적으로 이뤄질 거라고 확신합니다.

第7课　活动主持词
제7과　행사 진행 멘트

　　韩语的"거행하다"具有"의식이나 행사를 치르다(进行仪式或活动)"的意思。因此各种以小时为单位举办的典礼(如:개막식, 폐막식, 졸업식)通常不能使用"개최하다", 而应该用"거행하다"。比如, 韩语中可以说"지금부터 한글날 기념식을 거행하도록 하겠습니다", 但是一般不能说"지금부터 한글날 기념식을 개최하도록 하겠습니다"。相反, 汉语根据句子结构可以表达为"韩文节于(时间)在(地点)举行"或是"(主语)举办韩文节"。

☞ "举行"译成"개최"的例子
汉:第十七届亚洲运动会, 将于2014年9月18日至10月4日在韩国仁川举行。
韩:제17회 아시안게임이 2014년 9월 18일에서 10월 4일 동안 한국 인천에서 개최됩니다(열립니다).

汉:2010年11月二十国集团首脑会议将在韩国首尔举行。
韩:2010 G20 정상회의가 11월 한국 서울에서 개최됩니다.

汉:中美战略经济对话将于5月末在北京举行。
韩:미·중 전략경제대화가 5월 말 북경에서 개최될(열릴) 예정입니다 (或者 개최됩니다).

此外, 被动形的"개최되었다/거행되었다"一般情况下可以用"열렸다"来代替。
韩:중국 영화 '공자' 시사회가 2월 4일 서울(신촌 메가박스)에서 열렸습니다.
汉:中国影片《孔子》2月4日在首尔举行了首映式。

韩:SPAO 명동점에서 매장 오픈을 기념하는 소녀시대의 팬사인회가 열렸습니다.
汉:为了庆祝首尔SPAO明洞店的开业, 在首尔明洞SPAO举行了韩国超人气女生组合"少女时代"的签名会。

韩:소지섭·장쯔이 주연의 한·중 합작영화 '소피의 연애 매뉴얼' 제작발표회가 지난 14일 상하이에서 열렸습니다.
汉:由(韩流明星)苏志燮与章子怡联袂出演, 中韩共同制作的电影《苏菲的复仇(非常完美)》于14日在中国上海隆重举行了制作发布会。

2) "主办"和"承办"的翻译
一般来说, "主办"和"承办"分别可译成"주최(主催)하다"和"주관(主管)하다"。这里强

调"一般来说"的理由正如下面的例句所示,汉语的"主办"和"承办"与韩语的"주최(하다)"和"주관(하다)"之间并不存在绝对的一一对应关系。所以在翻译"主办"和"承办"时要准确理解活动的性质和有关单位的相互关系,观察是否能与"주최"和"주관"完全对等使用。如果很难准确把握的话,可将国家主要部门之类的高级机关翻译为"주최기관",级别相对较低的机关翻译为"주관기관"。另外,需要注意的一点是,在中国出版的部分中韩字典中"承办"一词翻译为"청부(請負)",这是不恰当的。"청부"一词除了用于建设领域(如:청부 계약/하도급 계약 等)之外,常带有指使的含义,因此使用的时候应多加注意。

☞ 通过下面的例子了解一下"주최"与"주관"的区别。

KIOW는 정보통신부가 주최하고 한국인터넷정보센터, 한국 ISP협회와 URI포럼이 주관하는 정보 교류의 장으로 국내·외 인터넷 전문가들과 함께 인터넷 관련 운영기술 및 정책 등을 논의하는 워크숍으로 2000년부터 개최되어 3회를 맞이하고 있다.

☞ "主办"与"주최","承办"与"주관"之间并不存在绝对的一一对应关系,例如:

"中、日、韩高技术商务论坛"曾在北京举行,其相关内容如下:

(1) 中方主办:中国科学技术协会
　　 韩方主办:韩国产业技术财团
　　 日方主办:日本贸易振兴机构
(2) 顾问单位:科技部、国家经贸委、北京市人民政府、韩国产业资源部
(3) 支持单位:天津市人民政府、山东省人民政府、河北省人民政府、辽宁省人民政府、吉林省人民政府、青岛市人民政府、大连市人民政府
(4) 承办单位:中国科学技术咨询中心
(5) 协办单位:科技部高新技术中心、科技部知识产权中心、国家经贸委研究中心、国家计委宏观经济研究院、北京市科学技术协会

按照韩国的惯例,活动的韩方主办单位应该是韩国"产业资源部"(2013年改组为"产业通商资源部"),(1)中"韩国产业技术财团"应该是承办单位。然而活动在中国举行,中方的主办单位是"中国科学技术协会"。韩方考虑到韩中两国主办单位的性质不同,中方的主办单位是民间组织,韩方的主办单位是政府部门,于是韩方最后决定将韩国"产业资源部"调整为"顾问单位"。

第7课　活动主持词
제7과　행사 진행 멘트

口译花絮

马失前蹄

　　有一次,笔者在北京举行的一次中韩交流活动中给韩国产业资源部(相当于中国"商务部")副部长做翻译。在那次活动的开幕式上,中韩两国的副部长都发表了祝辞,笔者和中方的译员并排站在距讲台两米远的地方翻译。

　　韩方先致辞,翻译结束后,笔者便一身轻松地认真聆听中方副部长的致辞和旁边译员的翻译,想了解一下在祝辞当中常使用何种表达,对方译员如何翻译,从中取长补短以提高日后翻译质量。

　　在那次活动的两个月之前,因卢武铉总统刚刚对中国进行了国事访问,所以在双方副部长的致辞中都提到了卢武铉总统。可是在翻译中,中方译员把中国商务部副部长所说的"今年7月韩国总统卢武铉成功访华,两国领导人就进一步发展双边经贸合作达成一系列重要共识……"竟翻译成"금년 7월 한국 대통령 노무현께서…"。也不知中方译员是过于紧张还是受汉语语序的影响而如此翻译,此句应该翻译成"노무현 한국 대통령께서(姓名+职位+(님)+께서)"才对。笔者在旁边听着暗地里为他捏了一把汗,但又不能给他提供帮助,真是心有余而力不足。

　　能为副部长翻译的译员,足以说明其韩语水平之高。但是他怎么会犯这样的错误呢? 译员毕竟是凡人而不是翻译机器,有时难免会受当时的心理状况和身体状态的影响,甚至会犯一些"很低级"的错误。因此,专业译员在接受重要翻译任务时,要注意将自己调整到最佳状态,为工作保护好身体,照顾好嗓子。当然,作为译员最重要的是事先要做好充分的材料准备工作!

원숭이도 나무에서 떨어질 때가 있다.
Even Homer sometimes nods.
智者千虑,必有一失。

第8课 宴会主持词

제8과 만찬 진행 멘트

내·외빈 인사말

기념품 증정식

만찬 및 담소

건배

8.1 翻译场景

任务： 欢迎中国上海市青少年访韩代表团的晚宴即将开始。假设你担任晚宴的翻译，请试译以下内容。

Task: 지금부터 중국 상하이시 청소년대표단의 한국 방문 환영 만찬회가 시작됩니다. 본 만찬회의 통역을 맡았다고 가정하고 아래 내용을 통역해 보십시오.

在场人物： 主持人（韩）、中韩两国有关单位的高级官员以及出席晚宴的其他人员。

8.2 词汇预习

[汉译韩]

환영 만찬회	欢迎晚宴
사회	主持工作,主持人
담당	负责人,担任
인사 말씀	讲话,致辞
증정	赠送
귀고리	耳环
일제히	一起
담소	谈笑(风生),密切的交流
조촐하다	朴素,质朴,俭朴,"酒席简陋"等谦虚之词
아무쪼록	千万,无论如何,尽可能,恳切、诚恳
주최하다	举办,主办
주최측	举办方,东道主
미흡하다	不足,不周到
너그럽게	宽厚地,大方地,宽容地,宽大地

[固有名词]

박종호	〔人名〕朴钟浩
안홍철	〔人名〕安弘哲
차오허핑	〔人名〕曹和平
김형주	〔人名〕金炯柱
신라시대	新罗王朝时期

8.3 翻译内容

[1] **主持人自我介绍**　사회자 본인 소개

- 반갑습니다. 오늘 환영 만찬회의 사회를 맡은 국제협력 담당 박종호입니다.

[2] **宣布欢迎晚宴开始**　환영만찬회 시작

第8课　宴会主持词
제8과　만찬 진행 멘트

- 지금부터 중국 상하이시 청소년대표단의 한국 방문 환영 만찬회를 시작하도록 하겠습니다.

[3] 嘉宾致辞　귀빈 인사말
- 먼저, 환영 만찬에 앞서 안홍철 서울시 국제교류협회 부회장님의 인사 말씀이 있겠습니다.
- 다음은 오늘 방문한 중국 상하이시 청소년교류단을 대표해서 차오허펑 단장님의 인사 말씀이 있겠습니다.

[4] 纪念品赠送仪式　기념품 증정식
- 다음은 서울시 국제교류협회에서 중국 상하이시 청소년대표단에게 한국 방문 기념품을 증정토록 하겠습니다.
- 김형주 서울시 부시장님께서 선물을 증정하시겠습니다. 선물은 신라시대 귀금속 귀고리입니다.

[5] 晚宴及祝酒辞　만찬 및 건배 제의
- 만찬에 앞서 김형주 부시장님께서 건배 제의를 하시겠습니다.
- 부시장님의 '한·중 양국 청소년들의 영원한 우정을 위하여'라는 구호에 따라 일제히 앞에 있는 잔을 들어주시기 바랍니다.
- 지금부터는 만찬의 시간으로, 편하게 식사를 하시면서 서로 담소를 나누는 시간이 되시기 바랍니다.
- 조촐하나마 성의껏 준비된 음식을 드시면서 서울시와 상하이시 간의 청소년 교류 활동이 활발히 이루어져 지역 발전에 상호 도움이 될 수 있도록 편안하게 대화도 나누시기 바랍니다. 아무쪼록 오늘 이 시간이 여러분 모두에게 유익하고 소중한 시간이 되시길 바랍니다.

[6] 宣布晚宴结束　만찬 종료 안내
- 식사는 즐겁게 하셨습니까? 이상으로 서울시 국제교류협회에서 주최한 중국 상하이시 청소년대표단 환영 만찬회를 모두 마치겠습니다.

[7] 活动举办方的结束语　행사 주최측 맺음말
- 행사 주최측으로서 그간 나름대로 최선의 노력을 다하였습니다만, 다소 미흡한 점이

있었다 하더라도 너그럽게 이해해 주시면 고맙겠습니다.
- 그럼 한국에서의 마지막 밤을 편안하게 쉬시고, 내일 인천공항에서 11시에 뵙겠습니다

8.4 细节详解

❶ 반갑습니다. 오늘 환영 만찬회의 사회를 맡은 국제협력 담당 박종호입니다.

推荐翻译：大家好！我是负责国际合作工作的朴钟浩。今天的欢迎晚宴由我来为大家主持。

易错点拨：

- 译员进行翻译前需要先了解一下韩国人的汉字姓名。
- 此处的"반갑습니다"可译成"晚上好！"或者"大家好！"。由于韩语中没有与"早上好！""中午好！""晚上好！"等问候语对应的表达方式,因此这些问候语译成"안녕하십니까"或者"반갑습니다"比较恰当。
- "환영 만찬회"可译成"欢迎晚宴"。此外,外来词"리셉션(reception)"也比较常用,如:환영 리셉션(欢迎酒会)。这里请注意,韩语中没有"환영 만찬연회"这样的表达。在现代韩语中"연회"的使用范围极其有限,主要用于非常正式的大规模宴会。(☞请参考第6课"细节详解"的第❹点。)

> ☞（新闻照片介绍说明）10일 열린 세계해양포럼의 환영 리셉션(欢迎酒会)에서 팔라우의 존슨 토리비옹 대통령 등 VIP들이 정담을 나누고 있는 모습. 세계 유일의 해양 분야 전문 포럼인 세계해양포럼이 10일 환영 리셉션을 시작으로 3일 간의 일정에 돌입했다.

- 此处的"국제협력 담당"可以理解为"국제협력 업무를 담당하고 있는"或者"국제협력 업무 담당자인"。在韩国,当有人作自我介绍或者介绍他人时,不提起具体职位,而用"담당(担当、任职)"一词的话,此表达通常具有此人是入职时间不久的新员工、普通职员的含义。

❷ 지금부터 중국 상하이시 청소년대표단의 한국 방문(,停顿) 환영 만찬회를 시작하도록 하겠습니다.

推荐翻译：我宣布,欢迎中国上海市青少年访韩代表团的晚宴现在正式开始。

易错点拨：

- 将中国地名译成韩语时,既可以按照韩国汉字读音翻译,也可以按照汉语拼音翻译。

第8课　宴会主持词
제8과　만찬 진행 멘트

目前,出于尊重汉语本音的缘故,虽然人名和地名的翻译越来越强化使用第二种译法(如:상하이),不过很多韩国人还是更容易接受韩国汉字读音的译法(如:상해)。
(☞ 1.5.3 口译基本常识)

- "한국 방문(,:表示停顿) 환영 만찬회"是"한국 방문(을) 환영(하는/하기 위한) 만찬회"的意思,因此读的时候,应在"방문"之后有短暂的停顿。"환영 만찬회""송별 만찬회"是比较固定的说法。

- "지금부터 –을 시작하도록 하겠습니다"是比较固定的说法,可译成"(我宣布)……现在正式开始"。

❸ 먼저, 환영 만찬에 앞서 안홍철 서울시 국제교류협회 부회장님의 인사 말씀이 있겠습니다.
다음은 오늘 방문한 중국 상하이시 청소년교류단을 대표해서 차오허핑 단장님의 인사 말씀이 있겠습니다.

推荐翻译: 在欢迎晚宴之前,首先请首尔市国际交流协会的副会长安弘哲先生致辞。
　　　　　　下面,请曹和平团长代表今天来访的中国上海市青少年交流团讲话。

易错点拨:

- "A에 앞서 B하다"是比较固定的说法,是"在做A之前先做B"的意思,因此可译成"在A之前B"。"만찬에 앞서 인사말을 하다"和"만찬 전에 인사말을 하다"在意思上相同,不过在正式场合下使用前者更为恰当。
☞ **만찬에 앞서** 감사패 증정식(수여식)이 있겠습니다.

- 将"안홍철+국제교류협회+부회장+님"译成"(韩国)国际交流协会的副会长安弘哲先生"符合汉语的表达习惯。这里请注意,韩语的称谓语表达顺序与汉语的不同。
(☞ 5.5.1 口译基本常识)

- "인사 말씀"通常可译成"讲话",根据情况有时候可译成"致辞"。这里请注意,"讲话"不能译成"인사말(이 있겠습니다)",而应译成"인사 말씀(이 있겠습니다)"。此处的"있겠습니다"是"어떤 일이 이루어지거나 벌어질 계획이다(某件事将要发生)"的意思。

❹ 다음은 서울시 국제교류협회에서 중국 상하이시 청소년대표단에게 한국 방문 기념품을 증정토록 하겠습니다.

推荐翻译: 下面,请首尔市国际交流协会向中国上海市青少年代表团赠送礼物。

易错点拨:

- "국제교류협회에서"中"에서(由)"是主格助词,用在集团性名词(如:单位或机构)后,

表示前面的名词或者名词性成分是句子的主语。因此,当汉语主语不是人或动物等生命体时,必须要用"-에서"进行翻译。如:我校—主语(우리 대학교에서),我院—主语(우리 연구원에서)。

◐ "한국 방문 기념품을 증정토록"直译为"赠送访韩纪念品",也可译成"赠送礼物"。"증정토록"是"증정하도록"的缩略形式。在韩国,在对外活动场合下赠送礼物时,通常用"방문 기념품을 증정하다",而私人赠送小礼物时,一般表达为"선물을 증정하다"。(☞ 8.5.1 口译基本常识)

❺ 만찬에 앞서 김형주 부시장님께서 건배 제의를 하시겠습니다. 부시장님의 '한·중 양국 청소년들의 영원한 우정을 위하여'라는 구호에 따라 일제히 앞에 있는 잔을 들어주시기 바랍니다.

推荐翻译:现在,请副市长致祝酒辞。当副市长说"让我们为韩中两国青少年的友谊地久天长,干杯!"的时候,请大家随副市长一起举杯。

易错点拨:

◐ "건배 제의"直译为"提议干杯",但是前一个句子应该理解为"现在(直译:共进晚餐前),请副市长致祝酒辞"。

◐ "-님의 '(干杯提议内容)'라는 구호에 따라 일제히 앞에 있는 잔을 들어주시기 바랍니다"是比较固定的说法,其中"일제히"可以用"모두"替代。(☞ 8.5.2 口译基本常识)"들어주시기 바랍니다"比"들어 주십시오"更能体现郑重、礼貌的语气。(☞ 4.5.1 口译基本常识)

❻ 지금부터는 만찬의 시간으로, 편하게 식사를 하시면서 서로 담소를 나누는 시간이 되시기 바랍니다.

推荐翻译:现在晚宴正式开始,希望大家(用餐愉快)多多交流,共度今晚的美好时光。

易错点拨:

◐ "-하(시)면서 -하는 시간이 되시기"直译为"一边……,一边……"。此处译成"在用餐的同时"比较恰当。

◐ "담소(談笑)를 나누다"是比较固定的说法,是"웃고 즐기면서 이야기하다"的意思。此表达常用于正式场合,包含"进行交流、自由交流"之意。

❼ 조촐하나마 성의껏 준비된 음식을 드시면서 서울시와 상하이시 간의 청소년 교류 활동이 활발히 이루어져 지역 발전에 상호 도움이 될 수 있도록 편안하게 대화도 나

第8课　宴会主持词
제8과　만찬 진행 멘트

누시기 바랍니다. 아무쪼록 오늘 이 시간이 여러분 모두에게 유익하고 소중한 시간이 되시길 바랍니다.

推荐翻译：今天的晚餐也许不够丰盛，但代表了我们的一片心意，希望各位用餐愉快！同时也希望在座各位能积极地为如何增进首尔与上海两城市之间的青少年交流献言献策，以进一步推进两市未来的共同发展，实现互助共荣。愿大家珍惜这段有益而宝贵的时光。

易错点拨：

◎ 这段话的主干部分为："음식을 드시면서 편안하게 대화도 나누시기 바랍니다"。"-면서"通常可译成"一边……，一边……"或者"……，同时……"。此处的"대화를 나누다"应该理解为"进行交流"。

◎ "조촐하나마"是由"조촐하(다)"和"-나마"组成的，如：미력하나마。"조촐하다"的原义是"朴素、质朴、俭朴"，在表达谦虚意思的时候比较常用，此处指的是"음식이 조촐하다(准备的菜比较简单)"，因此可译成"不够丰盛"。

> **参考语法**
> "-나마"表示虽然承认前面所说的话，但后边的话语并不拘泥于前面的情况，可以理解为并非很满意前面所说的情况，但是还可以接受。这里请注意，此表达意在表示谦逊的态度，通常说话者心里并不一定完全认同该事实。

◎ "-될(할) 수 있도록"通常可译成"以使……""为了……""以便……"。

◎ "유익한"通常可译成"有益的"或者"有所收获"。"유익한 시간"和"유익한 대화"是比较固定的说法。

☞ 웨이(魏) 부부장님께서 바쁘신 중에도 이렇게 시간을 내어 주셔서 유익한 대화를 나눌 수 있게 되어서 대단히 기쁘게 생각하며 조만간 다시 만나 뵙기를 희망합니다.

☞ 最后希望大家能够通过本次研讨会，有所收获，并欢迎大家对我们的工作提出宝贵意见，谢谢大家！

❽ 식사는 즐겁게 하셨습니까? 이상으로 서울시 국제교류협회에서 주최한 중국 상하이시 청소년대표단 환영 만찬회를 모두 마치겠습니다.

推荐翻译：希望大家能够对今天的晚宴感到满意。首尔市国际交流协会为中国上海市青少年代表团举办的欢迎晚宴到此结束。

易错点拨：

◎ "식사는 즐겁게 하셨습니까?"的含义是"希望各位在愉快的气氛下享受美食""希望大家今天晚上过得愉快""希望能够对今天的晚宴感到满意"。此句虽为疑问句，但意在

表达某种希望,因此韩译汉时,译为陈述句比较自然、通顺。(☞ 3.5.1 口译基本常识)
◉ "서울시 국제교류협회에서 주최한"不能译成"首尔市国际交流协会主办的(中国上海市青少年代表团的欢迎晚宴)"。**第一**,"중국 상하이시 청소년대표단 환영 만찬회"是"중국 상하이시 청소년대표단을 위한 환영 만찬회"的简洁表达,因此将其译成汉语的时候,应该把欢迎的对象放在"国际交流协议会"和"举办"中间。**第二**,有时候,"주최하다"与"主办"不能一一对应翻译,此处应译成"举办"。(☞ 7.5.3 口译基本常识)
☞ 야구 금메달리스트들이 이상구 단장과 함께 1일 오후 6시 허남식 부산시장이 <mark>주최하는</mark> 환영 만찬회에 참석한다.
◉ "이상으로 -을/를 모두 마치겠습니다"是在活动结束时常用的固定说法,相当于"某活动(或者仪式)到此结束"。此外,"이상으로 -을/를 모두 마치도록 하겠습니다"这一表达方式也较常用(严格来讲,此种表达方式不符合语法规则)。这里请注意,由于汉语的"某活动(或者仪式)"属于主语成分,所以不少中国学生在翻译时会受到汉语句型的影响而将"某活动(或者仪式)"翻译成主语,如:-이(가) 모두 끝났습니다。这样翻译虽然在语法上没有问题,但是"到此"的意思并没有翻译出来,因此在汉译韩时最好将其译成动宾结构。

❾ 행사 주최측으로서 그간 나름대로 최선의 노력을 다하였습니다만, 다소 미흡한 점이 있었다 하더라도 너그럽게 이해해 주시면 고맙겠습니다.
推荐翻译:作为活动的举办方,若有不足之处,还望各位多多包涵。谢谢诸位!
易错点拨:
◉ "주최측"中的"측"可译成"方"。"东道主"也有时候可译成"주최측"。
◉ "그간 나름대로 최선의 노력을 다하였습니다만"的直译为"此期间我们虽已尽全力(我们虽然竭尽全力)",此处不译出也无妨。这里请注意,汉译韩时,加译"그간 최선의 노력을 다하였습니다만"比较好。
◉ "미흡한(未洽한) 점"是"(让您)不满意的地方"的意思,此处可译成"不足之处",此时也可以使用"부족한 점"这一表达方式。前一种表达方式的重点在于"흡족하지 못하다, 만족스럽지 아니하다",而后一种表达方式的重点在于"충분하지 아니하다"。
◉ "너그럽게 이해해 주시면 고맙겠습니다(감사하겠습니다)"是比较固定的说法,相当于汉语的"请多多包涵"或者"请多多海涵"。此表达可以用"양해해 주시면 고맙겠습니다(감사하겠습니다)"替代。此处的"겠"是一种婉转的表达方式。

❿ 그럼 한국에서의 마지막 밤을 편안하게 쉬시고, 내일 인천공항에서 11시에 뵙겠습니다.
推荐翻译:明天中午11点钟我们将在仁川机场为大家送行。祝大家晚安!

第8课　宴会主持词
제8과　만찬 진행 멘트

易错点拨：

- "그럼"是"그러면"的缩略形式，在口语中常用，相当于汉语的"那么"。
- "(장소)에서의 마지막 밤"是韩语中比较固定的说法；"편안하게(푹) 쉬십시오(쉬세요)"则属于睡觉前的一般问候语。因此前一个分句可以理解为"希望大家在韩国的最后一个夜晚能过得开心愉快。请大家今晚好好休息"，但此处也可以译成"祝大家晚安！"
- "뵙겠습니다"是"보다"的敬体表达方式，由于直译不能充分表达出说话者的语气和情感，因此此处译成"欢送"或者"送行"更为恰当。

8.5 口译基本常识

8.5.1 宴会翻译时的注意事项　행사 만찬 통역

一般来说，由中外嘉宾共同出席的正式场合，在大型活动的第一个晚上（或活动开始的前一个晚上）和最后一个晚上（根据日程也可能是中午）会分别举行欢迎晚宴（欢迎酒会）和欢送晚宴。此类晚宴与第6课曾出现的气氛相对活泼的商务晚宴不同，此类宴会更显庄重正式，并且按照一定的程序进行。下面我们看一下正式晚宴流程及翻译时需要注意的相关事项。

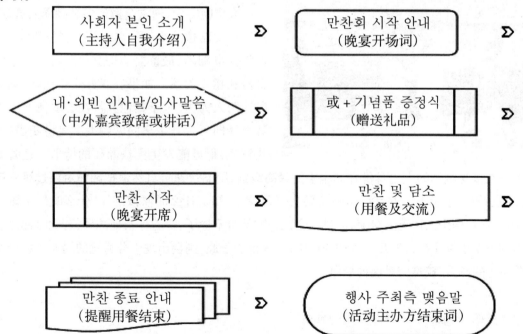

第一,翻译的难度

根据晚宴的规模与性质的不同,中外嘉宾在晚宴上的讲话内容及长短,翻译的难度也有所不同。大型活动或正式晚宴的翻译不一定很难。越是正式的大型晚宴,嘉宾的讲话越是趋于定式。相反,越是规模不大或者非正式的晚宴,气氛相对活跃,嘉宾讲话中常会出现即兴发言,往往后者的翻译难度更高。因为一般情况下,前者发言稿都是已经准备好的,而相比之下后者讲话内容常常更需要斟酌。

第二,尽量不做笔记

做宴会翻译时,有时会受到场所或宴会气氛的影响,导致无法做笔记,此时就需要译员尽量凭记忆翻译。宴会席上,活动性质或出席宴会的与会者之间的亲密程度不一,谈话的主题与深度不同,因此口译工作的难度也会有所不同。但与第6课出现的气氛较为轻松的餐桌谈话相比,正式晚宴中的谈话相对较长,并且具有一定深度,因此不妨在必要时做口译笔记。在这种情况下,以选择较小的手册做笔记工具为宜。

第三,担任主桌翻译时要时刻保持工作状态

大型晚宴中,通常会邀请多名翻译人员,以保证主要席位至少有一名翻译人员随席翻译。作为主桌翻译,最重要的是要清楚席间人士的身份和相互关系。如果有双方代表在席,则应以这两人为主,至于其他人员在必要情况下为其翻译即可。若主桌同席者大多身份相当,人数较多,很可能发生无法兼顾的情形。这时如果正在接受翻译的人士身份并非席中的最高级别,则需快速且自然地把翻译对象过渡到最高级别的人士身上。并且译员一定要会察言观色,知道什么时候该翻译,什么时候不该翻译。有时,两个人用英文交流,但过一会儿一方就听不懂了,等着你帮他翻译,若此时你注意力的焦点正投注在另外几个人的谈话中,并未留心于此,则会出现十分尴尬的局面。翻译经验不足的译员,较难应对这种局面。

第四,熟记提议干杯时常用的表达

提议干杯中常用的表达方式平时要熟记。(☞请参考8.5.2 口译基本常识及附录3)译员

第8课 宴会主持词
제8과 만찬 진행 멘트

进行提议干杯的口译时,为了调动宴会的气氛应该尽可能地用轻松愉快的语气进行翻译。此时,正如第4课中所讲解的一样,在正式场合使用"잔을 들어주시기 바랍니다"这种表达方式比"잔을 들어주십시오"更为恰当。此外,当领导要去敬酒的时候,译员一定要及时起身。

第五,熟记宴会的结束语中常用的表达
宴会的结束语中常用的表达方式平时要熟记。(☞ 请参考附录3)

第六,熟记礼物名称
在正式晚宴上,双方互赠的礼物名称需要熟记。(☞ 请参考6.5.1 口译基本常识)

崔天凯 중국 외교부 차관(副部長)이 천영우 한국 외교통상부 제2차관에게 선물한 액자

中国外交部副部长崔天凯将一幅亲笔题写的书法作品赠与访华的韩国外交通商部第二次官①(副部长)千英宇。

第七,切记译员的本职
双方交谈中,气氛比较轻松的时候,双方嘉宾偶尔会与译员闲聊几句。此时礼貌性简洁应答即可,切忌过度热情,而忘记自己的本职工作,过多谈论自己的事是不可取的。此外,译员最好在宴会前吃好饭,以便全力以赴投入工作。此时要注意的是:即使翻译时无法用餐,也要表现得"从容不迫"。(☞ 6.5.1 口译基本常识)

8.5.2 提议干杯时的祝酒辞　건배사(건배 제의 시 자주 쓰는 표현) 통역

提议干杯时的祝酒辞和流程根据各国的饮酒习惯或宴会性质会有所不同。但是,中韩两国提议干杯时所使用的表达方式没有太大的差异。近年,在韩国流行充满才智幽默的"藏头诗型"祝酒辞,晚宴与会人员之间关系亲密的情况下,会使用此类流行祝酒辞。同时,韩方人士会在提议干杯时对自己要使用的"藏头诗型"祝酒辞的含义进行详细的说明,例如:"나가자 (나라와 가정과 자기 발전을 위하여)"。但是在正式场合的晚宴上一般不太会使用上

---

① 第二次官:可以说是第二副部长。自2005年7月起,一些韩国政府部门实行复数副部长制度。自2005年4个部采用此制度后,采用此制度的部门数量渐渐多了起来。

述流行祝酒辞,更多使用以下常规的表达方式。

☞ **领导提议干杯前,主持人先行铺垫**　사회자의 사전 안내말

◎ (将要提议干杯者的姓名+) 직위+님의 '~를 위하여'라는 구호에 따라 일제히 앞에 있는 잔을 들어주시기 바랍니다.

◎ (将要提议干杯者的姓名+) 직위+님께서 '~를 위하여'를 선창하시면 여러분 모두 '위하여'를 동시에 외치면서 앞에 있는 잔을 높이 들어주시기 바랍니다.

韩: 총장님의 '여기 계신 모든 분들의 건강과 행복을 위하여'라는 구호에 따라 일제히 앞에 있는 잔을 들어주시기 바랍니다.

汉: 当校长说"为了各位的身体健康、家庭幸福,干杯"的时候,请各位随校长一起举杯。

☞ **领导亲自提议干杯时**　주요 인사가 직접 건배를 제의하는 경우

当干杯时的祝语多个并列时,可以使用"A와 B를 위해"或者"A와 B를 기원하며 건배를 제의하겠습니다"等句型,如:재단법인 아이코리아의 무궁한 발전과, 참석하신 모든 분들의 건강과 행복을 기원합니다.

原话: 在此,我提议:为了诸位朋友的身体健康,为了我们今后的成功合作,干杯!

翻译: 이 자리에 함께 해주신 여러분들의 건강과 앞으로의 순조로운 업무 협력을 위해 건배를 제의하겠습니다. 건배!

原话: 最后,让我们共同举杯,为我们的友谊干杯! 为本次中韩文化交流干杯!

翻译: 끝으로, 양 기관의 영원한 우정과(或한중 양국의 우정과) 이번 한중 문화교류 행사의 성공적인 개최를 기원하며 건배를 제의하겠습니다. 건배!

原话: 다시 한번 오늘 이 자리를 마련해주신 (기관명칭 또는 주최측의 주요 인사 이름)께 진심으로 감사의 말씀을 드리고, 여기 계신 모든 분들의 가정에 행복이 가득하기를 기원하면서 건배를 제의하겠습니다. 건배!

翻译: 借此机会,我再次衷心地感谢(主办这次晚宴的机关名称,或主办方主要人士姓名),并且由衷地祝愿在座各位家庭幸福,干杯!

第8课　宴会主持词
제8과　만찬 진행 멘트

8.5.3 翻译笑话或幽默表达时的注意事项　유머나 에피소드 통역

中外领导及嘉宾出席的外事活动通常按照以下流程进行：欢迎晚宴，开幕式，活动过程，闭幕式，欢送晚宴。如果要选出口译难度最高的部分，我想大多数经验丰富的译员都会选择宴会口译。宴会过程中经常会出现笑话或幽默等充满感情色彩的表达方式，要翻译好这些内容并不简单。笑话或幽默中通常出现惯用表达，如果将它们直译的话，在场的外国嘉宾就理解不到其中的含义，口译也就变得很困难了。

笑话或幽默的口译，需要参考的要点如下：

第一，在翻译说话人的发言之前，首先以"여러분에게 들려 드리고 싶은 이야기가 있습니다(下面我要讲一个故事)"作开头，引起大家注意比较合适。如果讲的内容很有意思，那么听众会觉得听到了很有趣的故事；即便讲的内容无趣，至少也不会认为是译员翻译不到位而难为译员。

第二，如果译员认为直译时很难准确表达其含义的话，可以让听众更好地理解为前提重新组织语言。

第三，间接引用比直接引用要好。

第四，翻译笑话时，译员要保持语气平稳，在翻译结束之前绝对不能先笑，在翻译结束后也尽可能不要笑。当然，这并不是要求译员在翻译笑话时面无表情，而是希望译员尽可能地用适当的微笑来面对发言人及听众。译员只是传达信息的人，不要忘记本职，笑话是针对听众的。

以笔者个人的经历来讲，当中方代表的发言中包含成语典故或是诗歌的时候是最让人紧张的。举例来说，中国外交部前部长李肇星在第二轮北京六方会谈欢迎宴会上朗诵自己写的诗歌。如果译员在没有拿到讲话稿的情况下翻译这首诗歌，翻译肯定不会很理想，即使基本意思可以翻译，可还要考虑到诗歌押韵的问题，难度就更大了。

☞ 中国外交部前部长李肇星在第二轮北京六方会谈欢迎宴会上的讲话中：
"我在自己年轻的时候曾写过一首诗，在此引用未必贴切，但愿与各位共勉：<u>人生虽然短暂，历史独有情钟。这一凝重的瞬间，参与着历史的形成……我虔敬地祝福，把和平与友谊的交响谱成。</u>"
翻译：우리의 인생은 짧디 짧지만, 인류의 역사 속에서 의미 있는 한 순간일 수 있으리. 역사의 한 부분으로 기록될 이 엄숙한 짧은 순간에, 우리 모두가 평화와 우호를 주제로 한 교향곡을 쓸 수 있기를 기원하네.

口译花絮

一个吃货的悲情

有很多学生曾经问过笔者:"金老师,您做高级口译的时候,感觉最难的是什么?"

笔者笑答:"最难的是翻译的时候没法吃饭。"学生们都以为笔者是在开玩笑,其实笔者是在很认真地回答这个问题。

2002年,笔者曾担任产业资源部次官(副部长)的陪同翻译一职。记得那天,因为与商务部副部长的早餐会议(조찬 회동)是从7点半开始,所以笔者必须在6点半之前就到北京饭店待命。

于是,在滴水未进的情况下笔者直接来到早餐会议地点(一般翻译前都会吃点东西再去)。那天,双方的对话非常频繁,笔者没有空余时间吃任何东西,连筷子都没碰过。负责上菜的酒店服务员看到笔者的食物一直原封不动,就问"可以撤吗?"为了集中注意力进行翻译,笔者以最快的速度回答"可以",但心中却在呼唤着"不可以啊……呜呜呜……"

那天,韩国驻华大使馆为韩国副部长安排的行程十分满:上午访问某机关,中韩双方领导人共进午餐;下午访问某机关,晚上还有晚宴。因为要不停地翻译,笔者从早到晚饿了一整天,连洗手间都没去过。但是,对于笔者这样一个资深"吃货"来讲,从早晨开始饿着肚子做翻译真不是一般的苦差事。

这几年以来,由于种种原因笔者几乎不再担任口译,尤其是不再担任VIP(贵宾)随同翻译,其原因之一就是体力下降。一直以来,周边对笔者"不仅翻译水平高,体力也好"的称赞不绝于耳,但在人到中年以后,笔者明显感觉到体力在下降。贵宾随同翻译一般都是连续两天的行程,两天内几乎没时间吃饭,并且要在高度紧张的状态下进行翻译,如今的体力早不足以支撑了。

在学习本教材的各位中间,也许有同学梦想成为专业的翻译,如果你也像笔者一样贪吃的话,笔者劝你三思而后行。

第9课 明星采访
제9과 인터뷰

9.1 翻译场景

任务： 宋慧乔受聘为"YouTube交响乐团"亚太区名誉大使，应邀出席授予仪式。访问香港时，香港一家媒体欲采访她。假设你作为本次采访的翻译，请试译以下内容。

Task: 유튜브 심포니 오케스트라(YouTube Symphony Orchestra) 아시아·태평양 지역 홍보대사로 위촉 받은 송혜교 씨가 위촉식에 참석하기 위해 홍콩을 방문했는데, 홍콩의 한 매체에서 송혜교 씨를 인터뷰하고자 합니다. 본인이 인터뷰 통역을 맡았다고 가정하고, 아래 내용을 통역해 보십시오.

在场人物： 主持人（中）、宋慧乔、现场观众（粉丝及工作人员）。

9.2 词汇预习

● **[汉译韩]**

类型	유형, 장르(genre)
粉丝	팬(fan)
情侣	커플(couple)
收视率	시청률
压力	압박감, 스트레스, 압력

● **[韩译汉]**

장르(genre)	类型
아무래도	不管怎么说,不管怎么样,还是
되게	(多用于口语)非常,十分
발라드 음악	抒情歌曲
막	"마구(몹시)"的缩略形式
동영상	视频,影像
행사	活动
모니터(링)하다	自我分析,监视
요번에	"이번에"的近义词,这次
심포니 오케스트라	交响乐团(symphony orchestra)
다루다	操作,对待
홈페이지	主页
운이 좋다	幸运
상대 배우	合作演员,搭档
호흡	呼吸,(演员之间的)配合
작가	作家,编剧
버겁다	吃力
뿌듯하다	感到喜悦,感到自豪
자체	本身
동갑	同岁,同龄
리얼(real)하다	真实,自然
시청률	收视率,收听率

第9课　明星采访
제9과　인터뷰

신경쓰다	费心,用心,关心,在乎
드라마(drama)	电视(连续)剧
흥행에 성공하다	票房飙红,电视收视飙红
망하다	完蛋,灭亡,垮台
감독	监督;导演
언론	舆论,媒体
팬(fan)	—迷,粉丝
매니아(mania)	迷狂,疯狂(规范的表达是"마니아")
속상하다	伤心
캐릭터(character)	角色
내내	一直是,始终

[专有名词]

제이슨 므라즈	〔人名〕杰森·玛耶兹(Jason Mraz)
제임스 모리슨	〔人名〕詹姆斯·莫里森(James Morrison)
유튜브	视频网站YouTube
현빈	〔人名〕玄彬
표민수	〔人名〕表民洙
노희경	〔人名〕卢熙京

9.3 翻译内容

> 说明:
> 1. "录音原声资料"是采访时的现场录音。其中用波浪线标出的部分是核心内容,请务必在听明白之后再进行翻译。当然核心内容并不意味着就一定得做口译笔记。而用括号括起来的内容则可以看成是一种无关紧要的口误。
> 2. "录音整理资料"是在不改变原话句型的基础上再次整理,使其符合语法规则的书面资料。用方括号标出的部分是为了帮助学生们了解到更准确的韩语而特意插入的。

3. 为了方便同学们对自己的翻译实力进行自我评价,在9.4"细节详解"里简单列举了需要译出的要点。若是你译出了相应的内容,请在□里打钩。

4. 下面资料中在右下角标有数字的词语,是在原话中重复出现的词语。

〔录音原声资料和录音整理资料〕

◎ 第一段

宋慧乔小姐自从签约杨紫旗下的电影公司之后,有很多机会来香港,前一阵子她以YouTube交响乐团形象大使的身份再次来到香港,那我们当然要争取机会给她做个专访,不要以为她只专心拍影视剧而不喜欢音乐,其实她也曾经在韩国的一些综艺节目上唱过歌,而且她喜欢的音乐类型还极为广泛。

主持人提问	这次活动是跟音乐相关的,所以想问一下您本人平常喜欢什么类型的音乐。
宋慧乔回答	A) 录音原声资料 ① 음… 제가 좋아하는 음악 장르는… 저는 이렇게, 뭐 딱 한 가지 (어떻게₂) 음악을 좋아하는 게 아니라, 들어서 제가 좋으면 (제가) 다 좋아요. 아무래도 너무 시끄러운 음악보다는 (좀₁) (어떻게₃) 좀₂ 조용한 음악을 (좀₃) (많이) 좋아하는 편이고, 피아노 연주도 많이 듣는 편이구요. 그리고 가끔은 (또) 제이슨 므라즈나 제임스 모리슨 같은 (크런) 분들의 음악도 되게 좋아하고, 또 한국 발라드 음악도 좋아하고… 네, 저는 이렇게₄ 들었을 때 제가 그냥 (크) 저의 느낌으로(서) 딱 좋은 음악이 있으면 되게 즐겨 듣는 것 같아요. 근데 막 시끄러운 그런 음악들은 잘 안 들어요.
	B) 录音整理资料 ① 저는 음악을 한 가지 [특정] 장르만 좋아하는 게 아니라, 들어서[→들었을 때] 제가 좋으면 다 좋아해요. 아무래도 너무 시끄러운 음악보다는 좀 조용한 음악을 좋아하는 편이고, 피아노 연주도 많이 듣는 편이고요. 그리고 가끔은 제이슨 므라즈나 제임스 모리슨 같은 분들의 음악도 되게 좋아하고, 또 한국 발라드 음악도 좋아해요. 저는 [음악을] 들었을 때 제 느낌에 듣기 좋은 음악이 있으면 즐겨 듣는 것 같아요[→즐겨들어요]. 근데 막 시끄러운 음악은 잘 안 들어요.

◎ 第二段

听音乐是最方便的一种休闲方式,因为无论何时何地都可以一边做事情一边听,不过现

第9课　明星采访
제9과　인터뷰

在很多人忙里偷闲的时候都是拿着手提电脑随时上网,宋慧乔小姐自然也不会落后于潮流。

主持人 提问	您平常会不会去看一些与您本人活动有关的短片呢?
宋慧乔 回答	A. 录音原声资料 ② 어… (아무래도) (아제₁) 제가 유튜브에 들어가면[→들어가서], 제 이름을 치게 되면 저에 관한 동영상들이 정말 그렇게 많은 줄 몰랐었어요. 예전에 들어갔을 때, 그때 한 번 확인한 다음에, 제가 무슨 어떤 행사를 가거나 무엇을 했을 때, 바로바로 영상들이 올라오더라고요. 그래서 이제₂[→이젠] 모니터하려고 유튜브에 들어가서 (많은) 저의 동영상을 보기도 하고, (아제₃) 또 다른 분들, (다른) 제가 가깝게 보지 못하는 분들에 대한 (크런) 영상들도 많이 보고… 또 (요번에) (아제₄) (크) 요번 유튜브 심포니 오케스트라를 위해 많은 분들이 보내주신 (많은) 영상들도 요번에 (아제₅) 오기 전에 봤었구요. 네.
	B. 录音整理资料 ② 유튜브에 들어가서 제 이름을 치면, 저에 관한 동영상들이 정말 그렇게 많은 줄 몰랐었어요. 예전에 들어가서 한 번 확인한 후에 보니[→한 번 봤더니/한 번 봤는데], 제가 어떤 행사를 가거나 무엇을 했을 때, 동영상들이 바로바로 올라오더라고요. 그래서 이제는 모니터하려고 유튜브에 들어가서 제 동영상을 보기도 하고, 또 저랑 가깝지만 자주 보지 못하는 다른 분들에 대한 동영상들도 많이 봐요. 또 요번에[→이번] 유튜브 심포니 오케스트라를 위해 많은 분들이 보내주신 동영상들도 [여기] 오기 전에 많이 봤었구요.

● 第三段

主持人 提问	现在很流行自拍一些照片或活动场面,然后上传到网上跟自己的粉丝分享,您会不会考虑这样做呢?
宋慧乔 回答	A. 录音原声资料 ③ 제가 아직 그런, 컴퓨터 같은 거를 잘 다룰 줄 몰라서 동영상까지 올리는 건 잘 못하고요. 어… 그냥 제가 제 홈페이지에다가, 가끔 제가 여행 다니고 했을 때 사진은 올린 적이 있었지만, 동영상은 올려본 적은 한 번도 없어요.
	B. 录音整理资料 ③ 제가 아직 컴퓨터 같은 거를 잘 다룰 줄 몰라서 동영상까지 올리는 건 잘 못하고요. 제 홈페이지에 여행 다니고 했을 때 사진은[→ 여행을 다니면서 찍은 사진은] 가끔 올린 적이 있지만, 동영상을 올려본 적은 한 번도 없어요.

第四段

照片也好,短片也好,相信不管宋慧乔小姐上传什么到网上,粉丝都会喜欢的。就像最近宋慧乔小姐和玄彬合拍的电视剧《他们生活的世界》,大家都称赞她的演技有所突破,所以即使在韩国播出的收视率并不理想,她也表示很开心可以和这样的好演员一起合作。

主持人 提问	之前您和玄彬拍了一部很受欢迎的电视剧《他们生活的世界》,其实您和他在戏中扮演情侣还是挺般配的,您和他在现场拍摄合作中感觉怎么样?
宋慧乔 回答	A. 录音原声资料 ④ 어… 제가 늘 하는 작품마다, (너무₁) 제가 운이 좋게도, 너무₂ 좋은, 지금까지 좋은 상대배우를 만났었어요. 그래서 항상 (또₁)(늘)(어떻게) 좋은, (크런) 호흡으로 인해서 좋은 작품이 나왔었는데, 이번 작품 같은 경우에는 그 전 작품들과 조금 틀렸었어요[→달랐어요]. 개인적으로 너무₃ 저한테 어려웠던 작품이었고, (또₂) 한국에서 되게 유명하신 작가 선생님이세요. 또₃ 그 분 글이 (또₄) 너무₄ 어렵고, (또₅) 제가 (크) 따라가는 데 있어서 (많아) 좀 버거워도 했었고, 했는데, 결과(론)적으로는 작품으로 너무₅ 멋있게 나와서 개인적으로 너무₆ 뿌듯하고요. 그리고 일단 현빈 씨 자체도 너무₇ 연기 잘하시는 분이랑 같이 연기를 하다 보니깐, 저도 개인적으로 배운 것도 많고 또₆ (어…,) 둘 다 너무₈, (어제) 동갑이고 가깝다 보니깐 더 리얼하게 잘 나온 거 같아요. 그래서 개인적으로 너무₉ 고맙게 생각해요, 현빈 씨한테. B. 录音整理资料 ④ 제가 운이 좋게도 지금까지 하는 작품마다 정말 좋은 상대배우를 만났었어요. 그래서 항상 [서로] 호흡이 잘 맞아서 좋은 작품이 나왔었는데, 이번 작품 같은 경우에는 그 전[→예전] 작품들과 조금 달랐어요. 개인적으로 [그들이 사는 세상은] 저한테 너무 어려웠던 작품이었고, 또 [이 드라마의] 작가 선생님이 한국에서 되게 유명하신 분인데, 그 분 글이 너무 어려워서 제가 따라가는 게 많이 버겁기도 했어요. 그렇지만 결과적으로 멋있는 작품이 나와서 개인적으로 너무 뿌듯하고요. 그리고 현빈 씨가 너무[→워낙] 연기를 잘하시는 분이라 같이 연기를 하다 보니, 저도 개인적으로 배운 것도 많고, 또 둘이 동갑이고 아주 가까워서 그런지[→아주 친해서 그런지] 더 리얼하게 잘 나온 거 같아요. 그래서 개인적으로 현빈 씨한테 아주 고맙게 생각해요.

第9课 明星采访
제9과 인터뷰

第五段

主持人 提问	在韩国经常会拿收视率作比较,您作为一线明星会不会在这方面感觉到一些压力呢?
宋慧乔 回答	A. 录音原声资料 ⑤ 시청률을[→시청률에] 신경 안 쓴다면 그건 거짓말이고, 아무래도 한국에서는 시청률 기준으로(써) 드라마가 '흥행했다. 망했다' 이런 말들이 많기 때문에, 근데 워낙에 한국에서는 제가 같이했던 표민수 감독님, 노희경 선생님 같은 경우에는, 그런 시청률을 떠나서 너무 (작품적으로) 훌륭한 작품을 만드시는 분들이기 때문에, 그냥 뭐 언론에서는 시청률이 작게 나왔다는 말들이 참 많지만, 뒤에서 (많은) 팬 분들은 매니아적으로 사랑해주시는 분들이 참 많았었어요. 저 (또한), 어… 불과 몇 년 전에 이런 일이 있었으면(은) 많이 속상(하고), 했을텐데, 저 개인적으로 이 작품을 하면서 배운 것도 너무 많고 또 새로운 캐릭터를 만났고, 또 하는 내내 시청률을[→시청률에] 신경을 한번도 안 썼던 것 같아요. 왜냐면 제가 제 드라마를 봐서 너무 재미있었고 너무 새로운 작품이 나왔기 때문에, 저는 개인적으로 (너무나) 이런 작품을 했다는 거에 대해서 너무 만족스럽고 영광스럽고, 저한테 이런 작품이 있다는 게 되게 뿌듯하고 좋아요.
	B. 录音整理资料 ⑤ 시청률에 신경을 안 쓴다면 그건 거짓말이겠죠. 아무래도 한국에서는 시청률을 기준으로 드라마가 '성공했다, 실패했다'라는 말들을 많이 하기 때문이죠. 언론에서는 [이번 작품의] 시청률이 낮게 나왔다는 말들이 많지만, 이번에 같이 작업을 한 표민수 감독님, 노희경 [작가]선생님 같은 분들은 시청률을 떠나서 훌륭한 작품을 만드시는 분들이고, 이번 드라마를 사랑해주셨던 마니아 팬들이 [사실] 참 많았어요. [아마도] 몇 년 전에 이런 일이 있었으면 많이 속상했을 텐데, 개인적으로[는] 이번 작품을 하면서[→통해서] 배운 것도 너무[→정말] 많고 또 새로운 캐릭터를 만났기 때문에[→지금까지와는 전혀 다른 배역에 도전해 볼 수 있는 좋은 기회였기 때문에], 작품을 하는 내내 시청률에 신경을 한번도 안 썼던 것 같아요. 왜냐하면 제가 제 드라마를 정말 재미있게 봤고 아주 색다른 작품이 나왔기 때문에, 이런 작품을 했다는 것에 대해서 너무 만족스럽고 영광스럽고, 저한테 이런 작품이 있다는 것이 되게 뿌듯하고 좋아요.

第六段

主持人提问	最后请您跟粉丝们说几句话吧。
宋慧乔回答	A. 录音原声资料 ⑥ 새해 복 많이 받으시구요. 올 한해도 여러분들, 이루고자 하시는 모든 일들이 다 잘 이뤄졌으면 좋겠습니다. 늘 건강하시구요. 올 한해도 정말 열심히 활동할 테니까, 저도 많이 사랑해주시구요. 제가 하는 모든 작품들도 많이 사랑해주시길 바랄게요. 감사합니다.
	B. 录音整理资料 ⑥ 새해 복 많이 받으시고요. 올 한해도 이루고자 하시는 모든 일들이 다 잘 이루어졌으면 좋겠습니다. 늘 건강하시고요. 올 한해도 정말 열심히 활동할 테니까 저도 많이 사랑해주시고요, 제가 하는 작품들도 많이 사랑해주시길 바랄게요. 감사합니다.

9.4 细节详解

❶ 第一段

需要译出的要点：（☞ 若是你译出了相应的内容，请在□里打钩。）

□ 其实我并不是只喜欢听某一特定类型的音乐，只要觉得好听就行。
□ 和喧闹的音乐比起来，我还是更喜欢舒缓的音乐。
□ 我也经常听钢琴演奏曲。
□ 我也很喜欢像杰森·玛耶兹和詹姆斯·莫里森这类歌手的音乐。
□ 也很喜欢韩国的抒情歌曲。
□ 反正只要我自己觉得好听的，我就会去听。

易错点拨：

● "제가 좋아하는 음악 장르는…"直译为"我喜欢听的音乐类型是……"，但是从采访内容来看，此句不必译出，翻译出来的话会显得啰嗦。

● "장르(genre)"是源于法语的外来词，是"类型、种类"的意思。例如：음악 장르, 영화 장르, 다양한 장르의 작품。

这里请注意，在韩语中指文学类型和艺术类型的时候，通常不用"유형, 타입, 스타일"等词语，而用"장르"这一外来词。（☞ 5.5.2 口译基本常识）

第9课　明星采访
제9과　인터뷰

> ☞ "类型"通常可译成"유형""타입(type)""스타일(style)""장르(genre)"等。
>
> 例如：
> - 几种常见的面试题类型（입사 면접 시 자주 나오는 질문 유형）
> - 酒店房间类型（호텔 룸 타입）
> - 你喜欢什么类型的女孩？（어떤 스타일의 여자분을 좋아하세요?）
> - 你喜欢什么类型的电影？（어떤 장르의 영화를 좋아하세요?）

- 此段出现了4次"이렇게"和3次"좀"。其中，除了"이렇게₄"和"좀₂"，其他的都是因宋慧乔个人的说话习惯而出现的口头语，在表达上是不需要的。(☞ 9.5.1 口译基本常识)

- "좋아하는 편"和"많이 듣는 편"中的"편"做依存名词，用于冠形语语尾后，表示属于具有某一特征的一类，相当于汉语的"还算是……"。韩国人说话时，尤其是作自我评价时，常用"편"这一依存名词，显得口气比较委婉。当说话人在叙述与自身有关的内容时，要尽量使用委婉的表达方式"편"。

☞ 그때 저는 한국어를 꽤 잘하는 편이었어요. 当时我的韩语还算是比较好的。

☞ (저는) 학창 시절 공부를 열심히 하는 편은 아니었어요. 上学的时候，我算不上是学习很用功的学生。（比"我不是很用功学习的学生"的直接表达语气要委婉些。）

- 宋慧乔提到自己喜欢的两位音乐家（杰森·玛耶兹和詹姆斯·莫里森）时，译员应该正确地译出该类专有名词。如果译员由于种种原因（如：陌生信息、专业术语、首次接触）没有听清楚专有名词或者术语时，尽量译出其中的一部分，而绝对不能全部不译，要不然听众很可能会对译员的翻译水平表示怀疑。

- "되게"是"아주 몹시（非常、挺）"的意思，在口语中比较常用，一般不用于书面语。此处的"되게"还可以用"아주(보통 정도보다 훨씬 더 넘어선 상태로)""굉장히(보통 이상으로 대단하게)"来替代。

- "제가 그냥 (그) 저의 느낌으로"中的"그"可以看成是有声停顿拖音，属于第二类型口头语。

- "근데"是"그런데"的缩略形式，在口语里很常用，可译成"不过"。

- "막"是"마구(몹시)"的缩略形式，此处可译成"太"。

- 宋慧乔所喜欢的音乐类型可以通过上网搜索而大概估计出来。译员接到采访翻译任务后，需要查找被采访人的基本资料，还可观看其近期的作品加深对他(她)的了解，这样在翻译时才能做到胸有成竹。(☞ 9.5.1 口译基本常识)

> ☞ 根据网上资料
>
> 宋慧乔最喜欢的歌曲：金贤正《그녀와의 이별(与她的离别)》；慢歌；流畅明朗的钢琴曲；金敬昊《비정(无情)》。
>
> 爱好：游泳、十字绣、钢琴、溜冰、看电影、看书。

❷ 第二段

需要译出的要点：(☞ 若是你译出了相应的内容，请在□里打钩。)

□ 真的没想到YouTube上有那么多关于我的视频。
□ 后来我发现无论我参加什么活动或做什么事，相关视频都会被迅速传到YouTube上。
□ 现在我经常看YouTube，看一些我自己的视频，进行自我分析。
□ 我也会看一些和我要好但没有机会经常见面的艺人朋友的视频。
□ 这次在来这儿之前，我也看了很多关于YouTube交响乐团活动的视频。

易错点拨：

◎ 此段出现了5次"이제"，其中的"이제₂"是"이제는(이젠)"的口误，其他的都是不必译出的口头语。由此可见，宋慧乔在表达时间上的间隔时，习惯使用"이제"这一副词。如果译员事先能对宋慧乔之前的采访纪录片进行分析并了解她的说话习惯，则对翻译会有很大的帮助。(☞ 9.5.1 口译基本常识)

◎ 此处的"치다"直译为"输入"，不过此处可以理解为"搜索"。在口语中，常用"(단어를) 치다"一词来表达"입력하다(输入)"的意思。

◎ "모니터하다"是由外来词"모니터(동작성을 띤 명사)"和"-하다(접사)"组合而成的，来自英文"monitor (myself)"这一表达。此处的"모니터(monitor)"可译成"自我分析"。但是从保持韩语纯正性的角度来看的话，使用韩语固有词汇的"제 연기를 관찰·점검하려고(관찰하고 점검하기 위해서)"这一表达更为规范，只是年轻人更喜欢用"모니터하다"这一表达。(☞ 5.5.2 口译基本常识)

◎ "제가 가깝게 보지 못하는 다른 분들"本应该表达为"저랑 (사이가) 가깝지만 자주 보지 못하는 다른 분들(지인들)"，可以看成一种组合式拼合类型的口误。(☞ 9.5.2 口译基本常识)

◎ "요번"和"요번에"分别是"이번"和"이번에"的"작은말"。因为宋慧乔是位较年轻的女演员，所以"작은말"会用得多一些。这里请注意，根据宋慧乔个人的说话风格，翻译时译员可以使用较为高雅的词汇或者表达方式来体现温和的语气。但是要注意在做翻译工作时不可滥用"작은말"这种表达方式。

第9课 明星采访
제9과 인터뷰

❸ **第三段**

需要译出的要点：(☞ 若是你译出了相应的内容，请在□里打钩。)

□ 因为我对电脑还不是很熟悉，所以不太知道该怎么上传视频。

□ 只是偶尔在我的个人主页上传过旅行时拍的照片，一次也没上传过视频。

易错点拨：

◉ "컴퓨터를 잘 다루다"是比较固定的说法，此处的"다루다"是"操作(机器)"的意思。与此相比，汉字词"조작(하다)"的书面色彩比较强。

◉ 此处的"홈페이지"指的是"개인 홈페이지(Personal Homepage)"，可译成"个人主页"，不同于"博客(블로그)"。

◉ 此处的"가끔"应该移到动词性成分"올린 적이 있지만"之前，可以看成第6类型口误。(☞ 9.5.2 口译基本常识)

❹ **第四段**

需要译出的要点：(☞ 若是你译出了相应的内容，请在□里打钩。)

□ 我觉得我总是很幸运。到现在为止，我的每部作品都遇到了非常好的搭档。

□ 正是由于默契的配合，这些作品往往也都非常优秀。

□ 但是，这部作品与以往的作品有所不同。

□ 这部作品的编剧在韩国十分有名，她写的台词很深奥，理解起来真的费了我不少功夫。

□ 不过这部戏拍得很成功，让我感到很欣慰。

□ 我真的很感谢玄彬。他是一位演技十分优秀的演员，和他合作拍戏，我学到了很多东西。也许是因为我们俩同岁，又很熟悉，所以作品拍出来的效果也更真实、更自然。

易错点拨：

◉ 此段出现了6次"또"。除了"또$_2$"和"또$_6$"，其他的都是口头语。

◉ 此段出现了9次"너무"。因为宋慧乔是位年轻女演员，在表达程度时难免会稍带夸张的语气。此处除了"너무$_3$"和"너무$_4$"以外，其他的"너무"都用得不太规范。"너무"应该与带有消极意思的谓语成分搭配使用。

◉ 第一个"너무"应该移到"운이 좋게도"之前，可以看成是第6类型口误。"너무$_3$"和"너무$_8$"也是第6类型口误。

◉ 此处的"호흡"指"함께 일을 하는 사람들과 조화를 이룸 또는 그 조화"，如：호흡이 잘 맞다。此处可译成"默契配合"。

☞ 최지우가 일본 인기그룹 스마프 멤버 키무라 타쿠야와 함께 연기 호흡을 맞춥니다.

◉ "그 전 작품들과 조금 틀렸었어요"中的"틀렸었어요"(错)是不太正确的表达，应该表

达为"달랐어요"(不同)。

- "한국에서 되게 유명하신 작가 선생님이세요"在意思上可以成立。但严格来讲,这是一个不合语法的句子。因为考虑到前一个分句主语的省略,合乎语法的表达应该为"이번 (작품의) 작가 선생님이 한국에서 되게(아주) 유명하신 분이세요"。在很多情况下,单看被采访人话语中一个分句的时候,听起来感觉没有什么问题,但是一旦考虑到与其他句子的前后连贯性的时候就会发现,其实这个分句并没有遵守语法规则。(☞9.5.2 口译基本常识)

- "그리고 일단 현빈 씨 자체도 너무 연기 잘하시는 분이랑 같이 연기를 하다 보니깐"是一种组合式拼合类型的口误。本应该表达为"그리고 현빈 씨가 워낙 연기를 잘하시는 분이라, (현빈 씨랑) 같이 연기를 하다 보니"。

- "리얼하게"是由外来语"리얼(real)"和"-하다"组合而成的,可译成"真实、自然"。(☞5.5.2 口译基本常识)

❺ 第五段

需要译出的要点:(☞若是你译出了相应的内容,请在□里打钩。)

□ 在韩国,人们通常以收视率的高低来衡量电视剧的成功与否,因此如果说我不在乎收视率高低的话,那是骗人的。

□ 我知道,媒体上有很多关于《他们生活的世界》这部作品收视率较低的说法。

□ 如果几年前遇到这种(收视率比较低)情况的话,我会感到很伤心,但是现在就不会。

□ 先不提收视率,这次和我合作的表民洙导演和卢熙京编剧,他们的作品一向都是非常优秀的,而且还有很多粉丝在背后默默地支持这部作品。

□ 通过拍这部连续剧,我不仅学到了很多东西,而且诠释了一个新角色,所以在这次拍摄的过程当中我从没有担心过收视率的问题。

□ 我觉得这部连续剧不仅十分有趣,而且非常与众不同,所以我很荣幸可以出演这部剧。

易错点拨:

- "흥행됐다"和"망했다"是比较通俗的说法,正确的表达分别是"흥행에 성공했다"和"흥행에 실패했다"。

- "如果几年前遇到这种[注:收视率比较低]情况的话,我会感到很伤心,但是现在不会。"此句按照原话的内容本应该放在后边翻译。但是挪到前边翻译,表达意思更明确,语义衔接也更得当。考虑到采访翻译的特殊性,需要在符合逻辑的语境里对被采访人的原话进行整理,以帮助对方及听众正确理解内容。这里请注意,如果按照原话内容顺序翻译的话,最好补全其意思,如:"这种[注:收视率比较低]情况的话"。(☞9.5.1

第9课　明星采访
제9과　인터뷰

口译基本常识)
- 像"표민수"之类的人名应该事先上网查询,以便能进行正确的翻译。(☞ 9.5.1 口译基本常识) 在韩国,一般把电视剧导演称为"PD(프로듀서)"或"감독",而影片导演则称为"(영화)감독"。
- "노희경 선생님"译成"卢熙京老师"不太恰当。此处的"선생님"是对卢熙京编剧(드라마/시나리오 작가)的敬称。如果此处不加译"编剧",恐怕会产生理解上的偏差。
- "시청률이 작게 나왔다"中的"작게"不是很规范的表达,应该表达为"낮게"。
- "시청률을 떠나서"中的"떠나서"直译为"抛开收视率不说",此处译成"先不提"比较恰当。

> ☞ 칠성사이다 (韩国"七星汽水") - '칠성'이라는 이름은 처음에 사이다 공장을 함께 차린 7명 동업자의 성이 모두 다르다는 점에 착안해서 '칠성(七姓)'이라고 붙여졌다가 이후 일곱 개의 별을 뜻하는 '칠성(七星)'으로 바뀌었다고 한다. 사실 여부를 떠나 칠성사이다가 큰 성공을 거두게 된 데에는 '칠성(七星)'이라는 네이밍의 힘도 어느 정도 작용한 것은 아닐까 하는 엉뚱한 상상을 해보게 된다.

- 原话"매니아적으로"是由外来词"마니아(mania)"和"-적으로"组合而成的。但这一表达不够规范,应表达为"열광적으로"或者"마니아 팬들이 (사실) 참 많았어요"。这里请注意,虽然不少韩国人将"mania"发音为"매니아",但其规范的发音和写法是"마니아"。(☞ 5.5.2 口译基本常识)
- "새로운 캐릭터(character)를 만났고"可译成"诠释……中的角色"。

❻ 第六段

需要译出的要点:(☞ 若是你译出了相应的内容,请在□里打钩。)
- □ 祝大家新年快乐。
- □ 在新的一年里身体健康,心想事成,万事如意。
- □ 在新的一年里我也会更加努力工作的。
- □ 希望大家继续关注我,关注我今后的作品。

易错点拨:
- 此段基本上没有什么口误。因为明星采访的结语内容基本上大同小异,结语中经常谈及的内容和前面的采访内容相比要流畅许多,口误和不合语法规范的表达也少了许多。
- 明星在采访时一般以自己的愿望,对粉丝的祝愿等话语为结语,如:늘 건강하시고 항상 행복하세요. 这里请注意,将汉语祝福语译成韩语时需要添加"늘""항상""모두"

"더욱"等副词。
☞ 여러분의 가정에 건강과 행복이 늘 함께하기를 바랍니다.
☞ 저희 연구원을 믿고 아껴주시는 업계 여러분, 항상 행복하시고 새해 뜻하신 바 모두 이루어지시길 진심으로 기원합니다.

☯ "사랑해 주시길 바랄게요"可译成"希望大家能给予我更多的关注和支持"或者"希望大家多多支持我"。这里请注意,"支持"通常不能直译为"지지(하다)"。(☞ 3.5.2 口译基本常识)

9.5 口译基本常识

9.5.1 做采访翻译前准备的工作及注意事项　인터뷰 통역

1) 翻译前的准备工作

尽量与采访人取得联系,了解采访的相关内容。如果情况不允许与被采访人直接取得联系的话,通过口译委托方尽可能多地拿到与采访相关的资料。采访一般会涉及如下几项内容:1.请对方介绍某一件事或者某一事物;2.请对方说明某一件事的原委;3.请对方澄清某种误会;4.请对方谈论自己的看法;5.请对方谈论今后的打算等等。

对被采访人的情况也可以利用网络等多种手段进行详细了解。根据获悉的情况,可为被采访人或所代表的团体、组织、企业等制作简单的个人履历表、业绩表或历史沿革表等。就本课来讲,因为是对演员进行的采访,所以事先需要对采访对象的基本资料进行网上搜索,如:个人资料(프로필)、出演作品(已完结作品、现阶段作品、预期出演作品)、近期活动及近况等。在进行材料调查的时候,特别需要留意诸如作品名、人名、地名(如:拍戏地点)等固有名词的韩国语及汉语的准确表达方式。

◎ 在翻译影视作品题目时,应该准确把握影片或电视剧的原名及作品引进国的译名。比如说,在宋慧乔拍过的以下代表作当中,有一部分作品的题目是根据剧情翻译而不是直译过来的,必须特别留意。

第9课　明星采访
제9과　인터뷰

☞ 宋慧乔拍过的代表作品：

原文片名	中译片名	出品年
가을동화	《蓝色生死恋》	2000
호텔리어 (Hotelier)	《情定大饭店》	2001
수호천사	《守护天使》	2001
올인(All in)	《洛城生死恋》，又名《真爱赌注》	2003
풀하우스(Full House)	《浪漫满屋》	2004
햇빛 쏟아지다	《爱的阳光》，又名《阳光照射》	2004
파랑주의보	《蓝色警报》	2005
황진이	《黄真伊》	2006
그들이 사는 세상	《他们生活的世界》	2009

◎ 在对演员的采访中会频繁出现与其演对手戏的演员、导演、编剧、圈中好友等人名的情况，必须通过事先调查来进行汉韩之间的正确互译。问题是韩国人哪怕是再有名的人物，想在网上确认他们的汉字名(中文名字)也不是一件容易的事情。比如说，第9课中就出现了"송혜교(宋慧乔)、현빈(玄彬)、표민수(表民洙)、노희경(卢熙京)"等人名或艺名，其中"宋慧乔"的汉字名在华语地区翻译有误，而"표민수"导演及"노희경"编剧的准确汉字名更是无法确认。

☞ "송혜교"的正确汉字名其实不是"宋慧乔"，而是"宋慧教"。不过当台湾播放《秋天的童话》(大陆翻译为《蓝色生死恋》)时，未清楚查证她的汉字名而擅自把姓名译作"宋慧乔"，结果造成了今日的局面，所以只好将错就错，把它当作华语地区的艺名。

◎ 此外，条件允许的话，最理想的做法是在翻译之前与主持人(或记者)、被采访人直接见面或通话，事先把握其特有的说话风格和习惯。然而大多数情况下很难获得采访前直接见面的机会，所以通过查看以前的采访视频，提前把握其说话风格及习惯也不失为一个好办法。比如说，宋慧乔在表达过去时和时间上的间隔时习惯使用"이제"这一副词。她在本次采访中就使用了10次"이제"，其中有9次可以看成是口头禅或者口误。如果采访人是著名主持人的话，同样也可以通过观看该主持人以前采访的视频了解其主持风格。

2）现场翻译时的一些注意事项

一般来说，如果被采访人愿意接受采访的话，发出采访邀请的一方通常会提前向被采访人提供采访提纲、采访提问等材料。被采访人越是知名人士，采访就越正式，事先提供采访提纲、采访提问的情况也越为常见。一般情况下，被采访人会在采访前翻阅拿到手的采访提问，并提前想好如何应答这些问题之后才出席采访现场。然而在采访现场，被采访人的回答往往不合逻辑、欠缺组织性，或者出现不少口误，抑或使用不符合语法的表达，因为被采访人现场即兴作答与照读事先准备好的原稿进行致辞或发表有所不同。尤其是在接受了意外的提问时，在被采访人的即兴发言里发生这些问题的频率更高。所以译员需要充分了解情况，并在进行翻译时注意以下几点：

第一，把主要精力用于正确理解核心内容之上。不能因为揣摩被采访人无关紧要的讲话内容，或者因为试图连修饰成分也进行百分之百的翻译而过于集中注意力，却遗漏了重要的内容。

第二，考虑到采访翻译的特殊性，需要在符合逻辑的语境里对被采访人的原话进行整理，以帮助采访人及听众正确理解内容。此时可以采用以下策略，如：① 分段归纳发言所表达的意思，② 补充意思不明确的部分，③ 补全意思模糊的句子，④ 省略重复的部分等。翻译时，当被采访人所表达话语的逻辑性与中国人的习惯有所不同时，需要适度调整句序。也就是说，没必要照搬被采访人原话的语序或翻译被采访人重复过的话语。尤其是在被采访者不太善于辩论或者说话欠缺逻辑性的情况下，更没必要这样做。例如，宋慧乔依据韩国人的习惯先讲结果再讲原因，而中国人更习惯于先说原因后说结果，翻译时按照目的语的习惯进行适当调整更易于听者理解。

☞ 将意思不明确部分补充完整的例子如下：

原话：언론에서는 [이번 작품의] 시청률이 낮게 나왔다는 말들이 많지만, 이번에 같이 작업을 한 표민수 감독님, 노희경 [작가]선생님 같은 분들은 시청률을 떠나서 훌륭한 작품을 만드시는 분들이고, 이번 드라마를 사랑해주셨던 마니아 팬들이 [사실] 참 많았어요. [아마도] 몇 년 전에 이런 일이 있었으면 많이 속상했을 텐데, 개인적으로[는] 이번 작품을 하면서[→통해서] 배운 것도 너무[→정말] 많고 또 새로운 캐릭터를 만났기 때문에[→지금까지와는 전혀 다른 배역에 도전해 볼 수 있는 좋은 기회였기 때문에], 작품을 하는 내내 시청률에 신경을 한 번도 안 썼던 것 같아요.

推荐翻译：如果几年前遇到这种[收视率比较低]情况的话，我会感到很伤心，……

第9课　明星采访
제9과　인터뷰

讲解：如果此句按照原话内容顺序译出的话(本教材的推荐翻译对原话句序进行了调整)，最好补充方括号里的"收视率比较低"。

第三，如果在进行口译时不能做笔记的话，需要完全依靠记忆力，所以注意力必须高度集中。比如，为出演综艺节目的演员做翻译时，译员须站在演员旁边进行翻译，这种情况下不能做口译笔记，因此必须高度集中注意力。

第四，将B语言(即外语)翻译成A语言(即母语)时，还需考虑到被采访人的语气。比如说，根据宋慧乔个人的说话风格，翻译时译员可以使用较为高雅的词汇或表达来体现被采访人温和的语气。

9.5.2 对讲话人口误的处理方法
연사의 말실수, 언어 혼란(slips of the tongue)에 대한 대처

译员的任务是准确地向对方或听众传达讲话人所表达的意思。尤其是给政府高层人士做翻译或者给外交部门做翻译时，必须按照原话的意思进行翻译，不得对原话的意思进行擅自修改，即便是一个单词都须细心翻译。但如果不是这种特殊情况而是做一般翻译的话，译员可以适当处理讲话人的口误，尤其是纯粹的口误。当然，发言人有时意识到自己犯了口误也会及时进行纠正。但由于还存在发言人自己意识不到犯了口误的情况，所以译员需在正确理解原话(亦称译出语〈source language〉)的逻辑语境后准确将其译成目的语(亦称译入语〈target language〉)。

☞ 宋慧乔在采访中进行自我纠正：
- 采访中的第四段：제가 (그) 따라가는 데 있어서 많이 좀 버거워도 했었고, 했는데(←自我纠正), 결과(론)적으로는 작품으로 너무 멋있게 나와서 개인적으로 너무 뿌듯하고요.
- 采访中的第五段：몇 년 전에 이런 일이 있었으면(은) 많이 속상하고, (속상)했을텐데(←自我纠正), 저 개인적으로 이 작품을 하면서 배운 것도 너무 많고,⋯

☞ 章子怡在采访中进行自我纠正(有关电影《非常完美》宣传的采访中提到苏志燮)：
"他⋯⋯他⋯⋯,等他(←自我纠正)有时间的时候吧。因为拍戏的时候，他的心思都在电影上面，然后他每天要背那个中文，所以他压力蛮大的。那这一次他来又是宣传电影，大家都很紧张，是这样，所以下次他要有机会专门来玩儿的话，我一定好好做那个,尽地主之谊，照顾他。"

下面我们看一下口误的类型。口误有单一型也有同时违反好几项要求的复杂型。复杂类型口误是单一类型口误的复合形式。从口误事实来看,口误可分为如下类型:

1) 松紧异常：① 组合式拼合　② 停顿(超常无声停顿、有声停顿) ③ 重复 ④ 拖音
2) 语序混乱：⑤ 错位　　　　⑥ 移位
3) 单位增漏：⑦ 添加　　　　⑧ 脱漏
4) 单位误用：⑨ 替代　　　　⑩ 聚合式拼合

口误种类的释义：

① 组合式拼合(syntagmatic blend)指语链中相组合的几个语言单位各自保留一部分而拼合成一个单位。语链呈现过紧状态,让人无法感知语言单位的离散性。

② 停顿(pauses)

▶ 超常无声停顿(unfilled pauses)指在语链中不该停的地方停顿或者停顿的时间过长,音联(juncture)等级与语速不相符。语链呈现过松状态。

▶ 有声停顿(filled pauses)指在语链中使用冗余的声音片断或习惯性语气词和插入词语,从而使语链呈现过松状态。常用的有声形式如"啊""嗯""吧""这个""那个""什么""这就是""反正"。

☞ 【记者】昨天那个苏志燮先生去了我们那个百度电影公社,就是电影《非常完美》的活动,有没有觉得很开心,因为有好多你的粉丝到现场。

③ 重复(repetition)指同一语言单位冗余性连续反复。语链呈现过松状态。音节或音段的重复是口误的表现形式之一。作为口误的重复不包括作为修辞手段的正常的语言单位重复现象。正常人重复的音段都是阻塞音段(obstruent)。

④ 拖音(prolongation)指用超常的时间说出可延长的语言单位,语链呈现过松状态。拖音也是口误的表现形式之一。

⑤ 错位(exchange)指处于语序上不同位置的两个语言单位互换位置,使语序呈现混乱状态。

⑥ 移位(shift)指语序上某个特定位置的语言单位移到其他位置,使语序呈现混乱状态。移位也可说是错位的特殊情况,是某单位与相邻单位的错位。而相邻单位的错位既可以说是错位,也可以说是移位。

☞ 너무 제가 운이 좋게도 → 제가 운이 너무 좋게도

☞ 둘 다 너무, (이제) 동갑이고 가깝다 보니깐 더 리얼하게 잘 나온 거 같아요.

→ 둘 다 동갑이고 너무 가깝다 보니깐 더 리얼하게 잘 나온 거 같아요.

⇒ 둘이 동갑이고 아주 친해서 그런지 더 리얼하게 잘 나온 거 같아요.

第9课　明星采访
제9과　인터뷰

⑦ 添加(addition)指在语链中插进了不该有的语言单位。

⑧ 脱漏(elision)指在语链中失去了应该有的语言单位。

⑨ 替代(substitution)指原来想要说的语言单位形式被换成了另一种形式。

⑩ 聚合式拼合(paradigmatic blend)指彼此具有聚合关系的两个语言单位或结构拼合到一起使用。

口译花絮

译者一次口误，白得三只老虎

下面是韩国《朝鲜日报》2009年11月10日的新闻报道。

韩国环境部2009年11月9日表示，俄罗斯政府决定向韩国赠送两雄一雌三只东北虎。据悉，此次俄罗斯决定赠送东北虎，源于一名翻译的"口译错误"。有记录称，一只雄虎于1922年在韩国庆州大德山被射杀，此后野生东北虎在朝鲜半岛南部地区基本消失。目前只有少数野生东北虎栖息于俄罗斯远东地区和中国东北地区。今年6月俄罗斯联邦自然资源利用监督局局长弗拉迪梅尔·卡里洛夫访韩时参观韩国生物资源馆。当时韩方负责人表示："我们对东北虎很感兴趣。"但翻译人员却翻译成"俄罗斯是否有意向韩国赠送东北虎？"卡里洛夫便反问："如果向韩国赠送(不是标本的)活老虎，可否野生放养？"韩国政府当时并没有将此当作一回事，但今年8月俄罗斯塔斯社报道说："俄罗斯政府决定向韩国赠送东北虎。"韩国环境部有关负责人表示："可能是卡里洛夫在向俄罗斯总理普京进行访韩报告时提议赠送老虎一事。"韩国环境部上月30日在韩俄环境合作会议上正式回应，要求俄方赠送白头山老虎，并得到俄罗斯的正式承诺。

包括笔者在内的所有读过这篇新闻报道的读者们都会好奇，到底是哪位译员立了如此的"赫赫之功"，竟然因翻译上的一次口误，让韩国政府从俄罗斯那里白白获得了三只东北虎。翻译界有这样的说法："통역사는 수표(支票)처럼 가짜일 때만 세상에 알려진다(Interpreters, like a bundle of bank notes, are known to the world only when they are fakes. 好事不出门，坏事行千里)。"也就是说，翻译工作做好了，别人会认为"这是应该的，你尽到了你的本分"；反过来，如果出现半点差错也会被人"耿耿于怀"。

第10课 典礼致辞(1) 欢迎词

제10과 환영사

한국 충남대 사생들의 남개대에 학습교류하러 오신 것을 열렬히 환영합니다.

以上翻译较为生硬,让人难以理解。除了"한국"和"환영합니다",其他翻译都有问题。

第一,韩语中的"사생"主要表达"私生"或"写生"之意,与"师生"的意思相差甚远。

第二,"교류하다"的主语应该是复数,而且韩语中没有"학업 교류"或"학습 교류"等表达方式。

第三,"热烈欢迎"译为"진심으로 환영합니다"更符合韩语的表达方式。

推荐翻译:

① 한국 충남대학교 교수님과 학생 여러분들의 남개대학교 방문 및 양 교의 상호 교류를 진심으로 환영합니다.

② 한국 충남대학교 대표단의 본교 방문을 진심으로 환영합니다.

10.1 翻译场景

任务： 今天举行韩国首尔市龙东中学与中国上海市新华中学青少年校际交流活动。以下是首尔市龙东中学安钟玉校长为欢迎上海市新华中学访问团所做的欢迎致辞。假设你作为此次活动的翻译，请翻译以下内容。

Task： 오늘 한국 서울시 용동중학교와 중국 상하이시 신화중학교 간의 청소년교류 행사가 있습니다. 다음은 상하이시 신화중학교 방문단을 환영하는 서울시 용동중학교 안종옥 교장 선생님의 환영사입니다. 이 행사의 통역을 맡았다고 생각하고 아래 내용을 통역해 보십시오.

在场人物： 校长安钟玉以及韩国学生、团长周建国以及中国学生、两校有关人员。

10.2 词汇预习

[韩译汉]

교장	(中小学)校长
자매 결연	姐妹关系；(喻)兄弟学校
맺다	结(果实),结,缔结
진취적인	上进的
기상	气概,气魄,气势
역할	作用,角色
성공리	(圆满结束)圆满
개최	举办,举行,召开
슬로건(slogan)	口号
이해 관계	利害关系
도약하다	跳跃,腾飞
엿보다	偷看,窥测；看出,反映
시점	在这样一个时刻,在……之际
감각	—感,感觉,视觉
글로벌(global)	全球
양성하다	培养
초석	奠基石,基石,基础

第10课 典礼致辞(1) 欢迎词
제10과 환영사

| 돈독히 | 深厚地 |
| 기원하다 | 祝,祝愿,求拜,希望,预祝 |

[专有名词]

용동중학교	(首尔)龙东初中
안종옥	〔人名〕安钟玉
신화중학교	(上海)新华中学
저우젠궈	〔人名〕周建国

10.3 翻译内容

说明：
1. 在做致辞的翻译工作时，译员一般可以提前拿到原稿，所以需要做口译笔记的情况并不多见。不过，也存在译员事前拿不到原稿的情况，而且不排除发言人临场改变发言内容的情况。因此，译员需要时刻做好做口译笔记的准备。
2. 由于口译笔记一般会用到母语，所以中韩译员的笔记文字内容会有一些差异。并且，译员的个人因素(如：翻译经验、记忆力、笔记习惯等)也会对翻译工作产生一定的影响。在下面的致辞中，用波浪线标记的部分是口译笔记的核心内容。
3. 有些部分重要内容没有波浪线标记，这部分内容应该是译员凭记忆力就能完成翻译工作的内容。(☞ 2.5.3 口译基本常识)

安钟玉校长的演讲稿：

안녕하십니까! 저는 용동중학교 안종옥 교장입니다. 먼저 우리 학교를 방문하신 중국 상하이시 신화중학교 대표단 여러분! 먼 길 오시느라 수고 많으셨습니다. 오늘 이렇게 저우젠궈 부교장 선생님과 학생 여러분들을 만나게 되어 매우 반갑고, 양 교 간의 우정의 만남을 진심으로 기쁘게 생각합니다.
[口译笔记]

용동중학교와 신화중학교는 2004년 자매결연을 맺은 이래 매년 두 차례의 상호 방문을 통해 서로에 대한 이해를 증진시키고, 교육·예술 활동 등의 교류를 통해 청소년들의 진취적인 기상을 드높이는 등 모범적인 교류 활동을 해왔습니다. 이러한 교류는 앞으로 양국 청소년 교류 확대 발전에 있어 아주 중요한 역할을 하게 될 것으로 기대하고 있습니다.

[口译笔记]

　　지난 8월에 성공리에 개최되었던 2008 베이징올림픽은 '하나의 세계, 하나의 꿈' 이라는 슬로건을 통해 종교, 인종, 국가, 이해 관계를 떠나 지구촌이 하나라는 사실을 다시 한번 보여주었고, 더불어 도약하는 중국의 새로운 가능성을 엿볼 수 있게 해 주었습니다.

[口译笔记]

　　이러한 시점에 두 학교 간의 청소년 교류는 국제화 감각을 갖춘 글로벌 인재를 양성하는 데 있어 초석이 되는 뜻깊은 만남이 아닌가 생각합니다. 이번 교류를 통해 한국과 중국의 청소년들이 서로 다른 문화를 이해하고 우정을 돈독히 할 수 있기를 진심으로 기원합니다.

[口译笔记]

　　다시 한번 우리 학교를 방문하신 신화중학교 학생대표단을 진심으로 환영하며, 대한민국 서울시의 아름다운 가을과 국경을 넘어선 소중한 우정을 가지고 돌아가시길 바랍니다. 끝으로 양 교 학생 여러분의 건강과 행복을 기원합니다. 감사합니다.

[口译笔记]

10.4　细节详解

❶ 안녕하십니까! 저는 용동중학교 안종옥 교장입니다.

　　推荐翻译：大家好！我是龙东初中校长安钟玉。

　　易错点拨：

　　◉ "안녕하십니까"比"안녕하세요"带有更正式的语体色彩。因此，将中文致辞开头的 "大家好！""早上好！""晚上好！"等问候语译成"안녕하십니까"更为恰当。

　　◉ 将"용동중학교 안종옥 교장"译成"单位+职位+姓名"的顺序更符合汉语的表达习惯。

　　◉ 韩语中的"교장"指小学和中学的校长，而大学的校长则称为"총장(總長)"。(☞ 3.5.3 口译基本常识)

❷ 먼저 우리 학교를 방문하신 중국 상하이시 신화중학교 대표단 여러분! 먼 길 오시느라 수고 많으셨습니다.

第10课　典礼致辞(1) 欢迎词
제10과　환영사

推荐翻译：首先,请允许我向远道而来,莅临我校访问的新华中学访韩代表团道一声"辛苦了！"

易错点拨：

◎ 此处的"우리 학교를 방문하신"可译成"莅临我校访问的"。这里请注意,韩语"방문하다"的宾语既可以是场所,还可以是人。当宾语为场所时,"방문하다"通常可译为"参观""访问""莅临"等。当宾语为人物时,可译为"拜访"。同样的语境下,除了"방문하다"还常用"예방(禮訪)하다"一词。

例如：한국인터넷언론사협회 회장단은 6월 26일 장광근 사무총장을 예방하고 환담을 나누었다.

除了"방문하신"以外,韩语中还有"찾아주신"这一表达方式,由"찾다(动词)"和"(-아/어)주다(补助动词)"两部分组成。此时"(-아/어)주다"表示"为他人做某事",如：친구가 내 숙제를 대신 해 주었다. 因此"(장소를) 찾아주다"具有"拜访这一行为是为了他人而做的"之义,在行为目的上与"(장소를) 방문하다"有差异。

☞ 다시 한 번 이곳에 찾아주신 박희태 대표님, 최고위원님들, 고위당직자 여러분, 정부당국자 여러분께 4만여 전문건설업계를 대표해서 진심으로 감사의 말씀을 드립니다.

◎ "먼 길을 오다"可译为"远道而来"。(☞ 请参考第2课"细节详解"第❸点) "远道而来的○○○"可译成"-하기 위해 멀리서 와 주신 ○○○님께"或者"-하기 위해 먼 길을 오신 ○○○님께"。

☞ 오늘 회의에 참석하기 위해 먼 길을 오신 발표자와 토론자, 그리고 국내외 귀빈 여러분! 모두 환영합니다.

❸ 오늘 이렇게 저우젠궈 부교장 선생님과 학생 여러분들을 만나게 되어 매우 반갑고, 양 교 간의 우정의 만남을 진심으로 기쁘게 생각합니다.

推荐翻译：让我们热烈欢迎周建国副校长以及各位同学的到来。同时,借此机会我们对两校之间友好互访活动的顺利进行表示由衷的高兴。

易错点拨：

◎ "이렇게 만나게 되어(뵙게 되어) 반갑습니다"是比较固定的说法。此处的"이렇게"有强调现场感的作用。(☞ 请参考第2课"细节详解"第❶点)

◎ "저우젠궈 부교장 선생님"可译成"副校长周建国先生"或者"周建国副校长"。(☞ 请参考第七课"细节详解"第❻点) 这里请注意,"부교장"只是把汉语的"副校长"直译过来而已,属于不太规范的表达方式。在韩国,中小学的校长和副校长分别称为"교장(校長)"和"교감(校監)"。

❹ 용동중학교와 신화중학교는 2004년 자매결연을 맺은 이래 매년 두 차례의 상호 방문을 통해 서로에 대한 이해를 증진시키고, 교육·예술 활동 등의 교류를 통해 청소년들의 진취적인 기상을 드높이는 등 모범적인 교류 활동을 해왔습니다.

推荐翻译：首尔市龙东中学和上海市新华中学自2004年建立友好兄弟学校关系以来，两校一直在开展示范性的交流活动。为此，两校每年举行两次互访活动，以增进双方学校间的相互了解，同时还通过教育、艺术交流等多种形式的合作，积极培养两校青少年的进取精神。

易错点拨：

◉ 此句的核心内容是：两校一直在开展示范性的交流活动。"매년 두 차례의 상호 방문을 통해 … 진취적인 기상을 높이는 등"是"모범적인 교류 활동"的具体内容。

◉ "자매결연(姉妹結緣)을 맺다(체결하다)"是固定的说法，可译成"建立友好姊妹(兄弟学校)关系"。

◉ "이해를 증진시키다"可译成"增进""进一步深化""加深""加强"等。

❺ 이러한 교류는 앞으로 양국 청소년 교류 확대 발전에 있어 아주 중요한 역할을 하게 될 것으로 기대하고 있습니다.

推荐翻译：希望今后此类活动能够在促进两国青少年交流方面起到重要作用。

易错点拨：

◉ "확대 발전(시키다)"是比较固定的说法，可译成"扩大"或者"促进"。换句话说，"深化、进一步发展、扩大、促进、推动、拓展"等表达可译成"확대 발전(시키다)"或者"확대하다(시키다)"。

☞ 우선 현재의 주력사업인 에너지·화학과 정보통신을 확대 발전시켜 세계적 경쟁력을 확보하고, 이어 생명과학을 새로운 성장엔진의 핵심 축으로 삼는 것이 필요합니다.

◉ "-에(에게) 있어(서)"中的"있다(있어)"是一种带有书面语色彩的表达方式，表示将前面的名词(양국 청소년 교류 확대 발전)看为讨论的话题或者谈论的对象。

◉ "기대하고 있습니다"直译为"期待着"，不过此处译成"希望"更自然。

◉ "중요한 역할을 하다"可译成"发挥重要作用"或"起到积极的作用"。在韩语中"역할(役割)"常与"중요한""결정적인""주도적인"搭配使用。

如：'IT혁명'을 이끈 저력으로 한국은 다가오는 '바이오 경제시대'에서 주도적 역할을 담당할 것으로 믿습니다.

这里请注意，"发挥作用""起作用"这些表达中的"作用"通常不能译成"작용"，而应译

第10课 典礼致辞(1) 欢迎词
제10과 환영사

成"역할"。"역할"是"자기가 마땅히 하여야 할 맡은 바 직책이나 임무(从自身的角度出发,所应承担的责任或义务)"的意思。"작용"是"어떠한 현상을 일으키거나 영향을 미침(对某种事物或现象的影响)"的意思。两者意思不同,而且"작용"常常与作为受影响对象的宾语同时出现。

작용(作用)	역할(役割)
维生素B1 　　　　受维生素B1影响的对象 작용영향(O) → 大脑、神经	这类活动 　　　　不是受这类活动影响的对象 작용영향(X) → 两国青少年交流
비타민 B1은 뇌, 신경계의 신경 정도에 중요한 작용을 하여 신경 기능을 정상으로 유지시키는 물질이다.	이러한 교류는 앞으로 양국 청소년 교류 확대 발전에 아주 중요한 역할(작용X)을 하게 될 것으로 기대하고 있습니다.

❻ 지난 8월에 성공리에 개최되었던 2008 베이징올림픽은 '하나의 세계, 하나의 꿈'이라는 슬로건을 통해 종교, 인종, 국가, 이해 관계를 떠나 지구촌이 하나라는 사실을 다시 한번 보여주었고, 더불어 도약하는 중국의 새로운 가능성을 엿볼 수 있게 해주었습니다.

推荐翻译：2008北京奥运会于今年8月圆满落下帷幕,此次奥运会通过"同一个世界,同一个梦想"的主题口号,向我们展示了全人类不分宗教、人种、国家和利益关系,同属一个地球村的事实以及中国在新世纪崛起的希望。

易错点拨：

◐ 此处的"지난 8월"不能译成"去年8月"。根据韩语的表达习惯,从"지난 8월"我们可知,此致辞人很可能在北京奥运会结束不久,即2008年下半年作此篇发言的。在韩语中,"지난+具体时间(月、日)"中的"지난"应该理解为"前不久"。因此翻译"지난+具体时间"这一表达时,需要考虑说话时具体的时间段。比如,如果此致辞是发生在2008年下半年至年末的话,采用的韩语表达为"지난 8월(今年8월)"。如果是2009年年初致辞的话,通常表达为"작년 8월(去年8월)"或"지난해 8월"。

☞ 지난 8일 HP 노트북 신제품 발표회가 홍대 모 클럽에서 있었습니다. (摘自当月11日的新闻报道)

- "성공리에 개최되다"通常可译成"圆满结束",此处译成"圆满落下帷幕"也无妨。"성공리에(성공+리+에)"是"일이 성공적으로 잘되는 가운데"的意思。"-리(裡)"作为词缀(접미사)用于部分名词后边,给位于前面的名词添加"가운데"或者"속"的意思。如:성공리에, 성황리에, 절찬리에, 비밀리에, 암묵리에, 암암리에。

☞ 지난 달 성황리에 막을 내린 인천세계도시축전이 이곳 송도를 세계 비즈니스 중심으로 널리 알린 데 이어서 오늘 BRC 기공식은 송도가 세계 바이오 산업의 중심으로 성장할 것이라는 가능성을 보여 주고 있습니다. (인천 송도 BRC 기공식에 참석한 지식경제부 김영학 차관 축사)

☞ 오늘 '2009 한·중·일 IT중심 네트워크 구축 국제포럼'이 성황리에 열리게 된 것을 뜻깊게 생각하며 진심으로 축하드립니다.

- "슬로건(slogan)"可译成"口号"。"슬로건"一般可分为"캠페인(campaign) 슬로건""기업 슬로건""제품(브랜드) 슬로건"。此处的"슬로건"属于第一种。此外,"캐치프레이즈(catchphrase)"有时可译成"口号"。严格来讲,"캐치프레이즈"是"슬로건"的下位概念。

- "이해 관계"是比较固定的说法。其中"이해(利害)"是利益和损失的意思。不过此处译成"利益关系"也无妨。

❼ 이러한 시점에 두 학교 간의 청소년 교류는 국제화 감각을 갖춘 글로벌 인재를 양성하는데 있어 초석이 되는 뜻깊은 만남이 아닌가 생각합니다.

推荐翻译:我认为在这样一个时刻,两校的青少年交流能为培养出具有国际视野的全球化人才奠定基础,是一次意义深远的校际访问。

易错点拨:

- 此句省略了主语第一人称代词,但译成汉语时需要添加主语—人称代词。(☞ 2.5.2 口译基本常识)

- "A는 B가 아닌가 생각합니다"是借用表示猜测的终结语尾"-ㄴ가"委婉表达肯定的语气。例如:사실 이것이 가장 중요한 부분이 아닌가 생각됩니다.

> ☞ **参考语法**
> "-ㄴ가 하다""-ㄴ가 싶다""-ㄴ가 보다"为表示自问或猜测的终结语尾。

- "이러한 시점에"是比较固定的说法,可译成"在这样一个时刻"或者"在……之际"。

- "양성(養成)하다"和"육성(育成)하다"均可译成"培养"。而"培养人才"中的"培养"不能译成"배양(하다)"。因为在韩语中,"배양(하다)"的宾语主要是植物、动物植物的细

第10课 典礼致辞(1) 欢迎词
제10과 환영사

胞和组织和微生物。(☞ 3.5.2 口译基本常识) 这里请注意，"인재, 인력, 교육자, 후계자, 지도자"等词语均可以与"양성(하다)"或者"육성(하다)"搭配使用。但非生命体不能与"양성하다"搭配使用，而应该使用"육성하다"。

☞ 경기도는 콘텐츠 산업이 발전하기 위한 최적의 조건을 갖추고 있습니다. 이를 최대한 활용해 경기도를 '콘텐츠 산업의 메카'로 육성하겠습니다.

> - 벤처기업 육성（培育风险投资企业）
> - 농어촌기업의 지원 및 육성 방안（支持与促进农村渔村企业化的方案）
> - 산학협력중심대학 육성（培育推动产学研合作的重点大学）
> - 문화콘텐츠사업 육성（培育文化内容产业）

❽ 이번 교류를 통해 한국과 중국의 청소년들이 서로 다른 문화를 이해하고 우정을 돈독히 할 수 있기를 진심으로 기원합니다.

推荐翻译： 在此衷心希望此次交流可以促进中韩两国青少年加深对彼此文化的了解，增进友谊。

易错点拨：

◉ "우정을 돈독히 하다"可译成"增进(加深、巩固)友谊"。"돈독히"是"深厚地"的意思。在表达由衷地希望进一步增进双方(国家、机构、单位)之间的友谊时，经常使用"돈독히 할 수 있기를 진심으로 기원합니다"或者"더욱더(한층) 돈독해지기를 바랍니다(기원합니다)"这类表达方式。

☞ 양 기관의 유대 관계가 더욱더 돈독해지기를 기원합니다. / 양국 간 우의가 더욱 돈독해지기를 바랍니다. / 아무쪼록 상하이엑스포를 통해 양국의 경제·문화적 교류가 더욱 확대되고 서로 간의 우의도 한층 돈독해지기를 기대합니다.

◉ "진심으로 기원하다"是比较固定的说法，可译成"衷心希望"或者"衷心祝愿"。此处译成"衷心希望"更恰当。

☞ 我衷心祝愿本次韩国商品展取得圆满成功。
이번 한국상품전시회가 성황리에 개최되기를 진심으로 기원합니다.

❾ 끝으로 양 교 학생 여러분의 건강과 행복을 기원합니다. 감사합니다.

推荐翻译： 最后，祝两校的同学们身体健康、生活幸福！谢谢。

易错点拨：

◉ 韩方致辞人说完结束语时，译员应该非常流利地完成翻译，以防出现翻译结束后，中方人员冷场的尴尬局面。(☞ 11.5.1 口译基本常识)

151

- ☺ "끝으로"可译成"最后"。在致辞的结尾部分出现的"最后"不能译成"마지막으로"。
- ☺ "기원(祈願)하다"根据情况的不同可译成"希望、祝愿、预祝"。此处译成"祝(愿)"比较恰当。这里请注意,汉语的"祝愿"通常不能译成"축원합니다"。因为韩语"축원(祝願)하다"是"向神灵许愿(신적 존재에게 자신의 뜻을 아뢰고 그것이 이루어지기를 빌다)"的意思,稍带有宗教色彩,如:부처님께 부모님의 건강을 축원했다。
- ☞ 最后,预祝本次中韩媒体高层对话圆满成功,谢谢大家!
- ☺ 此处的"기원합니다"还可以表达为"기원드립니다"。这两种说法都使用了"-ㅂ니다",表示对对方至高的尊敬,但要留意忽视语法而滥用"-드립니다"的情况。

> ☞ 参考语法
> "-드리다"作为个别名词的词尾出现,使名词动词化,具有谦逊的意味,如:"말씀드립니다""인사드립니다"。但是,有时也会遇到为了表达谦逊之意而忽视语法,滥用"드리다"的情况。其中最具代表性的是"감사드립니다"和"축하드립니다"。不过,虽然这两种说法存在着语法问题,可以称作是词语滥用的现象,但是考虑到其在现实生活中的广泛使用,完全杜绝这种说法也是存在相当大的困难的。

- ☺ 致辞的结尾部分通常以祝愿词结束。韩语祝愿词常用"A와 B를 기원합니다"或者"-시기를 기원합니다"这些表达方式。前一表达中的A和B均是名词。如:세미나의 성공적 개최와 참여하신 모든 분들의 건강을 기원합니다. 这里请注意,后一表达中的A和B均作名词性成分,此时一般需要加上"늘""항상""모두""더욱"等副词。如:저희 연구원을 믿고 아껴주시는 업계 여러분, 항상 행복하시고 새해 뜻하신 바 모두 이루어지시길 진심으로 기원합니다. (☞ 请参考附录3)

10.5 口译基本常识

10.5.1 致辞讲话的语体特征　축사 연설문의 문체 특징

从词义范围的大小来看,汉语的"致词/致辞"并不等同于韩语的"치사(致詞/致辭)"。汉语"致词、讲话(speech, address)"的词义范围包括韩语"축사, 연설, 기조연설(Key Note Speech,主旨演讲/主旨发言), 인사말씀(인사말), 개회사, 폐회사, 개막사, 폐막사, 환영사, 환송사, 오찬사, 만찬사, 기념사, 치사"等。也就是说,韩语的"치사(致詞/致辭)"是作为下位概念出现的,意为在某场合下,对某人或某团体的辛劳表示赞扬或慰问(어떤 행사에서 노

第10课 典礼致辞(1) 欢迎词
제10과 환영사

고를 칭찬할 때 쓰는 인사말)。所以对于"致辞,讲话"等词的翻译,要根据其性质和场合的变化而随机应变。

举例来说,在兼具"欢迎"和"晚宴"两种目的的场合,可以采取"同时取义"的方式,译为"환영 만찬사"。

☞ 나단 대통령(新加坡总统纳丹)은 식사를 마친 후 준비된 원고를 보며 그대로 환영 만찬사를 읽어내려가더군요.(摘自新闻报道)

☞ [新闻报道图片说明]
정운찬 국무총리가 8일 서울 신라호텔에서 열린 세계전략포럼 개막식에 참석, 치사를 하고 있다.

虽然致辞多以口语形式为主,但是在许多正式场合上也常常使用郑重的尊敬阶和书面语,于是形成了口语与书面语共用的现象。

☞ 문어체(书面语) 또는 문어체에 가까운 표현 많이 사용
中韩两国地理位置相邻,历史文化传统接近,经济结构互补性强。
推荐翻译:중·한 양국은 지리적으로 인접해 있고, 역사적으로 유사한 문화전통을 가지고 있으며, 경제구조적으로도 상호보완적인 성격이 강합니다.
说明:"相临"和"接近"译成书面语"인접해 있다"和"유사하다"比译成韩语固有词"가깝다"和"비슷하다"更恰当。

☞ 정중한 표현 및 높임체 사용
① 아무쪼록 여러분께서 서울에 체류하시는 동안 아름답고 풍요로운 한국 가을의 정취를 만끽하시고 한국민의 넉넉한 인정을 느끼시길 바라며, 편안한 여정이 되시길 바랍니다.
② 앞서 말씀드린 바와 같이, 양국은 그간의 협력 성과에 머무르지 말고, 호혜성, 공존 번영, 전략적 제휴의 원칙 하에서 무역·투자·산업 등 각 분야의 협력을 강화해 나가야 합니다.

10.5.2 中韩致辞格式差异　한중 양국 축사 내용의 차이점

中韩两国在各种典礼、活动上的致辞格式基本相同,但是致辞开始时的称呼(称谓语)和结尾却略有不同。演讲稿的开头以及结尾均有固定的形式。熟能生巧,因此务必熟记开头与结尾时的常用套话。

◎ 称谓(☞ 请参考附录3)

中方人士致辞开始时,往往要面面俱到称呼各个方面、各个层次的来宾,如:"各位领导、各位来宾、朋友们、女士们、先生们"等等。有时还会具体称呼某个领导或来宾的名字以示重视或者尊敬。如:

☞ 中方人士致辞开始时(☞ "领导"的翻译请参考第7课"细节详解"第⑤点)

尊敬的韩国产业资源部林来主次长,尊敬的外经贸部部长助理郭莉女士,

尊敬的赵焕复公使,尊敬的赵焕益事务总长,

尊敬的中国科技部、信息产业部、国家环保总局各位领导,

各位中韩两国企业家,女士们先生们:

韩方人士致辞时,可以分为两种情况。一种是泛泛地称呼,如:"존경하는 내외귀빈 여러분(各位来宾、女士们、先生们!)""존경하는 경제인 여러분, 그리고 자리를 함께하신 내빈 여러분";另一种是在较为隆重的正式场合下具体称呼贵宾的名字.

☞ 동북아 경제포럼 제18차 연차총회 개막을 축하합니다. 오늘 회의에 참석하기 위해 먼 길을 오신 발표자와 토론자, 그리고 국내외 귀빈 여러분! 모두 환영합니다.

☞ 존경하는 상하이시 ○○○+ 직책님,

대한민국국회 지식경제위원회 장장선 위원장님과 의원님 여러분,

신정승 주중 대사님과 김정기 총영사님,

그리고 이 자리에 참석하신 내외 귀빈 여러분!

◎ 问候语——上午好!中午好!晚上好!

中方人士在称呼后面习惯加上一句"上午好!""中午好!""晚上好!"之类的问候语。在这点上,韩方人士的致辞有所不同,多半没有类似的问候。因此,汉译韩时有时候这类问候不译出也无妨。但是中方人士说完这类问候语之后略有停顿,表示等待译员进行翻译的话,也可译为"안녕하십니까!"。这里请注意,在较为隆重的正式场合下,这些问候译成"안녕하세요"不太恰当。

第10课　典礼致辞(1) 欢迎词
제10과　환영사

☞ 中韩致辞的称谓稍有所不同

中方人士致辞开始时	韩方人士致辞开始时
尊敬的○○○先生, 尊敬的○○○先生, 各位来宾、女士们、先生们, 上午好!	1) 존경하는 ○○○ 직책+님, 　존경하는 ○○○ 직책+님, 　그리고 이 자리에 참석하신 내외 귀빈 여러분! 2) 존경하는 내외 귀빈 여러분, 　그리고 오늘 (행사명)에 참석하신 한중 양국 기업인 여러분(관계자 여러분),

◎ 结语部分 (☞ 请参考附录3)

　　中方人士的致辞一般是以希望、展望、祝愿等令人鼓舞的话语铿锵有力地结束讲话,然后说"谢谢"。韩方人士的结语部分可以分为两类,一类基本上与中方人士的结语相同,并且后面还加上对活动主办方和有关工作人员表示感谢的话语;另一类是结语包含希望、展望、祝愿等话语,并且后面还加上一句类似"希望此次首尔之行能给您留下美好的印象"的话语。在欢迎致辞或者送行晚会上,韩方作为主办方使用第二类结语的情况比较多见。

☞ 第一类结语:

　　아무쪼록 상하이엑스포를 통해 양국의 경제•문화적 교류가 더욱 확대되고 서로 간의 우의도 한층 돈독해지기를 기대합니다. 또한 이러한 관계 발전이 2012년 여수 엑스포의 성공으로 이어지기를 기원합니다. 끝으로, 오늘 행사를 위해 수고해 주신 KOTRA와 무역협회 관계자, 그리고 상하이엑스포 관계자 여러분께 깊은 감사의 말씀을 드립니다. 감사합니다.

☞ 第二类结语:

- 세계○○○○협회 이사회의 성공적인 개최를 위하여 자리를 빛내 주신 여러분들께 다시 한번 감사의 말씀을 드리며, 이번 이사회가 세계○○○○협회의 활동과 각국의 ○○○○제도 발전에 기여하는 뜻깊은 이사회가 되기를 기원합니다. 아무쪼록 여러분께서 서울에 체류하시는 동안 아름답고 풍요로운 한국 가을의 정취를 만끽하시고 한국민의 넉넉한 인정을 느끼시길 바라며, 편안한 여정이 되시길 바랍니다. 감사합니다.

- 포럼 참석을 위해 먼 길을 방문해주신 중국 대표단 여러분께 다시 한번 감사의 말씀을 드리며, 짧은 여정이지만 한국에 머무르시는 동안 즐거운 시간이 되기

를 바랍니다.
- 오늘 행사를 거듭 축하드리며 국내외에서 참가하신 참가자 여러분의 가정에 건강과 행복이 늘 함께하기를 바라며 짧은 일정이나마 우리 대전광역시에서 좋은 추억을 많이 가져가시기를 바랍니다.
- 아무쪼록 방한 기간 중 즐거운 일정을 가지시고, 한국의 아름다운 자연과 한국인의 따뜻한 우정을 한껏 느끼시기 바랍니다.

口译花絮

面红耳赤的"十秒沉默"

下面是关于韩国总统卢武铉(韩国历代总统中数一数二的超级演说家)在对新加坡进行访问时的新闻报道内容之一。

卢武铉总统擅长即兴演讲,在适当的场合下即兴地讲几句迎合气氛的话,似乎更容易获得听众们的热烈响应。而这样的"不按稿子走"也使得卢武铉总统更像一个真正的、有主见的政治家。

然而正所谓"人有失手,马有失蹄",擅长临场发挥的卢武铉总统自然也有让人直冒冷汗的时候。上个月22日(指2003年10月22日),新加坡总统纳丹举办了一场国宾晚宴。在结束进餐后,由纳丹总统先致晚宴欢迎辞,纳丹总统拿出早已准备好的发言稿一字不落地宣读完毕就走下台来。韩国总统卢武铉作为答谢辞的发言人干脆连准备好的发言稿带也不带就上台开始了他的即兴发言。"在过去,韩国时任总统金泳三曾访问过新加坡,我曾经思考过金泳三总统为什么会访问新加坡,在我百般思考之后发现,原来最重要的一个原因就是新加坡这个国家就像一只少壮的狮子,浑身散发出无限的潜力与惊人的活力。另外一个原因就是,在整个韩国的发展史上,新加坡给了韩国泉源般不断的灵感。明天我们将会承诺明年年初启动双边自由贸易协定(FTA)的谈判交涉……"

然而意想不到的事情发生了。说得好好儿的总统卢武铉在说到这个节骨眼上的时候,突然哑了口。一秒,两秒,三秒,四秒,五秒……尴尬的沉默持续了将近十秒钟……

全场鸦雀无声,浑然不知的听众们把视线全都集中在了卢武铉总统的身上。这时候卢武铉总统再次开口了,"非常抱歉,我的思路突然断了,请给我一点儿时间"。说完,总统的脸刷地就变红了。

卢武铉总统等译员把这段话翻译完之后又思考了一段时间,终于以介绍韩国政府为双边自由贸易协定所做的努力艰难地继续发言。演说结束时,卢武铉说道:"刚才我没有按照原稿发言,所以思路没跟上,导致中途出现了一点意外。我向各位表示深深的歉意。然而刚才所说的每一句话都是我的肺腑之言,希望各位能够接纳。"

第10课　典礼致辞(1) 欢迎词
제10과　환영사

　　事情过去之后,卢武铉总统透露了他进行即兴发言的真正原因,"因为总统纳丹先生的发言和我的发言稿内容在很多地方有重复……"当时在场的韩国记者们也说道,"这是我们第一次看到卢武铉总统在演讲的时候不知所措。"

　　纳丹总统当天只是按部就班地宣读了早已准备好的发言稿,估计新加坡方面的译员翻译得相当顺手,然而作为卢武铉总统的韩方译员,就算是经验再丰富的金牌译员,估计当时也会措手不及的。

　　笔者在做翻译的时候也遇到过这样的情况,有一位部长在致辞的时候一开始还照着发言稿读,所以前半部分笔者不费吹灰之力就把那位部长的发言给翻译了出来,然而说到发言稿的三分之二时,那位部长突然说了一些发言稿上没有的内容,把笔者吓得直冒冷汗。那位部长要是从一开始就说一些与发言稿不相同的内容的话,估计情况还好一些。看来从事翻译行业的人真要时时刻刻保持十二分的警惕啊……

第11课 典礼致辞(2) 经贸活动开幕词

제11과 상담회 축사

11.1 翻译场景

任务: 今天将在希尔顿酒店多功能厅召开企业洽谈会。韩国驻华使馆参赞即将代表韩国驻华使馆致辞。假设由你担任此次活动开幕式的翻译,请试译以下内容。

Task: 오늘 힐튼호텔 그랜드볼룸홀에서 한중 기업 상담회가 열립니다. 잠시 후 주중한국대사관의 참사관이 주중한국대사관을 대표하여 축사를 합니다. 본인이 통역을 맡았다고 가정하고 아래 축사를 통역해 보십시오.

在场人物: 洽谈会的与会者(中、韩)、活动举办方的有关工作人员(中、韩)。

11.2 词汇预习

[韩译汉]

상담회	洽谈会
지평을 열다	打开新的局面,掀开了新的一页
교역 관계	双边经贸关系
교역상대국	贸易对象国,贸易伙伴
경제 회복	经济复苏
지연	推迟,晚点
상호보완적인	互补的
활용하다	活用,利用,用
결실	成果
확대 발전	扩大,进一步发展,深化,促进,推动,拓展
장(以"-의 장"形式出现)	平台,机会
기여	贡献
아무쪼록	千万,无论如何,尽可能,恳切,诚恳
관계자	有关人士,有关负责人

[专有名词]

중국국제무역촉진위원회	中国国际贸易促进委员会(CCPIT)
한국수입업협회	韩国进口业协会
종민	〔人名〕钟敏
김완희	〔人名〕金完熙

11.3 翻译内容

존경하는 중국국제무역촉진위원회 종민(鍾敏) 부회장님,
한국수입업협회 김완희 회장님,
그리고 바쁘신 가운데도 오늘 상담회에 참석하신 한•중 양국 기업인 여러분!

21세기 한•중간 경제협력 관계의 새로운 지평을 여는 동북아 시대를 맞이하여, 이곳

第11课 典礼致辞(2) 经贸活动开幕词
제11과 상담회 축사

북경에서 무역상담회가 개최된 것에 대해 주중한국대사관을 대표하여 환영과 축하의 말씀을 드립니다.

　　지난 19년 동안 한중 양국간 교역 관계는 실로 엄청난 성장을 거듭하여 지난해에는 무역 규모가 2200억불을 초과함으로써 중국은 한국의 제1위 교역상대국이자 최대 투자 대상국으로, 한국은 중국의 제3위 교역상대국으로 성장하였습니다.

　　또한 최근 세계 경제의 회복 지연에도 불구하고 상호보완적인 산업구조를 적절히 활용하여, 금년에는 양국간 교역 규모가 2400억불을 초과할 것으로 예상됩니다. 이는 여기 계시는 양국 기업인들의 노력에 의한 결실이라고 생각합니다.

　　이번 무역상담회는 기계, 전자, 화학, 의료 분야 등에서 30여개 업체가 참가한 규모가 비교적 큰 상담회로, 양국간 교역 관계의 확대발전을 위한 협력의 장을 제공할 것으로 생각하며, 한・중 양국 간 전면적인 협력관계 형성에 큰 기여를 할 것으로 확신합니다.

　　아무쪼록 이번 행사가 양국의 기업인들이 서로 정보를 교환하고, 상호 이해의 폭을 넓히며, 서로 필요한 분야에 대한 협력의 가능성을 발견하는, 교류와 협력의 장이 되기를 바랍니다.

　　다시 한번 이번 상담회에 참가하신 양국 기업인 여러분을 환영하며, 행사 준비에 협조하여 주신 중국국제무역촉진위원회 관계자분들께 감사의 말씀을 드립니다.

11.4 细节详解

❶ 존경하는 중국국제무역촉진위원회 종민(鍾敏) 부회장님,
　한국수입업협회 김완희 회장님,
　그리고 바쁘신 가운데도 오늘 상담회에 참석하신 한・중 양국 기업인 여러분!
　推荐翻译: 尊敬的中国国际贸易促进委员会副会长钟敏女士,尊敬的韩国进口业协会会
　　　　　 长金完熙先生,以及在百忙之中参加今天洽谈会的诸位韩中两国企业界人士,
　　　　　 大家好(上午好)!

易错点拨：

- 译员需要事先通过委托方了解出席者的名单。同时需要事先确认韩国人的汉字名字。(☞ 2.5.1 口译基本常识)
- 这是在韩方致辞中比较常见的开场方式。这里请注意，韩中对姓名和职位先后顺序的排列不同。(☞ 请参考第7课"细节详解"第⑦点)
- 此处的"그리고"可译成"以及"。在韩方致辞开头提到具体称谓时，最后一句多用此副词进行连接，所以翻译时，应善于运用此连接副词。(☞ 11.5.2 口译基本常识)
- "바쁘신 가운데도(或바쁘신 가운데)"可译成"在百忙之中"。此外，还常用"바쁘신 와중에도 불구하고""공사 다망하심에도 불구하고""여러모로 다망하심에도"等表达方式。(☞ 请参考附录3)

☞ 우선 제5차 한·중 협력 포럼의 개최를 축하하며, 바쁘신 와중에도 불구하고 포럼에 참석해주신 국·내외 대표단 여러분들을 진심으로 환영합니다.

- 称谓后要添加"大家好！""上午好！（下午好！）"之类的问候语，这样更符合汉语表达习惯。

❷ 21세기 한중간 경제협력 관계의 새로운 지평을 여는 동북아 시대를 맞이하여, 이곳 북경에서 무역상담회가 개최된 것에 대해 주중한국대사관을 대표하여 환영과 축하의 말씀을 드립니다.

推荐翻译： 21世纪韩中两国间的经贸合作将翻开崭新的一页，在东北亚时代到来之际，我谨代表韩国驻华大使馆对此次经贸洽谈会在京召开，致以热烈的欢迎和衷心的祝贺。

易错点拨：

- "B에 대해 A를 대표하여 축하의 말씀을 드립니다(축하를 드립니다, 축하드립니다)"是致辞开头部分的常用套话，可译成"我谨代表A对B表示热烈的祝贺"或"请允许我代表A对B表示热烈的祝贺"。翻译此句型时，需要注意A和B的顺序。此外，汉译韩时，还需要注意"热烈"的翻译(☞ 见本课11.5.2 口译基本常识)和第一人称代词的省略。(☞ 2.5.2 口译基本常识)
- "새(새로운) 지평을 열다"是比较固定的表达，通常可译成"打开新的局面"。此处的"지평"是"사물의 전망이나 가능성 따위를 비유적으로 이르는 말"。
- 此处的"개최된"可以用"열리게 된"替代。
- "주중한국대사관"应译成"韩国驻华使馆"才符合汉语的表达习惯。汉译韩时，需要注

第11课　典礼致辞（2）经贸活动开幕词
제11과　상담회 축사

意语序,如:韩国驻美使馆-주미한국대사관。

[NAVER 검색창 이미지: 주미한국대사관 검색 결과]

- 表示欢迎和祝贺的常用表达,请参考本课11.5.2口译基本常识和附录3。

❸ 지난 19년 동안 한·중 양국간 교역 관계는 실로 엄청난 성장을 거듭하여 지난해에는 무역 규모가 2200억불을 초과함으로써 중국은 한국의 제1위 교역상대국이자 최대 투자 대상국으로, 한국은 중국의 제3위 교역상대국으로 성장하였습니다.

推荐翻译： 在过去的16年间,韩中双边经贸关系取得了突飞猛进的发展,去年双边贸易额超过了1600亿美元,中国已成为韩国最大的贸易伙伴和最大的海外投资对象国,同时韩国也成为中国的第三大贸易伙伴。

易错点拨：

- 此处的"한·중"译成"中韩"不太恰当,因为这是韩国政府人员的致辞。
- "双边贸易"的韩语表达是"교역(交易)",如：교역 규모(双边经贸额),교역 확대(扩大双边经贸合作),교역 비중(与某国的贸易额占全体外贸额的比重)。

☞ 최근 FTA(자유무역협정) 추진으로 관심을 끄는 중국과의 교역 규모가 1992년 수교 이후 40배나 증가한 것으로 나타났습니다.

- "불(弗)"作为依存名词,与"달러(美元)"意思相同。(☞ 请参考第3课"细节详解"第⑧点)
- "제3위 교역상대국"还可以表达为"3大 교역상대국"。"교역상대국"可译成"贸易伙伴"或"贸易对象国"。此外,还常用"교역대상국""교역파트너""교역국"等表达方式。
- "중국은 한국의 제1위 교역상대국이자 최대 투자대상국으로"可理解为"中国=韩国最大的贸易伙伴=韩国最大的海外投资对象国"。这里请注意,此译文中的"和"不能译成"-(이)고",而应译成"-(이)자"。

☞ **参考语法**
"-(이)자"是连接语尾,位于어간"이다"之后,表示兼具前后两种资格或身份。

◎ 句中的"성장하였습니다"通常可译成"成为"。这里请注意,很多情况下"成为"不能译成"되다"。除了"成为"表示性质、身份、状态的变化的情况之外,其他情况译成"-(으)로 부상(浮上)하다""-(으)로 성장하다""-(으)로 떠오르다""-(으)로 자리잡다"等表达方式比较恰当。

> - 태국이 아시아의 주요 자동차생산국으로 부상하고 있습니다.
>   (泰国正成长为亚洲主要的汽车制造国。)
> - 이 회사는 매출액 1,824억 달러로 GM을 제치고 세계 제1위 기업으로 부상했습니다.
>   (这家公司凭借1824亿美元的销售额超越了美国通用公司一跃成为世界第一。)
> - 환경산업이 유망 업종으로 떠오르고 있습니다.
>   (环境产业渐渐成为新兴产业。)
> - 제주의 투자 유치 및 외국인 관광객 확충을 주도할 최대 핵심시장으로 중국이 떠오르고 있습니다.
>   (中国逐渐成为济州岛吸引投资与扩大游客资源的最大核心市场。)
> - 트와일라잇 시리즈(Twilight Saga)는 1993년 초판이 발간되어 첫 시리즈가 4권까지 나왔으며, 그 후 두 번의 개정판을 내며 스테디셀러(steady seller)로 자리잡았습니다.
>   (《暮光之城》系列自1993年首次出版以来,第一系列出至四卷,历经两次改版,已成为稳定的畅销书。)

❹ 또한 최근 세계 경제의 회복 지연에도 불구하고 상호보완적인 산업구조를 적절히 활용하여, 금년에는 양국간 교역 규모가 2400억불을 초과할 것으로 예상됩니다.

推荐翻译: 尽管目前全球经济复苏缓慢,但是两国有效利用了产业结构的互补优势,预计今年的双边贸易额将超过2400亿美元,……

易错点拨:

◎ 翻译时,需要把来前一个分句的主语"两国"和后一个分句的主语第一人称代词"我"补充出。在韩语中,即使主语不出现,按照正常逻辑也能够明确知道主语是什么的情况下,可以省略主语,尤其是第一人称代词。(☞ 2.5.2 口译基本常识) 因此韩译汉时,注意辨认整个句子的谓语成分是什么。

◎ "또한"直译为"而且",不过此处不必译出。在汉语中,很多情况下即使不使用连词,句子与句子的逻辑关系也很清楚,但韩语如果不使用"접속어(接續語)",往往不能保证译文语法的正确性、句法结构的完整性,有时还会造成句子关系的混乱。因此,汉译韩

第11课 典礼致辞（2）经贸活动开幕词
제11과 상담회 축사

时,经常需要插入必要的"접속어";韩译汉时,这些"접속어"有时则不必译出。(☞ 11.5.3 口译基本常识)

- ☯ "경제 회복"或者"경기 회복"是比较固定的说法,可译成"经济复苏"。反义词"경기 침체"可译成""经济不景气""经济衰退""经济萎缩"等。
- ☯ "교역 규모"译成"交易规模"或"交易额"不太恰当,应译成"经贸额"或"贸易额"。韩语中"교역"是指"一个国家(地区)与另一个国家(地区)之间的商品、劳务和技术的交换活动(国家之间的商业活动)"。

❺ 이번 무역상담회는 기계, 전자, 화학, 의료 분야 등에서 30여 개 업체가 참가한 규모가 비교적 큰 상담회로, 양국 간 교역 관계의 확대발전을 위한 협력의 장을 제공할 것으로 생각하며, 한·중 양국 간 전면적인 협력관계 형성에 큰 기여를 할 것으로 확신합니다.

推荐翻译：此次贸易洽谈会规模相对较大,共有三十多家韩国企业参加,涉及机电、化学、医疗等多个领域。我认为此次洽谈会能够为进一步发展双边经贸关系提供一个良好的合作平台,同时我也深信此次洽谈会将为韩中两国间建立全面合作伙伴关系作出巨大的贡献。

易错点拨：

- ☯ 此句分为两个句子翻译比较恰当。仔细分析三个分句的成分,第一个句子的主语是"此次贸易洽谈会",第二个和第三个句子的主语是"我"。在进行汉韩翻译时,注意辨认整个句子的主语和谓语成分。注意抓住原话的第二个分句和第三个分句的谓语成分。
- ☯ "-(으)로"是在表达职位(地位)、身份及资格时出现的助词。汉译韩时,如果前一个分句或者一个较简单的单句谓语表达主语的职位(地位)、身份及资格时,应善于运用此助词。
- ☯ "기계, 전자"可译成"机电"。这里请注意,汉译韩时"机电"不能译成"기전"。韩语"기전"这一词属于并不常用的生僻词,而且其7个义项中没有相当于汉语"机电"的,因此不能使用此表达方式。
- ☯ "협력의 장"是比较固定的说法,此时"장(場)"是"어떤 일이 행하여지는 곳"的意思,通常可译成"平台、机会",以"-의 장"形式出现。与"장"一词的常用搭配除了"협력의 장"之外,还有"교류의 장""대화의 장""축제의 장""토론의 장""소통의 장""화합의 장"等等。

❻ 아무쪼록 이번 행사가 양국의 기업인들이 서로 정보를 교환하고, 상호 이해의 폭을 넓히며, 서로 필요한 분야에 대한 협력의 가능성을 발견하는, 교류와 협력의 장이 되기를 바랍니다.

  推荐翻译：希望此次活动能够成为促进两国企业界人士相互交流信息，彼此增进了解，发掘合作潜力的交流盛会。

易错点拨：

- 此句可译为"我希望此次活动能够成为……的平台(桥梁)"。不过"平台"一词在上文已出现，因此此处译成"盛会"也无妨。

- 句中①양국의 기업인들이 서로 정보를 교환하고""②양국의 기업인들이 상호 이해의 폭을 넓히며""③양국의 기업인들이 서로 필요한 분야에 대한 협력의 가능성을 발견하는"是并列关系，均是修饰"교류와 협력의 장(교류의 장+협력의 장)"的定语成分。

- "서로 필요한 분야에 대한 협력의 가능성을 발견하다"直译为"发掘所需领域合作空间"，但"合作潜力"更符合汉语表达习惯。

- "아무쪼록"作为表达热切或急切心情的副词，可以理解为"千万、无论如何、尽可能、恳切、诚恳"。此副词在正式场合下的结束语里经常与"-기(를) 바랍니다"搭配使用。(☞请参考第2课"细节详解"第⑨点和附录3)

- "교류와 협력의 장"理解为"교류의 장"和"협력의 장"，但为了避免上文"협력의 장(合作平台)"的重复表达问题，此处译成"交流盛会"也无妨。"장"一词请参考本课"细节详解"第❺点。

❼ 다시 한번 이번 상담회에 참가하신 양국 기업인 여러분을 환영하며, 행사 준비에 협조하여 주신 중국국제무역촉진위원회 관계자분들께 감사의 말씀을 드립니다.

  推荐翻译：再次对出席此次洽谈会的两国企业界人士表示热烈的欢迎，并衷心感谢协助筹备此次活动的中国国际贸易促进委员会的有关工作人员。

易错点拨：

- 韩方致辞一般是以希望、展望、祝愿等令人鼓舞的话语结束讲话，后边还加上对活动主办方和有关工作人员表示感谢的话。(☞10.5.2 口译基本常识)

- "(-을 위해) -하여(-해) 주신 -께 감사의 말씀을 드립니다(或감사를 드립니다)"是韩方致词结语部分的常套句型。常用表达有"-를 위해 수고해 주신""-를 위해 애쓰신""-에 협조하여 주신"。(☞请参考附录3)

第11课　典礼致辞（2）经贸活动开幕词

제11과　상담회 축사

☞ 끝으로, 이번 포럼의 개최를 위해 수고해 주신 아시아재단과 연세대학교 동서문제연구소 여러분들께 감사를 드립니다. / 끝으로 박람회 준비를 위해 애쓰신 관계자 여러분 모두에게 다시 한번 감사의 말씀을 드립니다. / 끝으로, 오늘 행사를 위해 수고해 주신 KOTRA와 무역협회 관계자, 그리고 상하이엑스포 관계자 여러분께 깊은 감사의 말씀을 드립니다.

◎ 中韩双方联合举办活动时，韩方致辞上常用"행사 준비에 협조하여 주신（中方单位或机关名称）관계자분들께（或관계자 여러분께）감사의 말씀을 드립니다"这一表达方式，一般可译成"感谢协助筹备此次活动的（中方单位或机关名称）的有关人士（有关工作人员）"。

11.5 口译基本常识

11.5.1 做致辞翻译时的准备工作以及注意事项　축사 통역

1) 准备工作

致辞内容的决定一般通过以下几个步骤。首先由致辞人所在单位的相关职员或活动负责人拟定初稿，然后由致辞人审阅后，最终敲定致辞内容。按照常理，翻译人员事前会收到发言稿，以便翻译人员提前准备，不过，活动当天致辞人单方面对发言稿进行临时修改或者事先不能向翻译人员提供发言稿的情况也偶有发生。如果事先接到了发言稿，在完成翻译稿后，需要以正常语速试读几遍，同时在用词和发音连接上也要留心检查。这里需要注意的是，即使事先接到了发言稿，也不能疏于搜集活动相关资料。因为不能排除致辞人在发言中，对致辞内容略加修改或即兴添加内容的情况发生。尤其是事先没有接到发言稿的情况下，索要相关资料认真阅读，把握关键内容和常用词语，同时利用网络了解相关知识等准备工作就更显得至关重要了。

2) 在现场翻译时的注意事项

第一，现场翻译时应保持正常语速，并适当地提高音量，译出的口吻和语速尽量要与致辞人保持一致。同时译员一定要注意端正姿态，挺胸抬头，保持良好形象。

第二，即便译员拿到了讲话稿，也要时刻注意观察发言人是否脱稿演讲。如果发言人脱稿讲话，也不要慌张，要集中精力继续翻译。考虑到这种情况发生的可能性，应随时做好笔录的准备，因此要准备好笔记本。笔记本的大小取决于现场翻译时的环境。如果译员位于致辞人的旁边翻译时，要准备较小的笔记本。如果现场为译员另外准备了桌子，A5纸大小

167

较大的笔记本比较适当。

　　第三，发言人会在致辞中适当停顿等待翻译，译员要时刻留意发言人的情况，在准确的时间点切入进行翻译。尤其在事先没有接到发言稿的情况下，译员对切入时间点的掌握就更加重要。

　　第四，发言人说到结束语时，译员应该非常流利地完成翻译。因为发言人与译员结束的时间差过大的话，会导致接收翻译的听众冷场的尴尬局面。

11.5.2 致辞中惯用辞令的翻译　　축사 머리말 & 맺음말에 자주 등장하는 표현

　　演讲稿的开头和结尾均有一定的固定形式。常练就熟能生巧，因此开头与结尾部分时的常用套话务必熟记。(☞ 请参考附录3)

　　◎ 开头的称呼语与问候语

　　致辞或者发言的开头通常提到贵宾的姓名与职务，然后表示问候。例如：

尊敬的○○○(贵宾姓名)头衔，--- 존경하는 ○○○ 직책+ 님,

(a) 各位来宾、女士们、先生们，上午好！--- 내외 귀빈 여러분,

尊敬的○○○(贵宾姓名)头衔，--- 존경하는 ○○○ 직책+ 님,

(b) 女士们、先生们、朋友们，下午好！--- 신사, 숙녀 여러분,

　　然而，在韩语致辞或者发言中不太常用第二种(b)表达方式，而更常用"그리고 이 자리에 참석하신 … 여러분"或"그리고 오늘 (행사명)에 참석하신 … 여러분"等表达方式。特别是对第二种(b)开场语进行翻译时，要留心韩语和汉语语序的不同，而且"朋友们"可以忽略不译，因为韩语没有与其对应的表达方式。例如：

"존경하는 ○○○ 직책+ 님, 그리고 이 자리에 참석하신 내외 귀빈 여러분",

"존경하는 ○○○ 직책+ 님, 그리고 오늘 (행사명)에 참석하신 한·중 양국 기업인 여러분",

"존경하는 ○○○ 직책+ 님, 그리고 이 자리에 참석하신 한·중 양국 경제계 인사 여러분(관계자 여러분)".

　　◎ 表示祝贺

　　按照国际惯例，在大型国际会议中，发言通常按照先对大会表示祝贺，然后对来宾表示欢迎和感谢的顺序进行。

　　韩语致辞中表达祝贺之意时，常用以下几种表达。

第11课　典礼致辞（2）经贸活动开幕词
제11과　상담회 축사

① ~~B를 진심으로 축하합니다(축하드립니다)
② ~~B에 대해 진심으로 축하합니다(축하를 드립니다 / 축하드립니다)
("축하드립니다"虽被广泛使用,应看成是忽视语法而滥用"-드리다"的情况。)

- 동북아 경제포럼 제18차 연차총회 개막을 축하합니다.
- 우선 제5차 한중 협력 포럼의 개최를 축하하며, …
- 제2회 한중 경제 심포지엄이 개최된 것을 대한민국 정부를 대표하여 진심으로 축하드립니다.
- 국제 컨퍼런스를 성공적으로 추진한 것에 대해 우선 축하를 드립니다.
- 「제8차 평화와 번영을 위한 제주포럼」이 성황리에 개최된 것에 대해 문대사님과 제주평화연구소측에 우선 축하의 말씀을 전합니다.

因此,将"我谨代表A对B表示热烈的祝贺/请允许我代表A对B表示热烈的祝贺。"等表达译成"B에 열렬한 축하를 표합니다(X)"或者"B에 열렬한 축하의 뜻을 표합니다(X)"不符合韩国人的表达习惯。

◎ 表示欢迎

韩语致辞中表达欢迎之意时,常用以下几种表达。
① ~~ 여러분을 진심으로 환영합니다
② ~~ 여러분께 (따듯한) 환영의 인사를 드립니다

- 회의 참석을 위해 한국을 찾아주신 모든 분들을 진심으로 환영합니다
- 바쁘신 와중에도 불구하고 포럼에 참석해주신 국내외 대표단 여러분들을 진심으로 환영합니다.
- 세계 각국에서 이번 엑스포에 참석하기 위해 제주를 찾아주신 여러분께 따듯한 환영의 인사를 드립니다.

◎ 表示感谢

韩语致辞中表达感谢之意时,常用的表达有如下几种。向某人表示感谢时,使用①-④;对某件事表示感谢时,使用⑤-⑥。
①"-께 깊은(진심으로) 감사를 드립니다"
②"-께 깊은(진심으로) 감사의 말씀을 드립니다"
③"-께 깊이(진심으로) 감사드립니다"
("감사드립니다"虽被广泛使用,应看成是忽视语法而滥用"-드리다"的情况。)

④ "-께 감사의 말씀을 전합니다"
⑤ "-에 대해 감사의 말씀을 드립니다"
⑥ "-해 주셔서 감사드립니다"

- 바쁘신 가운데도 불구하고 오늘 "세계한인의 날" 기념식에 참석해 주신 한승수 총리님, 그리고 내외귀빈 여러분들께 다시 한번 깊은 감사를 드립니다.
- 다시 한번 귀한 시간을 내주신 여러분께 깊은 감사의 말씀을 드리면서, 이것으로 저의 인사말을 대신하도록 하겠습니다.
- 바쁘신 가운데 상하이엑스포 한국관 기공식에 참석해 주셔서 감사드립니다. 또한 한국의 엑스포 참가에 많은 도움을 주고 계신 상하이엑스포 관계자 여러분께도 감사의 말씀을 전합니다.

这里请注意,"감사드립니다"和"축하드립니다"这两种说法虽然存在语法问题,可以称作是词语滥用的现象,但是考虑到其在现实生活中已被广泛使用,所以无法完全杜绝这种说法的出现。

◎ 同时表达祝贺与欢迎之意或欢迎与感谢之意时,常用以下几种表达。
① ~~ 여러분께 뜨거운 환영과 감사의 말씀을 드립니다
② ~~ 것에 대해 환영과 축하의 말씀을 드립니다

- 21세기 한•중간 경제협력 관계의 새로운 지평을 여는 동북아 시대를 맞이하여, 이곳 북경에서 무역상담회가 개최된 것에 대해 주중한국대사관을 대표하여 환영과 축하의 말씀을 드립니다.
- 특별히, 이번 전시회에 참가해주신 미국•독일•프랑스•일본의 업체 관계자 여러분과 12개국에서 오신 해외 바이어 여러분께 뜨거운 환영과 감사의 말씀을 드립니다.
- 바쁘신 가운데서도 포항을 찾아주신 하영애 한중여성교류협회장님, 곽추분 산동성부녀연합회 부주석님을 비롯한 한중 양국의 여성문화교류 회원 여러분께 깊은 감사와 환영의 인사를 드립니다.

因此,将"我谨代表A对B表示热烈的欢迎和衷心的感谢。/ 请允许我代表A对B表示热烈的欢迎和衷心的感谢"等表达译成"B에 대해 열렬한 환영과 충심으로 감사를 표합니다"或者"B에 대해 열렬하게 환영하고 충심으로 감사드립니다" 不符合韩国人的表达习惯。句中定语"热烈"和"衷心"均可译成"진심으로",这两个定语并用时,不译也无妨。此

第11课 典礼致辞(2) 经贸活动开幕词
제11과 상담회 축사

外,"表示……的○○(如:表示热烈的祝贺)"译成"○○합니다"或"○○의 말씀을 드립니다"符合韩语表达的习惯。

◎ 结语 (☞ 请参考10.5.2)

11.5.3 连词(连接性词语)的减译和加译 접속어 생략과 삽입

汉语是语义型语言,较少使用连接性词语。而韩语则为形态型语言,通常需要用连词或连接性词语来表明词与词、词组与词组以及句与句之间的逻辑关系,尤其是前后句子或上下段落衔接时连词更是必不可少。因此,韩语中"접속어(接續語)"的使用频率明显高于汉语的连词。在汉语中,很多情况下即使不使用连接性词语,句子与句子的逻辑关系也很清楚,但韩语如果不使用"접속어",就往往不能保证译文语法的正确性、句法结构的完整性,甚至还会造成句子关系的混乱。因此,汉译韩时,经常需要插入必要的"접속어";韩译汉时,这些"접속어"有时则不必译出。

◎ 连词的加译(汉译韩时)

我正在攻读国际贸易和英语双学位。从今年3月到8月曾在网通公司实习过。(摘自第1课)

推荐翻译:대학에서 국제무역과 영어를 이중(으로) 전공하고 있습니다. 그리고(需要插入) 올해 3월부터 8월까지 왕통에서 인턴(사원)으로 일한 경험이 있습니다.

听说首尔的地铁四通八达,但路面上堵车的情况好像和上海差不多,挺严重的。韩国也很重视中秋节吗?(摘自第2课)

推荐翻译:서울은 지하철 노선이 잘 발달되어 있다고 들었는데 상하이와 마찬가지로 길이 많이 막히는 것 같더군요. 그런데(需要插入) 한국에서도 추석이 중요한 명절입니까?

没问题。您想什么时候参观?(摘自第5课)

推荐翻译:알겠습니다. 그러면(需要插入) 언제쯤 공장을 방문하시는 것이 편하십니까?

◎ 连词的减译(韩译汉时)

한국은 요즘 일교차가 큰 편이라 그렇습니다. 그런데 리자푸 총장님은 한국 방문이

처음이십니까? (摘自第2课)
  推荐翻译:是的,最近温差比较大。李校长,您是第一次来韩国访问吗?

  곧 공식 행사가 시작될 예정이오니 참석하신 여러분들은 모두 자리에 착석하여 주시기 바랍니다. 또한 원활한 행사 진행을 위해 소지하신 핸드폰은 진동으로 해주시거나 전원을 꺼주시면 감사하겠습니다. (摘自第7课)
  推荐翻译:活动马上就要(正式)开始了,请各位尽快入座。(**另外**:可以不译)为保证活动的顺利进行,请您关闭手机或将手机设置为振动或静音状态,谢谢。

  따라서 이러한 관점에서 볼 때 두 나라가 각기 강점을 갖고 있는 분야를 중심으로 서로 긴밀하게 협력해 나간다면 많은 시너지 효과를 창출할 수 있을 것입니다.
  推荐翻译:(**因此**:考虑到上下文的逻辑关系,可以不译)基于上述分析,如果两国以各自擅长的领域为中心,相互密切合作,必将创造巨大的协同效应。

☞ 韩语致辞中常用的连接性词语
并列:그리고, 또한, 뿐만 아니라, 더불어, 이와 함께, 이와 동시에, 아울러
承接:아무쪼록, 물론, 이런 점을 고려하여, 이와 같이, 이러한 관점에서 볼 때, 이러한 측면에서 볼 때, 이런 차원에서, 아시는 바와 같이, 주지하다시피
递进:특히, 나아가
转折:반면, 한편
条件:이를 위해, 이제
因果:따라서

☞ 이번 엑스포를 통해 아세안 회원국을 비롯한 참가국가들의 상호 이해가 높아지고 문화, 관광 등 여러 분야의 교류가 더욱 활발해지기를 희망합니다. 아울러 이번 엑스포가 세계 속에 제주를 널리 알리고, 관광도시 제주의 내일을 열어나가는 전기가 되기를 바랍니다.
☞ 이와 같이 양국을 대표하는 실내디자인학회 회원들이 한자리에 모여 양국 디자인 분야의 발전 모습을 비교하고 끊임없이 변화하는 세계 디자인 패러다임을 연구함으로써 양국 디자인 분야의 미래지향적 발전을 모색하기 위한 노력을 진행하는 것은 매우 의미있는 일이 아닐 수 없습니다.
☞ 이러한 측면에서 볼 때 이번 학술대회가 갖는 의미는 대단히 중요하다고 하겠습니다.

第11课　典礼致辞（2）经贸活动开幕词
제11과　상담회 축사

☞ 다행스럽게도 한중 양국은 유구한 역사와 찬란한 문화를 보유한 문화대국이자 경제 발전에서도 커다란 성공을 거둔 나라로서 세계인의 주목을 받고 있습니다. 따라서 그 가능성과 잠재력은 대단히 크다고 할 수 있을 것입니다.

口译花絮

神啊，请赐予我超人的记忆力吧！

2003年7月韩国总统卢武铉对中国进行国事访问期间，韩国政府主要部门的几位部长也随行来到了中国。当时卢武铉总统的翻译由韩国外交部的职员负责，笔者担任了产业资源部（现改称为"产业通商资源部"）尹镇植部长的随同翻译。因为笔者受韩国驻华大使馆的邀请担任产业资源部部长级翻译已经好几年了，所以这次没有想太多就接受了使馆的委托。但是在卢武铉总统国事访问的两周前才从使馆那里拿到了尹镇植部长的访华日程，笔者顿时手忙脚乱，惊慌不已。

随行访问第二天下午2点10分开始，大约80分钟的时间是由韩国产业资源部部长及中国商务部部长（吕福源部长）共同出席的"第二次韩中投资合作委员会"会议。韩方与会者包括部长足足有26位，绝大部分都是VIP级！估计双方与会者包括两国的部长加起来肯定超过50名了，这种高级别的会议必定会有很多中国新闻媒体前来取材……

从那天起大约1周的时间里，笔者就在网上疯狂搜索每位贵宾的名字和照片并熟记。韩国电力公社社长〇〇〇，KOTRA（大韩贸易投资振兴公社）社长〇〇〇，大韩矿业振兴公社社长〇〇〇等等。与会者大多是高级官员，在韩国首屈一指的公社①的一把手，或是大企业的总裁们。所以如果弄混名字或者介绍得不够流利的话，就麻烦大了。笔者足有一周的时间都随身携带写有韩方26名与会者韩文名字和中文名字的名单，走到哪儿背到哪儿，但还是很难记住。上了年纪，记忆力也跟金鱼似的（据说金鱼的记忆力只有3秒），幸好使馆整理了与会者的中文姓名并且提前发给了我，不然就更麻烦了。

会议结束第二天，被派到北京工作的大学学弟打来电话问："学姐，前一段时间我那么诚恳地请求您来做翻译，您说最近体力不太好拒绝了，没想到学长们一说您就答应了。怎么能这样啊……真是的！"

笔者赶快答道："没有啊。最近真的没有做翻译工作啊……"

学弟说："那就奇怪了。那昨天我在中央电视台的节目里看到的是谁啊……跟您长得一模一样。被我逮个正着吧！哈哈哈！"

---

① 韩国政府出资的企业，类似中国的国有企业。

第12课 典礼致辞(3) 学术会议讲话

제12과 학술대회 축사

12.1 翻译场景

任务： 为庆祝中韩建交15周年，今日召开以"中国的经济发展与韩中经济交流的未来"为主题的国际学术会议。此次活动由韩国韩中社会科学学会举办，中国宏观经济管理教育学会的有关人士作为中方代表参加了会议。假设你担任此次学术会议的翻译，请翻译以下内容。

Task: 오늘, 한중 수교 15주년을 맞아 '중국의 경제발전과 한중 경제교류의 미래'라는 주제로 국제학술대회가 열립니다. 이 행사는 한국의 한중사회과학학회에서 개최한 학술대회로, 중국의 거시경제관리교육학회 관계자들이 참석했습니다. 이 학술대회의 통역을 맡았다고 가정하고 아래 내용을 통역해 보십시오.

在场人物： 韩中与会者、活动举办方的有关工作人员。

12.2 词汇预习

[韩译汉]

수교	建交
거시경제	宏观经济
석학	硕学, 学界泰斗
	☞세계적(인) 석학　世界顶级学者, 世界顶尖(著名)学者
급속한	迅速, 快速
노동집약적	劳动密集型
고도화	升级, 高级化, 高端化, 先进化
서비스	服务
본격적으로	正式, 真正, 正规
분업	分工
기존의	以往的, 已有的, 现有的
수직적 분업	垂直(型)分工, 纵向分工(vertical international specialization)
수평적 분업	水平(型)分工, 向分工(horizontal international specialization)
치열하다	激烈
측면	方面, 角度, 一面
적절하다	恰当
창출하다	创造, 带来
일변도	一边倒
부문	领域, 方面
협력	合作, 协助
강점	强项, 专长, 长处, 优势
시너지 효과	协同效应(synergy effect)
모색하다	探索, 探讨, 谋求, 摸索
힘을 보태다	贡献力量, 助力, 出力
	☞조금이나마 힘을 보태다 略尽绵薄之力, 助一臂之力

第12课　典礼致辞(3) 学术会议讲话
제12과　학술대회 축사

[专有名词]

리우루이	[人名]刘瑞
심의섭	[人名]沈义燮

说明：
　　为了达到实战口译练习的目的，第12课致辞的具体内容将不在本册提供，只在练习册中提供致辞的对应译文。请读者自行进行模拟实战练习。

附录1 韩汉发音出入较大的韩文名常用汉字

☞ 韩汉发音出入较大的韩文名常用汉字 (총 214자)

ㄱ	【건】健 乾 【국】国 【근】根 瑾	【걸】杰 【권】权 【기】基	【경】京 景 卿 劭 【규】圭 奎 【길】吉	【구】九 求 【균】均
ㄴ	【나】娜	【남】男 南	【노】努	【녕】宁
ㄷ	【담】谈 潭	【덕】德	【도】道 稻	【동】东 洞
ㄹ	【락】乐 洛 【령】玲 【린】潾 璘	【란】兰 烂 【로】路 【림】林 临	【련】莲 【류】柳	【렬】烈 【리】利
ㅁ	【만】满 万 【묵】默	【명】明 【문】文	【모】慕 【민】旻 珉 旼 敏 玟	【무】戊
ㅂ	【범】凡 范	【병】秉 炳	【보】宝	【빈】彬
ㅅ	【상】尚 相 庠 祥 【설】雪 【소】素 昭 【순】淳 顺 舜 洵 【심】沈	【서】曙 瑞 【섭】涉 燮 【솔】率 【슬】瑟	【석】硕 锡 【성】成 诚 盛 圣 星 【수】寿 秀 洙 【승】承 升 胜	【선】仙 宣 【세】世 【숙】淑 【식】识 湜 植
ㅇ	【아】娥 亚 雅 【연】娟 衍 渊 然 【온】温 【용】庸 勇 【유】柔 裕 【익】益 翊	【애】爱 【영】荣 英 永 【우】优 佑 于 宇 【욱】昱 煜 旭 【윤】润 允 【인】仁 寅	【언】彦 【예】睿 艺 【웅】雄 【은】恩 訚	【여】汝 【옥】玉 【완】婉 【원】元 源 【응】应
ㅈ	【재】哉 宰 在 【주】珠 主 柱 周	【정】静 晶 廷 贞 【준】俊 峻 晙 準	【종】宗 钟 【지】池 知 智 志	【진】真 珍

续表

ㅊ	【찬】灿 赞	【창】昌 沧 彰	【철】撤 哲	【청】清
ㅌ	【탁】卓	【태】太 泰	【택】泽	
ㅍ	【표】漂 杓	【필】必 弼		
ㅎ	【하】河 夏 【향】香 【형】亨 炯 【화】和 花 【휘】辉	【학】鹤 学 【헌】宪 【혜】惠 慧 【환】焕 【흥】兴	【한】汉 翰 【혁】赫 【호】浩 皓 【효】晓 孝 【희】姬 熙 嬉	【해】海 【현】贤 玄 玹 铉 炫 【홍】弘 洪 【훈】勋

※ 标注下圆点的文字,是指多音字或者首部拼读读法不同的字。

☞ 한국 성씨 순위(韩国姓氏排序)

10대 성씨	김 (金)	이 (李)	박 (朴)	최 (崔)	정 (鄭)	강 (姜)	조 (趙)	윤 (尹)	장 (張)	임 (林)
20대 성씨	오 (吳)	한 (韓)	신 (申)	서 (徐)	권 (權)	황 (黃)	안 (安)	송 (宋)	유 (柳)	홍 (洪)
30대 성씨	전 (全)	고 (高)	문 (文)	손 (孫)	양 (梁)	배 (裵)	백 (白)	조 (曹)	허 (許)	남 (南)
40대 성씨	심 (沈)	유 (劉)	노 (盧)	하 (河)	유 (俞)	정 (丁)	성 (成)	곽 (郭)	차 (車)	구 (具)
50대 성씨	우 (禹)	주 (朱)	나 (羅)	임 (任)	전 (田)	민 (閔)	신 (辛)	지 (池)	진 (陳)	엄 (嚴)

附录2 汉语拼音与韩国语音节对照表
(外来词标记法)

<음절별 표기법>

음절	정부안		음절	정부안		음절	정부안		음절	정부안
a	아		cen	천		da	다		fang	팡
ai	아이		ceng	청		dai	다이		fei	페이
an	안		cha	차		dan	단		fen	펀
ang	앙		chai	차이		dang	당		feng	펑
ao	아오		chan	찬		dao	다오		fo	포
ba	바		chang	창		de	더		fou	퍼우
bai	바이		chao	차오		dei	데이		fu	푸
ban	반		che	처		deng	덩		ga	가
bang	방		chen	천		di	디		gai	가이
bao	바오		cheng	청		dia	댜		gan	간
bei	베이		chi	츠		dian	덴		gang	강
ben	번		chong	충		diao	댜오		gao	가오
beng	벙		chou	처우		die	데		ge	거
bi	비		chu	추		ding	딩		gei	게이
bian	벤		chuai	촤이		diu	듀		gen	건
biao	뱌오		chuan	촨		dong	둥		geng	겅
bie	볘		chuang	촹		dou	더우		gong	궁
bin	빈		chui	추이		du	두		gou	거우
bing	빙		chun	춘		duan	돤		gu	구
bo	보		chuo	춰		dui	두이		gua	과
bu	부		ci	츠		dun	둔		guai	과이
ca	차		cong	충		duo	둬		guan	관
cai	차이		cou	처우		e	어		guang	광
can	찬		cu	추		ê	/		gui	구이
cang	창		cuan	촨		en	언		gun	군
cao	차오		cui	추이		er	얼		guo	궈
ce	처		cun	춘		fa	파		ha	하
			cuo	춰		fan	판		hai	하이

附录2 汉语拼音与韩国语音节对照表(外来词标记法)

han	한		ken	컨		luo	뤄		nuo	눠	
hang	항		keng	컹		ma	마		o	/	
hao	하오		kong	쿵		mai	마이		ou	어우	
he	허		kou	커우		man	만		pa	파	
hei	헤이		ku	쿠		mang	망		pai	파이	
hen	헌		kua	콰		mao	마오		pan	판	
heng	헝		kuai	콰이		me	머		pang	팡	
hong	훙		kuan	콴		mei	메이		pao	파오	
hou	허우		kuang	쾅		men	먼		pei	페이	
hu	후		kui	쿠이		meng	멍		pen	펀	
hua	화		kun	쿤		miu	뮤		peng	펑	
huai	화이		kuo	쿼		mo	모		pi	피	
huan	환		la	라		mou	머우		pian	펜	
huang	황		lai	라이		mu	무		piao	퍄오	
hui	후이		lan	란		na	나		pie	폐	
hun	훈		lang	랑		nai	나이		pin	핀	
huo	훠		lao	라오		nan	난		ping	핑	
ji	지		le	러		nang	낭		po	포	
jia	자		lei	레이		nao	나오		pou	퍼우	
jian	젠		leng	렁		ne	너		pu	푸	
jiang	장		li	리		nei	네이		qi	치	
jiao	자오		lia	랴		nen	넌		qia	차	
jie	제		lian	렌		neng	넝		qian	첸	
jin	진		liang	량		ng	/		qiang	창	
jing	징		liao	랴오		ni	니		qiao	차오	
jiong	중		lie	례		nian	넨		qie	체	
jiu	주		lin	린		niang	냥		qin	친	
ju	쥐		ling	링		niao	냐오		qing	칭	
juan	쥐안		liu	류		nie	녜		qiong	충	
jue	줴		lo	/		nin	닌		qiu	추	
jun	쥔		long	룽		ning	닝		qu	취	
ka	카		lou	러우		niu	뉴		quan	취안	
kai	카이		lu	루		nong	눙		que	줴	
kan	칸		lü	뤼		nou	너우		qun	췬	
kang	캉		luan	롼		nu	누		ran	란	
kao	카오		lüe	뤠		nuan	놘		rang	랑	
ke	커		lun	룬		nüe	녜		rao	라오	

re	러	shui	수이	wen	원	zan	짠
ren	런	shun	순	weng	웡	zang	짱
reng	렁	shuo	쉬	wo	워	zao	짜오
ri	르	si	쓰	wu	우	ze	쩌
rong	룽	song	쑹	xi	시	zei	쩨이
rou	러우	sou	써우	xia	샤	zen	쩐
ru	루	su	쑤	xian	셴	zeng	쩡
ruan	롼	suan	쏸	xiang	샹	zha	자
rui	루이	sui	쑤이	xiao	샤오	zhai	자이
run	룬	sun	쑨	xie	셰	zhan	잔
ruo	뤄	suo	쒀	xin	신	zhang	장
sa	싸	ta	타	xing	싱	zhao	자오
sai	싸이	tai	타이	xiong	숑	zhe	저
san	싼	tan	탄	xiu	슈	zhen	전
sang	쌍	tang	탕	xu	쉬	zheng	정
sao	싸오	tao	타오	xuan	쉬안	zhi	즈
se	써	te	터	xue	쉐	zhong	중
sen	썬	teng	텅	xun	쉰	zhou	저우
seng	썽	ti	티	ya	야	zhu	주
sha	사	tian	톈	yan	옌	zhua	좌
shai	사이	tiao	탸오	yang	양	zhuai	좌이
shan	산	tie	톄	yao	야오	zhuan	좐
shang	상	ting	팅	ye	예	zhuang	좡
shao	사오	tong	퉁	yi	이	zhui	주이
she	서	tou	터우	yin	인	zhun	준
shei	세이	tu	투	ying	잉	zhuo	줘
shen	선	tuan	퇀	yo	/	zi	쯔
sheng	성	tui	투이	yong	융	zong	쭝
shi	스	tun	툰	you	유	zou	쩌우
shou	서우	tuo	퉈	yu	위	zu	쭈
shu	수	wa	와	yuan	위안	zuan	쫜
shua	솨	wai	와이	yue	웨	zui	쭈이
shuai	솨이	wan	완	yun	윈	zun	쭌
shuan	솬	wang	왕	za	짜	zuo	쭤
shuang	솽	wei	웨이	zai	짜이		

附录3 致辞开始与结尾部分常用语

<머리말>

1. 表示欢迎
   ~을 진심으로 환영합니다
   ~께 (따뜻한) 환영의 인사를 드립니다

2. 百忙之中
   바쁘신 가운데(도) / 바쁘신 가운데서도 / 바쁘신 (와)중에도 / 바쁜 일정에도 불구하고 / 바쁘신데도 불구하고 -해 주신 ~께 (깊은) 감사의 말씀을 전합니다 / (깊은) 감사의 말씀을 드립니다

3. 表示祝贺
   A를 (B를 대표하여) 진심으로 축하드립니다 / 축하합니다

4. 感到高兴 / 感到荣幸 / 有重大意义 / 有深远的意义
   ~게 되어 매우 기쁘게 생각합니다 / ~을 매우 기쁘게 생각합니다
   ~게 되어 매우 영광스럽게 생각합니다 / ~을 매우 영광스럽게 생각합니다
   ~게 된 것을 (매우) 뜻깊게 생각합니다

5. 向……表示感谢
   ~께 (깊이/진심으로) 감사드립니다
   ~께 깊은 감사를 드립니다 (~께 깊은 감사의 말씀을 드립니다)

6. 向莅临(光临)……的各位表示感谢
   (이) 자리를 빛내주신 ~께 진심으로 감사드립니다
   ~께서 자리를 빛내주셨습니다

7. 借此机会
   이 자리를 빌려, 이 기회를 빌려

8. 同时
   아울러, 나아가

说明: 한국인의 인명은 일반적으로 3음절이지만 중국인의 인명은 외래어표기법에 따라 표기할 경우 2음절 또는 4음절로 표기되는 경우도 적지 않기 때문에 축사 등에서는 중국인 인명 중 성과 이름 사이에 휴지를 두어 발음하기 위하여 중간에 한 칸 띄어쓰기를 하기도 한다.

韩国人的人名通常为3音节,但是对中国人的人名用外来语标记法来发音的话,可能会出现2音节或4音节的情况。在发表会议祝辞的时候,常常将中国人的姓与名之间进行隔写,以形成一定的音节上的停顿。

1. ~을 진심으로 환영합니다 / ~께 (따뜻한) 환영의 인사를 드립니다
   ◉ 쑨 정차이 길림성 공산당 당서기님,
   장 신썬 주한중국대사관 대사님,
   손경식 대한상공회의소 회장님,
   그리고 한·중 양국의 기업인 여러분,
   먼저 우리 외교통상부 초청으로 이번에 한국을 방문해 주신 쑨 정차이 길림성 당서기님과 길림성 대표단을 진심으로 환영합니다.
   ◉ 한·중 수교 20주년 기념 여성 포럼을 위해 한국을 방문하신 천 즈리 전국인민대표대회 상무위원회 부위원장 겸 중화전국부녀연합회 주석님,
   그리고 멍 샤오시 부주석님을 비롯한 중국 대표단 여러분과 주한중국대사관 관계자 여러분, 진심으로 환영합니다.
   ◉ 존경하는 대표단 여러분,
   먼저 제7차 동아시아 포럼에 참석해 주신 각국 대표단 여러분께 따뜻한 환영의 인사를 드립니다. 2003년 EAF가 출범한 서울에서 ASEAN과 한·중·일의 산·관·학 대표들이 다시 모여 우리의 우정과 협력을 새롭게 할 수 있게 되어 기쁘게 생각합니다.
   ◉ 존경하는 제주도민 여러분,
   세계 각국에서 오신 참가자 여러분,
   그리고 자리를 함께하신 내외귀빈 여러분!
   아름다운 평화의 섬, 제주에서 국제문화관광 엑스포가 개막된 것을 진심으로 축하합니다. 세계 각국에서 이번 엑스포에 참석하기 위해 제주를 찾아주신 여러분께 따뜻한 환영의 인사를 드립니다.
   ◉ 바쁘신 가운데서도 포항을 찾아주신 하영애 한중여성교류협회장님, 곽추분 산동성 부녀연합회 부주석님을 비롯한 한중 양국의 여성문화교류 회원 여러분께 깊은 감사와 환영의 인사를 드립니다.

2. 바쁘신 가운데(서도) / 바쁘신 (와)중에도 / 바쁜 일정에도 불구하고 / 바쁘신데도 불구하고
   –해 주신 ~께 (깊은) 감사의 말씀을 전합니다 / (깊은) 감사의 말씀을 드립니다
   ◉ 존경하는 쫑옌췬 상하이엑스포집행위원회 부주임님과 짱원지에 상하이엑스포사무협조국 특별보좌관님,
   대한민국국회 지식경제위원회 정장선 위원장님과 위원님 여러분,
   신정승 주중 대사님과 김정기 총영사님,
   그리고 이 자리에 참석하신 내외 귀빈과 교민 여러분!
   바쁘신 가운데 상하이엑스포 한국관 기공식에 참석해 주셔서 감사드립니다. 또한 한국의 엑스포 참가에 많은 도움을 주고 계신 상하이엑스포 관계자 여러분께도 감사의 말씀을 전합니다.
   ◉ 한·중 여성포럼을 빛내주시기 위해 참석해 주신 한국의 내빈 여러분께도 감사드립니다. 특히 바쁘신 가운데도 오늘 포럼을 위해 주제발표를 해 주실 한국과 중국의 발제자 여러분께도 깊은 감사를 드립니다.
   ◉ 바쁘신 가운데서도 포항을 찾아주신 하영애 한중여성교류협회장님, 곽추분 산동성 부녀연합회 부주석님을 비롯한 한중 양국의 여성문화교류 회원 여러분께 깊은 감사와 환영의 인사를 드립니다.

附录3 致辞开始与结尾部分常用语

- 오늘 '한국식품관련학회연합'과 공동으로 '녹색성장과 녹색 식생활 심포지엄'을 개최하게 된 것을 매우 뜻깊게 생각합니다. 바쁘신 중에도 자리를 함께해 주신 강명희 회장님을 비롯한 '한국식품관련학회연합' 소속 학회장님들, 그리고 내외 귀빈 여러분! 감사합니다.
- 아울러 이렇게 뜻깊은 자리를 마련하여 주신 중국 증권업협회 황샹펑(Huang Xiangping) 회장님, 그리고 바쁘신 와중에도 특별히 이 자리에 참석해 주신 증권감독위원회 좡신이(Zhuang Xinyi) 부위원장님을 비롯한 중국 귀빈 여러분께 한국 증권업계 대표단을 대신하여 깊은 감사를 드립니다.
- 직접 전라북도를 방문해 주신 국제우호연락회 등문경 부비서장님을 비롯한 중국의 내빈 여러분, 진심으로 환영합니다. 또한 바쁜 일정에도 불구하고 자리를 빛내주신 한중문화협회 이영일 회장님과 김명곤 교수님을 비롯한 내빈 여러분께 진심으로 감사드립니다.
- 바쁘신 가운데도 불구하고 오늘 "세계한인의 날" 기념식에 참석해 주신 한승수 총리님, 그리고 내외귀빈 여러분께 다시 한번 깊은 감사를 드립니다. 감사합니다.
- 우선 공사다망하신 가운데 주중한국문화원 개원 2주년 행사에 참석해 주신데 대해 감사드립니다.

3. A를 (B를 대표하여) 진심으로 축하드립니다
   - 한·중 두 나라의 기업인과 언론인 여러분,
     그리고 자리를 함께하신 내외귀빈 여러분,
     한·중 양국의 경제계와 언론계를 대표하고 계신 여러분께서 자리를 함께하신 가운데, '제2회 한중 경제 심포지엄'이 개최된 것을 대한민국 정부를 대표하여 진심으로 축하드립니다.
   - 존경하는 손광원 산동성요리협회 회장님, 유덕룡 산동성사회과학계연합 부주석님, 존경하는 전병헌, 김춘진 대한민국 국회의원님,
     존경하는 양향자 세계음식문화연구원 원장님,
     그리고 양국에서 오늘 행사의 성공을 위해 참석해 주신 귀빈 여러분!
     오늘 한국과 가장 가까운 곳에 위치하고 있는 지역인 산동성 제남시에서 '한·중 식문화교류전 및 중국인 대장금 요리경연대회'를 개최하게 된 것을 진심으로 축하드립니다.
   - 중국 청도합창단의 전주 방문을 진심으로 환영합니다. 한중 수교 20주년을 맞아 전통문화도시 전주에서 한·중 문화교류음악회가 열리게 된 것을 축하드립니다.
   - 우리 민족 고유의 음식인 쌀을 이용한 떡의 전통음식 문화를 세계에 널리 홍보하고, 쌀 소비를 증진시키기 위하여 개최하는 '2009세계 떡 산업 박람회' 행사를 진심으로 축하드립니다.

4. ~게 되어 매우 기쁘게 생각합니다 / ~을 매우 기쁘게 생각합니다
   ~게 되어 매우 영광스럽게 생각합니다 / ~을 매우 영광스럽게 생각합니다
   ~게 된 것을 (매우) 뜻깊게 생각합니다
   - 완지페이(萬季飛) 중국국제무역촉진위원회(CCPIT) 회장님과 손경식 대한상공의소 회장님, 그리고 내외 귀빈 여러분!
     오늘 한·중 양국의 경제인 여러분을 모시고, 한국과 중국이 함께 열어나갈 미래에 대해서 이야기를 나눌 수 있게 되어 매우 기쁘게 생각합니다.
   - 존경하는 ○○○ 단장님과 이 자리에 함께하신 한국 기업인 여러분,
     오늘 중국에 진출한 기업인 여러분과 함께 오찬간담회를 갖게 되어 매우 기쁘게 생각합니다.

◉ 제5차 한·중 물류협력회의가 성공적으로 마무리된 것을 기쁘게 생각합니다. 특히, 이번 회의가 개최된 산동성 위해시는 지리적으로 한국과 가장 가까워 삼국시대부터 우리 민족과 교류가 빈번했던 곳입니다. 이와 같이 역사적으로 중요한 장소에서 이번 회의가 개최됨으로써 오늘 회의도 우호적 분위기에서 실질적인 성과를 달성할 것으로 기대합니다.

◉ ○○○ 아시아재단 한국우호협회 의장님,
아세안 사무총장님, ○○○ 연세대학교 동서문제연구소 소장님, 대사님들,
그리고 이 자리에 함께 계신 참석자 여러분,
오늘 아시아재단 주최 포럼에 참석하여 축사를 하게 된 것을 매우 기쁘게 생각합니다.

◉ 오늘 한·중 자본시장 세미나에 양국 증권업계의 전문가 여러분을 모신 가운데 인사말씀을 드리게 되어 매우 영광스럽게 생각합니다.

◉ 먼저 오늘 이 귀한 자리에서 한·중 양국 관계의 발전에 대해 말씀드릴 수 있는 기회를 마련해 주신 것을 매우 영광스럽게 생각합니다.

◉ 제9차 한·중 경제 장관회의에 참석하여 여러분들과 함께 유익한 시간을 보내게 된 것을 영광스럽게 생각합니다. 아울러 한국 대표단을 따뜻하게 맞아주신데 대하여 중국측에 심심한 감사의 말씀을 드립니다.

◉ 오늘 '2009 한·중·일 IT중심 네트워크 구축 국제포럼'이 성황리에 열리게 된 것을 뜻깊게 생각하며 진심으로 축하 드립니다.

5. ~께 (깊이/진심으로) 감사드립니다 / ~께 깊은 감사를 드립니다 / ~께 (깊은) 감사의 말씀을 드립니다

◉ 완지페이(萬季飛) 중국국제무역촉진위원회(CCPIT) 회장님과 손경식 대한상공의소 회장님, 내외 귀빈 여러분!
오늘 한중 양국의 경제인 여러분을 모시고, 한국과 중국이 함께 열어나갈 미래에 대해서 이야기를 나눌 수 있게 되어 매우 기쁘게 생각합니다. 귀한 자리를 마련해주신 중국 국제무역촉진위원회 관계자 여러분께 감사드립니다.

◉ 한·중 여성포럼을 빛내주시기 위해 참석해 주신 한국의 내빈 여러분께도 감사드립니다. 특히 바쁘신 가운데도 오늘 포럼을 위해 주제 발표를 해 주실 한국과 중국의 발제자 여러분께도 깊은 감사를 드립니다

◉ 대표단을 이끌고 방한하신 중국의 리하이펑 정치협상회의 부주석님,
포럼에 참석해 주신 한·중 양국의 여성지도자 여러분,
아울러 오늘 이 자리를 빛내주신 내외 귀빈 여러분, 안녕하십니까.
"먼 곳으로부터 벗이 찾아오니 이 또한 기쁘지 아니한가?"라는 논어의 구절처럼 여러분을 뵙게 되어 너무나 기쁜 날입니다. 한중 양국의 여성 지위 향상과 우호 증진을 위해 마련된 '한중 여성지도자 포럼'이 올해로 10회차를 맞았습니다. 진심으로 축하드리며, 이번 행사를 공동 주관해 주신 21세기 한중교류협회 김한규 회장님과 중국인민외교학회 루수민 당서기님, 그리고 모든 관계자 여러분께 깊이 감사드립니다.

◉ 한·중·일 청소년 여러분 안녕하십니까.
'2012년 한·중·일 청소년 우호의 만남'과 '미래포럼'에 참가한 청소년 대표단 여러분을 진심으로 환영합니다. 그리고 중국의 장 샤오펑 단장님과 일본의 심보 쇼지 단장님, 그리고 함께하신 내

빈 여러분께도 깊은 감사를 드립니다.
- 안녕하십니까? 한국 소프트웨어산업협회 회장 김광호입니다. 전 세계적으로 소프트웨어산업의 발전이 가속화되고 있는 가운데, 중국과 한국의 소프트웨어 산업을 대표하는 양 기관이 공동으로 세미나를 개최하게 된 것을 매우 기쁘게 생각합니다. 또한, 저희 협회의 초청에 흔쾌히 응해주신 중국 소프트웨어산업협회와 여러 관계자 여러분께 깊은 감사의 말씀을 드립니다.
- 이 기회를 빌려 금번 포럼의 성공적 개최를 위해 수고를 아끼지 않으신 이희범 한국무역협회 회장님과 무역협회 관계자 여러분, 그리고 주한대사관 직원 여러분께도 감사의 말씀을 드립니다.

6. (이) 자리를 빛내주신 ~께 진심으로 감사드립니다 / ~께서 자리를 빛내주셨습니다
- 직접 전라북도를 방문해 주신 국제우호연락회 등문경 부비서장님을 비롯한 중국의 내빈 여러분, 진심으로 환영합니다. 또한 바쁜 일정에도 불구하고 자리를 빛내주신 한중문화협회 이영일 회장님과 김명곤 교수님을 비롯한 내빈 여러분께 진심으로 감사드립니다.
- 한국교육방송공사와 한국일보, 일본의 요미우리신문과 중국의 인민일보의 관계자 여러분께 먼저 진심으로 감사드립니다. 특히 먼 걸음을 마다 않고 기꺼이 참석하여 자리를 빛내주신 미즈가미 켄야 요미우리신문 회장님과 우 헝취엔 인민일보 부총편집장님께 고마움을 전하고 싶습니다. 그리고 발표와 토론에 참여해주신 학계, 문화계, 언론계의 여러 전문가들께 감사드립니다.
- 우리 측에서도 각계를 망라한 전문가 여러분들이 참여를 해 주셨습니다. 특히 한·중 관계에 대해 높은 식견과 경험을 갖고 계신 전직 주중대사 두 분께서 자리를 빛내 주셨습니다. 참석해 주신 이규형 대사님과 신정승 대사님께 감사드립니다.

7. 이 자리를 빌려 / 이 기회를 빌려
- 그리고 이 자리에 함께하신 청용화 주한 중국대사님을 비롯한 각국의 주한 대사님들과 내외귀빈 여러분!
  (중략)
  이 자리를 빌려 우리나라에서 우리 국민과 더불어 살아가고 계신 재한 외국인 여러분께 따뜻한 인사를 드립니다.
- 이 자리를 빌려 의미있는 국제 심포지엄을 주최하신 한국의 ○○대학교, 일본 게이오대학, 중국 사회과학원 관계자 여러분의 노고를 치하드립니다.
- 특히 田寶珍 총영사님은 중국연구소의 개소를 기념하기 위해 흔쾌히 초청강연을 허락해 주신 점도 이 자리를 빌려 깊은 감사의 말씀 드립니다.
- 이 기회를 빌려 금번 포럼의 성공적 개최를 위해 수고를 아끼지 않으신 이희범 한국무역협회 회장님과 무역협회 관계자 여러분, 한국○○학회 관계자 여러분, 그리고 주한대사관 직원 여러분께도 감사의 말씀을 드립니다.

8. 아울러, 나아가
- 제9차 한·중 경제 장관회의에 참석하여 여러분들과 함께 유익한 시간을 보내게 된 것을 영광스럽게 생각합니다.
  아울러, 한국 대표단을 따뜻하게 맞아주신 데 대하여 중국측에 심심한 감사의 말씀을 드립니다.
- 우선 3국 협력사무국 출범 1주년을 기념하여, 사무국 주관으로 한·중·일 3국 협력 국제포럼이 개

최된 것을 축하하며, 이 자리에 계신 여러분들을 진심으로 환영합니다. 아울러, 후원기관으로 참여한 조선일보, 인민일보 및 아사히신문에 감사드립니다.
- 오늘 제2기 한·중 전문가 공동연구위원회 제1차 전체회의 개최를 진심으로 축하드립니다. 아울러 오늘 회의 참석을 위해 한국을 방문하신 중국측 위원님들께 환영의 말씀을 드립니다.
- 아울러 오늘 이 자리를 빛내주시기 위해 국내외에서 오신 IT 관련 기관, 단체, 기업인 여러분께 대전광역시 150만 시민을 대표하여 감사의 말씀을 드립니다.
- 존경하는 천즈리(陳至立) 중국 전국인민대표대회 상무위원회 부위원장님을 비롯한 한·중 의회정기교류체제 중국측 대표단의 한국 방문을 진심으로 환영합니다. 아울러 이번 회의 준비를 위해 애써주신 양국 의회 관계자 여러분께 심심한 감사의 인사를 드립니다.
- 아울러 이렇게 뜻깊은 자리를 마련하여 주신 중국 증권업협회 황샹핑(Huang Xiangping) 회장님, 그리고 바쁘신 와중에도 특별히 이 자리에 참석해주신 증권감독위원회 좡신이(Zhuang Xinyi) 부위원장님을 비롯한 중국 귀빈 여러분께 한국 증권업계 대표단을 대신하여 깊은 감사를 드립니다.
- 저는 이번 포럼이 동북아 지역의 IT분야 전문가들의 진지한 토론의 장이 될 것으로 생각하며, 나아가 한·중·일 3국 도시 간에 IT 중심 협력 네트워크가 구축되는 좋은 계기가 되기를 기대합니다.

<맺음말>

1. 衷心希望……
   아무쪼록(모쪼록) -기를 기대합니다/바랍니다/기원합니다
2. 最后
   끝으로, 마지막으로
3. 再次表示祝贺 / 再次表示感谢
   다시 한번 ~을 축하하며 …
   다시 한번 ~께 감사의 말씀을 드립니다 (~께 감사드립니다)
4. 今天的活动发挥……作用
   오늘 이 자리가 ~ 계기가 되기를 바라면서
   이번 (행사명)이 ~ 계기가 되기를 바라면서
5. 感谢诸位为……所付出的所有辛劳努力 / 向所有辛苦的……表示感谢
   ~를 위해 애써 주신 / 협조해 주신/ 수고해 주신 ~께 감사드립니다
6. 祝福语
   여러분 모두의 A와B를 기원합니다/여러분 모두 -하시기를 기원합니다
7. 为……干杯 (祝酒辞)
   ~을 위하여(~을 기원하며) 건배를 제의합니다
8. 留下美好回忆
   좋은 추억, 즐거운 시간

附录3 致辞开始与结尾部分常用语

1. 아무쪼록 ~기를 기대합니다/바랍니다/기원합니다
   - 아무쪼록 상하이엑스포를 통해 양국의 경제·문화적 교류가 더욱 확대되고 서로 간의 우의도 한층 돈독해지기를 기대합니다. 또한 이러한 관계 발전이 2012년 여수엑스포의 성공으로 이어지기를 기원합니다.
   - 한국 속담에 '시작이 반이다.'라는 말이 있습니다. 어떠한 일을 시작한 것 자체가 이미 그 일의 반을 이뤄낸 것과 다름없다는 뜻입니다. 비록 오늘 양국의 협회가 협력을 위한 첫발을 내디뎠지만, 이것은 이미 많은 발전을 이뤄낸 것이나 다름 없습니다. 아무쪼록 오늘 이 자리가 양국 소프트웨어 산업의 긴밀한 협력 관계에 굳건한 초석으로 자리매김하기를 바랍니다.
   - 아무쪼록 이번 세미나가 상호 간 이해의 폭을 넓히고 금융 거래도 본격적으로 이루어져 양쪽 모두의 경제 발전과 새로운 도약에 하나의 계기가 되기를 바랍니다.
   - 아무쪼록 이번 포럼이 우리 모두가 소망하는 동북아 주요 도시 간 경제기술협력 네트워크 구축에 도움이 되는 의미 있는 행사가 되기를 기원하며, 특히 이 지역을 중심으로 크게 성장하고 있는 IT 산업 분야에서 참가도시 간 활발한 교류가 추진되기를 기대합니다.

2. 끝으로, 마지막으로
   - 끝으로, 오늘 행사를 위해 수고해주신 KOTRA(코트라)와 무역협회 관계자, 그리고 상하이엑스포 관계자 여러분께 깊은 감사의 말씀을 드립니다.
   - 끝으로, 오늘 회의가 성공적으로 이루어지도록 협조하여 주시고 성대한 오찬을 준비하여 주신 웡멍용 교통운수부 부부장님께 감사드립니다.
   - 끝으로, 오늘 행사를 준비하고 성공적인 개최를 위해 노력하신 ○○○○ 관계자 여러분의 노고에 감사드립니다.
   - 오늘부터 시작되는 이번 포럼에서 한국과 동남아 간의 관계 발전을 위한 구체적이고 유용한 많은 구상들이 제시되기를 기대합니다. 끝으로, 금번 포럼의 개최를 위해 수고해 주신 아시아재단과 연세대학교 동서문제연구소 여러분께 감사를 드립니다.
   - 끝으로, 한·중 관계 발전을 희망하는 양국 국민들의 바람이 실현될 수 있는 좋은 방안들이 많이 제시되기를 다시 한번 바라며, 이상 축사에 갈음하고자 합니다.
   - 끝으로, 참석해 주신 모든 분들의 수준 높은 발표와 열띤 토론에 다시 한번 깊이 감사드립니다.
   - 끝으로, 한국시장 진출을 원하시는 중국 기업인 여러분을 위해 우리 KOIMA는 아낌없는 지원과 유익한 파트너가 되어드릴 것을 약속 드리며, 부디 좋은 시간 가지시길 바랍니다.

3. 다시 한번 ~을 축하하며 / ~께 감사의 말씀을 드립니다(~께 감사드립니다)
   - 다시 한번 제주국제문화관광 엑스포의 개막을 축하하며, 이번 엑스포가 큰 성공을 거두기를 기원합니다.
   - 다시 한번 충무로 국제영화제 개막을 축하 드리면서, 세계적인 영화제로 발전할 수 있기를 기원합니다.
   - 다시 한번 오늘 이 자리에 참석해주신 중국 소프트웨어산업협회 관계자 여러분께 감사의 말씀을 드리며, 중국 소프트웨어산업협회의 무궁한 발전을 기원합니다.
   - 다시 한번, 이번 행사와 포럼을 위해 귀한 시간을 내어 한국을 방문해 주신 천즈리(陳至立) 부위원장님과 중화전국부녀연합회 대표단 여러분들, 중국 대표단의 수석대표로서 주제발표까지 해 주

신 멍샤오시 부주석님과 발제자 여러분께 감사드립니다.
◎ 바쁘신 중에도 본 행사를 위해 참석해 주신 한·중·일 관계자 여러분께 다시 한번 깊은 감사를 드리며, 앞으로도 청정생산기술 교류를 위한 3국의 지속적인 협력을 바랍니다.
◎ 다시 한번 귀한 시간을 내주신 여러분께 깊은 감사의 말씀을 드리면서, 이것으로 저의 인사 말씀을 대신하도록 하겠습니다(저의 인사 말씀을 갈음하겠습니다).
◎ 다시 한번 여러분 한 분 한 분께 깊은 감사를 드리며, 여러분 모두의 건강과 행복을 기원합니다.

4. 오늘 이 자리가 / 이번 (행사명)이 ~ 계기가 되기를 바라면서
◎ 아무쪼록 오늘 이 자리가 양국 소프트웨어 산업의 긴밀한 협력 관계에 굳건한 초석으로 자리매김하기를 바랍니다.
◎ 저는 이번 포럼이 동북아 지역의 IT분야 전문가들의 진지한 토론의 장이 될 것으로 생각하며, 나아가 한·중·일 3국 도시 간에 IT 중심 협력 네트워크가 구축되는 좋은 계기가 되기를 기대합니다.
◎ 이번 한·중 경제 심포지엄이 한·중 두 나라의 공동 번영은 물론 평화 번영의 동북아 시대를 모색하는 뜻깊은 계기가 되기를 바라면서 양국 기업인과 언론인 여러분 모두의 건승을 기원합니다.
◎ 참석해 주신 여러분께 감사드리며 오늘 이 자리가 인터넷 공간의 이용과 관련된 여러 가지 숙제를 함께 풀어나가는 출발점이 되기를 기원합니다. 감사합니다.

5. ~를 위해 애써 주신 / 협조해 주신 / 수고해 주신 ~께 감사드립니다
◎ 아울러 이번 회의 준비를 위해 애써 주신 양국 의회 관계자 여러분께 심심한 감사의 인사를 드립니다.
◎ 끝으로, 박람회 준비를 위해 애쓰신 관계자 여러분 모두에게 다시 한번 감사의 말씀을 드립니다.
◎ 끝으로, 오늘 행사 준비를 위해 애써 주신 ○○○ 상임의장님을 비롯한 ○○○○협회 관계자 여러분께 감사의 말씀을 드립니다. 긴 시간 동안 경청해 주셔서 감사합니다.
◎ 끝으로, 오늘 회의가 성공적으로 이루어지도록 협조하여 주시고 성대한 오찬을 준비하여 주신 웡멍용 교통운수부 부부장님께 감사드립니다.
◎ 다시 한번 오늘 참석하신 양국의 대표자 여러분들께 감사를 드리고, 이번 포럼이 유종의 미를 거둘 수 있기를 바라면서, 준비를 위해 수고해 주신 중국인민외교학회 양원창 회장님께 다시 한번 감사를 드립니다.
◎ 중국 기업인 및 국민들의 높은 관심과 뜨거운 참여 열기 속에 이번 전시회가 끝까지 성황리에 개최될 것으로 믿어 의심치 않으며, 아울러 성공적인 전시회 개최를 위해 수고해 주신 관계자 여러분들의 그간의 노고를 치하드리는 바 입니다.
◎ 끝으로, 금번 포럼의 개최를 위해 수고해 주신 아시아재단과 연세대학교 동서문제연구소 여러분께 감사드립니다.

6. 여러분 모두의 A와 B를 기원합니다 / 여러분 모두 –하시기를 기원합니다
◎ 여러분 모두의(참석하신 모든 분들의) 건강과 행복(행운/발전)을 기원합니다.
◎ 여러분과 여러분(의) 가정에 항상 건강과 행복이 가득하시기를 기원합니다.
◎ 이 자리에 함께하신 모든 분들의 가정에 건강과 행운이 함께하시길 기원합니다.
◎ 세미나의 성공적 개최와 참여하신 모든 분들의 건강을 기원합니다.

附录3　致辞开始与结尾部分常用语

- 오늘 자리에 함께하신 모든 분들의 앞날에 건강과 행운이 함께하시기를 기원합니다.

7. ~을 위하여(~을 기원하며) 건배를 제의합니다
    - 끝으로 중화인민공화국의 건국 63주년을 다시 한번 축하드리며, 중국의 번영과 한·중 관계의 지속적인 발전, 그리고 오늘 이 자리에 참석하신 모든 분들의 건강과 행복을 위하여 건배를 제안합니다.
    - 마지막으로 한·중 양국의 우정과 협력 증진, 그리고 양국 대표단 모두의 건강을 기원하며 건배를 제의합니다.
    - 아무쪼록 서울에 체류하시는 동안 보람 있는 시간을 보내시기 바랍니다. 아울러 내일 회의에서는 ○○○○의 성공적 출범과 정착을 위한 많은 좋은 의견을 부탁 드리며 건배를 제의합니다.

8. 좋은 추억, 즐거운 시간
    - 오늘 행사를 거듭 축하 드리며 국내외에서 참가하신 참가자 여러분의 가정에 건강과 행복이 늘 함께하기를 바라며, 짧은 일정이나마 우리 대전광역시에서 좋은 추억을 많이 가져가시기를 바랍니다. 감사합니다.
    - 포럼 참석을 위해 먼 길을 방문해 주신 중국 대표단 여러분께 다시 한번 감사의 말씀을 드리며, 짧은 여정이지만 한국에 머무르시는 동안 즐거운 시간이 되기를 바랍니다.
    - 한국의 가을은 풍요로운 결실의 계절이며, 매우 아름다운 시기입니다. 머무르시는 동안 한국의 가을 정취를 마음껏 즐기시는 기쁨도 함께 누리시기를 바랍니다.
    - 아무쪼록 서울에 체류하시는 동안 보람 있는 시간을 보내시기 바랍니다.
    아무쪼록 방한 기간 중 즐거운 일정을 가지시고, 한국의 아름다운 자연과 한국인의 따뜻한 우정을 한껏 느끼시기 바랍니다.

附录4 口译常用外来词

ㄱ

- 가이드(guide) 导游
- 가이드 라인(guide-line) 指导框架,指导大纲,指南 ☞가이드 라인을 제시하다
- 가이드북(guidebook) 导游手册,旅游指南;学习指南
- 개런티(guarantee or guaranty) 保证 ☞개런티하다
- 갭(gap) 差距 ☞갭이 크다
- 게스트(guest) (电视台或者广播台的)特约嘉宾
- 골드 미스(gold miss:gold+old miss) 高学历、高收入的大龄未婚女
- 그룹(group) 组,团体,集团
- 글로벌(global) 全球 ☞글로벌 스탠더드(global standard) 国际标准,글로벌화

ㄴ

- 나노(nano) 纳米 ☞나노 소재 纳米材料
- 난센스(nonsense) 胡说,废话,荒谬的话 ☞"넌센스"为不规范写法
- 냅킨(napkin) 餐巾纸
- 네임 벨류(name value) 名声,声誉
- 네트워크(network) 网,网络
- 네티즌(netizen) 网民
- 노이로제(neurose<德语>) 神经衰弱
- 노코멘트(no comment) 不做评价,不表态
- 노하우(know-how) (经营、技术)诀窍,生意经,生活诀窍 ☞노하우를 전수하다
- 뉘앙스(nuance<法语>) (语言的)感情色彩,语气 ☞부정적인 뉘앙스
- 뉴스(news) 新闻 ☞뉴스 브리핑 新闻发布会

ㄷ

- 다운로드(download) 下载
- 다이어트(diet) 减肥
- 더블딥(double dip) 二次探底,经济两次滑入衰退
- 더치 페이(Dutch pay) AA制 ☞正确的英文表达为"Dutch treat"
- 덤핑(dumping) 倾销,大甩卖

---

① 附录4内容排序为韩文首字母顺序。(가나다 순)(编者注)
② 部分外来词因受韩国社会文化影响而出现其常用义项与原词义有所差异的现象。
③ 部分外来词不是真正的外来词,而是在韩国语使用中根据外来词的构词结构新创出来的词语。

- 데스크(desk) 前台, 询问处
- 데이터(data) 参考数据, 统计数据 ☞데이터 베이스(data base) 数据库
- 디스카운트(discount) 减价, 打折 ☞디시(DC) "디스카운트"的缩略表达
- 디자인(design) 设计, 设计图
- 디저트(dessert) 甜品点心
- 디지털(digital) 数码 ☞디지털 카메라(=디카) 数码相机
- 디플레이션(deflation) 通货紧缩
- 딜레마(dilemma) 进退两难, 进退维谷 ☞딜레마에 빠지다

ㄹ

- 라벨(label) 标签, 标记, 商标
- 라이벌(rival) 竞争对手 ☞라이벌 회사(기업)
- 라이선스(license) 许可, 许可证 ☞라이선스 계약 专利使用许可协议
- 랜덤(random) 随机 ☞랜덤으로 뽑다
- 랭킹(ranking) 排名, 排位
- 러시아워(rush hour) 上下班高峰时间
- 럭셔리(luxury) 豪华, 奢侈
- 레슨(lesson) 辅导
- 레저(leisure) 闲暇, 空闲 ☞레저 활동, 레저 산업
- 렌트(rent) 出租, 租赁 ☞단기 렌트, 렌트비
- 렌터카(rent-a-car) 租用车
- 로고(logo) 徽标
- 로그인(log-in) 登录 ☞로그아웃(log-out) 退出
- 로비(lobby) 酒店或者大楼的大厅
- 로비(lobbying activities) 找门路, 托人情, 以谋求私利 ☞로비를 하다 钻营, 로비 의혹
- 롱런(long-run) 持续的, 持续受欢迎的 ☞롱런하기 쉽지 않다, 롱런하기 위해서
- 루머(rumor) 传言, 谣言, 流言 ☞루머가 떠돌다, 루머에 시달리다
- 루트(route) 路线, 航线
- 리더십(leadership) 领导能力 ☞리더십을 발휘하다
- 리모컨(remotecon) 遥控器 remote control
- 리바이벌(revival) 复述; 再次播放
- 리베이트(rebate) 回扣
- 리셉션(reception) 接待, 招待会
- 리스크(risk) 风险 ☞리스크가 너무 크다
- 리스트(list) 名单, 明细 ☞리스트에 오르다
- 리콜(recall) 召回, 撤销 ☞리콜을 실시하다, 리콜을 요청하다
- 리플(reply的缩略语) 回贴, 回复
- 리허설(rehearsal) 彩排, 排练

ㅁ

◇ 마니아(mania) -迷,爱好者
◇ 마스코트(mascot) 吉祥物
◇ 마스트(mast) 精通于…… ☞마스트하다
◇ 마이너스(minus) 负(-);吃亏
◇ 마진(margin) 毛利 ☞노 마진, 유통 마진, 마진을 남기다
◇ 마케팅(marketing) 营销
◇ 마켓(market) 市场
◇ 매너(manner) 态度,风度 ☞매너가 좋다
◇ 매니아(mania) 不规范写法 ☞마니아
◇ 매니저(manager) 经理
◇ 매스컴(mass communication) 大众传媒
◇ 맥시멈(maximum) 最多,最大程度上
◇ 멀티(multi) 多功能
◇ 메뉴(menu) 菜谱,菜单
◇ 메리트(merit) 好处,益处 ☞메리트가 없다
◇ 메모(memo) 留言,记事,记录
◇ 메시지(message) 口信,手机短信;启示,暗示
◇ 메이저(major) 主流
◇ 메이커(maker) 制造商,生产商
◇ 메인(main) 主要的
◇ 메커니즘(mechanism) 体制,体系
◇ 멘토(mento) 人生引导者,教父 ☞멘토링 (프로그램)
◇ 멤버(member) 成员
◇ 멤버십(membership) 会员资格,会员身份 ☞멤버십카드
◇ 모니터링(monitoring) 监督 ☞모니터링하다
◇ 모던(modern) 现代的,时髦的
◇ 모델(model) 模特;产品款式;模式 ☞모델 넘버 型号, 협력 모델 合作模式
◇ 모드(mode) 样式,模式,方式 ☞휴대폰 진동 모드 手机振动模式
◇ 모토(motto) 座右铭,格言
◇ 무드(mood) 气氛 ☞무드 있다, 무드를 잡고 이야기하다
◇ 미니(mini) 迷你
◇ 미디어(media) 媒体 ☞멀티미디어 多媒体
◇ 믹스(mix) 混合

ㅂ

◇ 바겐 세일 (bargain sale) 大降价,大减价,大甩卖
◇ 바로미터(barometer) 基准,尺度

附录4　口译常用外来词

- ◇ 바비큐(barbecue/BBQ) 烧烤　☞"바베큐"为不规范的写法
- ◇ 바이어(buyer) 客商,(海外)客户
- ◇ 바이오(bio) 生物
- ◇ 바코드(bar code) 条形码
- ◇ 박스(box) 箱子,盒子
- ◇ 배터리(battery) 电池　☞배터리가 다 되다, 배터리가 나가다
- ◇ 버전(version) 版本　☞새 버전, 테스트 버전, 업그레이드 버전
- ◇ 베테랑(veteran<法语>) 经验丰富的人
- ◇ 벤처(venture)기업　风险投资公司
- ◇ 벤치마킹(benchmarking) 标杆管理
- ◇ 보너스(bonus) 奖金
- ◇ 볼륨(volume) 音量,响度
- ◇ 부팅(booting) 启动
- ◇ 붐(boom)（因流行而产生的）……热　☞최근 웰빙 붐(boom)이 일면서
- ◇ 뷔페(buffet<法语>) 自助餐
- ◇ 브랜드(brand) 品牌,商标
- ◇ 브레인(brain) 头脑,智囊团
- ◇ 브로커(broker) 中间商,代理商
- ◇ 브리핑(briefing) 简报
- ◇ 블랙 리스트(blacklist) 黑名单
- ◇ 블랙박스(black box) 黑匣子
- ◇ 블로그(blog) 博客
- ◇ 블루 칼라(blue collar) 蓝领
- ◇ 비자(visa) 签证　☞비자를 받다, 비자를 갱신하다, 출국 비자
- ◇ 비전(vision) 前景,展望;蓝图　☞비전이 밝다, 비전이 없다
- ◇ 비즈니스(business) 商务,商业　☞e-비즈니스(전자상거래) 电子商务

ㅅ

- ◇ 사이버(cyber) 虚拟　☞사이버 공간
- ◇ 사이즈(size) 尺寸,大小
- ◇ 사인(sign) 信号,手势　☞사인을 보내다 通过手势、暗号传达某种意思
- ◇ 샐러리맨(salary man) 工薪阶层
- ◇ 샘플(sample) 样本,样品
- ◇ 서비스(service) 服务　☞고객서비스센터, 애프터 서비스(A/S)
- ◇ 세미나(seminar) 研讨会
- ◇ 세일(sale) 打折
- ◇ 세일즈맨(salesman) 销售员,推销员
- ◇ 센스(sense) 眼力见儿　☞센스가 있다
- ◇ 셀프서비스(self service) (餐馆·商场等的)顾客自助

◇ 솔로(solo) 未婚, 单身 ☞모태 솔로
◇ 솔루션(solution) 解决方案
◇ 쇼킹(shocking)하다 惊人的, 骇人听闻的, 惊心动魄的
◇ 쇼핑몰(shopping-mall) 购物中心(多指网络购物中心)
◇ 쇼핑 센터(shopping center) 购物中心
◇ 스모그(smog) 烟雾
◇ 스카우트(scout) 网罗人才, 挖墙脚 ☞스카우트 제의를 받다, 스카우트되다
◇ 스캔들(scandal) 绯闻
◇ 스케줄(schedule) 日程安排
◇ 스타일(style) 款式, 类型, 方式 ☞라이프 스타일(life-style) 生活方式
◇ 스태프(staff) 剧组
◇ 스튜디오(studio) 制片厂, 摄影棚; 播音室, 演播室
◇ 스트레스(stress) 压力 ☞스트레스를 받다, 스트레스를 풀다, 스트레스가 쌓이다
◇ 스펙(spec.) specification(规格、条件)的简略说法
◇ 스포트라이트(spotlight) 焦点, 亮点, 引人注目 ☞스포트라이트를 받다
◇ 스폰서(sponsor) 赞助商
◇ 슬럼프(slump) 消沉, 萎靡不振 ☞슬럼프에 빠지다
◇ 슬로건(slogan) 口号
◇ 슬림(slim) 薄
◇ 시너지 효과(synergy effect) 协同效果
◇ 시니컬(cynical) 冷嘲的 ☞시니컬하다
◇ 시디(CD) 光盘
◇ 시리즈(series) 系列 ☞시리즈물
◇ 시스템(system) 系统, 体制, 体系
◇ 시에프(CF) 商业广告 ☞CF 모델
◇ 시즌(season) 季节, 时节 ☞취업 시즌, 졸업 시즌
◇ 심포지엄(symposium) 研讨会, 学术会议
◇ 싱글(single) 单个的, 单身

◇ 아르바이트(Arbeit<德语>) 打工(part-time-job)
◇ 아마추어(amateur) 业余的
◇ 아이디(ID=identification) 用户名 ☞아이디 카드(ID card) 身份证
◇ 아이디어(idea) 主意, 想法 ☞아이디어 회의, 아이디어 상품, 아이디어가 좋다
◇ 아이러니(irony) 讽刺, 反语, 反话 ☞아이러니컬하다
◇ 아이쇼핑(eye shopping) 逛街(专指过眼瘾)☞正确的英文表达为"window shopping"
◇ 아이콘(icon) 图标; 象征, 化身 ☞패션 아이콘
◇ 아이큐(I.Q=intelligence quotient) 智商, 智力商数
◇ 아파트(apartment的缩略语) 公寓

◇ 알레르기(Allergie<德语>) 过敏, 过敏性　☞알레르기 반응을 보이다
◇ R&D센터(research and development center) 研发中心
◇ 앙코르(encore<法语>) 要求返场
◇ 애프터 서비스(after-sale service) 售后服务
◇ 앱(app=application) 应用软件　☞무료 앱
◇ 어댑터(adapter) 转换接头
◇ 어드바이스(advise) 劝告, 忠告
◇ 어필(appeal)하다 (通过……手段)吸引, 引起注意
◇ 언밸런스(unbalance) 不匀称, 不平均
◇ 업그레이드(upgrade) 升级　☞업그레이드 버전 升级版
◇ 업로드(upload) 上传
◇ 에너지(energy) 能源　☞대체 에너지 新能源
◇ 에러(error) 差错　☞에러가 나다 出错
◇ 에스컬레이터(escalator) 自动扶梯, 电动扶梯
◇ 에어컨(air conditioner的缩略语) 空调
◇ 에티켓(etiquette<法语>) 礼节, 礼仪
◇ 에프터서비스(after service) 不规范写法　☞애프터 서비스
◇ 에피소드(episode) 花絮
◇ 엑스포(Expo) 世界博览会
◇ 엔지니어(engineer) 工程师
◇ 엔터테인먼트(entertainment) 娱乐
◇ 엘리베이터(elevator) 电梯　☞엘리베이터 고장
◇ 엘리트(elite<法语>) 精英
◇ 오더(order)하다 下订单　☞오더량 订单数量
◇ 오리지널(original) 原味的, 正宗的, 原装的
◇ 오퍼(offer) 报价
◇ 오프 더 레코드(off the record) 禁止记录和公开的
◇ 오픈(open) 开, 开业　☞리뉴얼 오픈 기념 행사
◇ 오피스(office) 办公室, 办公大楼　☞오피스텔(officetel=office+hotel) 商住两用房
◇ 온라인(on-line) 在线　☞오프라인(off-line)
◇ 올드미스(Old+Miss) 大龄未婚女　☞正确的表达为"old maid"
◇ 와인(wine) 葡萄酒　☞레드 와인, 화이트 와인
◇ 워밍업(warming up) 热身
◇ 워크숍(workshop) 研讨会
◇ 원샷(one shot) 一饮而尽
◇ 원스톱 서비스(one-stop service) 一站式服务, 一条龙服务
◇ 웰빙(well-being) 健康的, 和谐的　☞웰빙 식품 健康食品, 绿色食品
◇ 윈윈(win-win) 双赢, 共赢　☞윈윈 전략
◇ 유머(humor) 幽默　☞유머러스하다

◇ 이미지(image) 形象 ☞홍보대사 形象大使
◇ 이미테이션(imitation) 模仿,冒牌
◇ 이벤트(event) 活动,促销活动
◇ 이슈(issue) 问题,争论 ☞핫 이슈, 빅 이슈, 중요한 이슈
◇ 인센티브(incentive) (利润)动机,刺激 ☞인센티브 제도 奖金制度
◇ 인스턴트(instant) 立即可用的 ☞인스턴트 식품(즉석 식품) 方便食品,速食食品
◇ 인터넷뱅킹(internet banking) 网上银行
◇ 인터넷 쇼핑(internet shopping) 网上购物
◇ 인터뷰(interview) 采访,面试
◇ 인턴(intern) 实习生 ☞인턴십(internship) 实习, 인턴 직원 实习生
◇ 인테리어(interior) 室内装修
◇ 인트라넷(intranet) 企业内网
◇ 인프라(infra) 基础设施

ㅈ

◇ 장르(genre<法语>) 类型 ☞어떤 장르의 영화, 장르가 다르다
◇ 제스처(gesture) (说话人的)手势 ☞제스처를 하다
◇ 조깅(jogging) 慢跑
◇ 조크(joke) 玩笑,笑话 ☞조크를 하다, 조크를 던지다
◇ 징크스(jinx) 背运,倒霉,诅咒 ☞~하면 ~하는 징크스가 있다 有……的诅咒

ㅊ

◇ 차트(chart) 图,图表
◇ 찬스(chance) 机会,时机 ☞찬스를 잡다, 찬스가 오다
◇ 채널(channel) 频道,渠道
◇ 채팅(chatting) 通常指网上聊天 ☞그룹 채팅 群聊
◇ 체인(chain) 链子,连锁 ☞체인점 连锁店
◇ 체크아웃(check-out) 结账退房 ☞체크아웃하다 办理退房手续
◇ 체크인(check-in) 登记入住 ☞체크인하다 办理入住手续

ㅋ

◇ 카드(card) 卡 ☞객실(룸) 카드키 房卡, 포인트카드(적립카드) 积分卡, 체크카드 借记卡
◇ 카리스마(charisma) 领袖气质 ☞카리스마가 있다, 카리스마가 넘치다
◇ 카운슬링(counseling) 咨询 ☞"카운셀링"为不规范的表达
◇ 카지노(casino<意大利语>) 赌场
◇ 카탈로그(catalogue) 产品目录,商品目录
◇ 카페(cafe) 咖啡厅;论坛,贴吧
◇ 카피(copy) 复制,抄件
◇ 칵테일(cocktail) 鸡尾酒

附录4　口译常用外来词

◇ 칼럼(column) 专栏　☞칼럼니스트(columnist) (报刊的)专栏作家
◇ 캐리어우먼(career woman) 职场女性
◇ 캐릭터(character) (小说·戏剧等的)人物,角色
◇ 캐시백(cash back) 返现金服务
◇ 캐치프레이즈(catch phrase) 口号
◇ 캔슬(cancel) 取消　☞캔슬하다
◇ 캠페인(campaign) (政治·竞选)运动,游说　☞광고 캠페인 广告宣传活动
◇ 커리어(career) 经历,履历　☞커리어우먼 职场女性
◇ 커리큘럼(curriculum) 教学计划,课程
◇ 커미션(commission) 佣金,回扣,手续费
◇ 커뮤니케이션(communication) 沟通　☞커뮤니케이션이 잘 안 된다 无法沟通
◇ 커버(cover) 封面,覆盖物　☞커버하다 负责任务
◇ 컨디션(condition) 状况,状态　☞최상의 컨디션, 컨디션이 나쁘다
◇ 컨설팅(consulting) 咨询
◇ 컨소시엄(consortium) 联合体,联合组织,联盟,联合团队
◇ 컨테이너(container) 集装箱
◇ 컨퍼런스(Conference) 会议,大会
◇ 컴백(come back)하다 复出,再出山
◇ 케이스(case) 事例;盒子　☞이런 케이스 这种例子,这种情况
◇ 케이스 바이 케이스(case by case) 具体问题具体分析,就事论事
◇ 코너(corner) 角,拐角　☞코너에 몰리다 走进死胡同,陷入困境
◇ 코드(code) 代码,编码　☞바코드(bar code) 条形码, 코드가 맞다 默契,步调一致
◇ 코멘트(comment)하다 作评价
◇ 콘텐츠(contents) 内容
◇ 콜센터(call-center) 服务热线中心
◇ 콤플렉스(complex) 情结,自卑感　☞~에 콤플렉스가 있다
◇ 쿠폰(coupon) 优惠券　☞할인 쿠폰, 무료 쿠폰
◇ 퀴즈(quiz) 小测验;猜谜　☞퀴즈대회 知识竞赛
◇ 퀵서비스(quick service) 快递(专指使用摩托车当天送达的快递)
◇ 클레임(claim) 索赔,合同纠纷　☞클레임을 걸다
◇ 클라이맥스(climax) 顶点,最高峰,重头戏
◇ 클라이언트(client) 客户
◇ 키워드(key-word) 关键词

E

◇ 타이밍(timing) 时机的把握　☞타이밍이 절묘하다 时机把握恰当, 타이밍이 좋지 않다
◇ 타이트(tight)하다 紧的,拉紧　☞일정이 너무 타이트하다
◇ 터미널(terminal) 汽车总站,终点站　☞고속버스터미널 长途汽车总站
◇ 터치(touch)하다 接触

◇ 탤런트(talent) 演员；才能　☞톱 탤런트
◇ 테러(terror) 恐怖，恐怖行动
◇ 테마(thema<<德语>) 主题
◇ 테스트(test) 测试，试验
◇ 테크놀로지(technology) 技术
◇ 텔레파시(telepathy) 灵犀，心灵感应　☞텔레파시가 통하다 心有灵犀
◇ 템포(tempo<意大利语>) 步骤、速度
◇ 토픽(topic) 话题，论题　☞해외 토픽 国外热门话题
◇ 톱 클래스(top class) 最高等级
◇ 투어(tour) 旅行；巡回演出；参观(校园、实验室等)　☞시내투어
◇ 트러블(trouble) 麻烦　☞~와 트러블이 있다 和(跟)……不和
◇ 트렌드(trend) 潮流，流行　☞트렌드를 예측하다，트렌드를 주도하다 引导潮流
◇ 티오(T.O.=table of organization) 名额　☞티오가 생기다(나다)
◇ 티켓(ticket) 票　☞전자티켓(e티켓) 电子票
◇ 팀(team) 小组，团队　☞팀워크(teamwork) 团队协作精神，协同工作
◇ 팁(tip) 小费　☞팁을 주다

ㅍ

◇ 파워(power) 力量，能力　☞파워가 있다
◇ 파킹(parking) 停车　☞발렛파킹 代客泊车
◇ 파트너(partner) 伙伴　☞협력 파트너 合作伙伴
◇ 팜플렛(pamphlet) 小册子
◇ 패닉(panic) 焦虑，恐慌，惊慌　☞패닉 상태에 빠지다 陷入恐慌
◇ 패러다임(paradigm) 框架　☞협력 패러다임
◇ 패션(fashion) 时尚，时装　☞패션쇼 时装秀，패션 감각이 뛰어나다
◇ 패스워드(password) 密码
◇ 패스트푸드(fast food) 快餐
◇ 패키지(package) 包裹，成套服务　☞패키지 여행 随团旅行
◇ 패턴(pattern) 模式　☞소비 패턴 消费者支出模式
◇ 팩스(fax) 传真　☞팩시밀리(facsimile)
◇ 팬(fan) 粉丝，迷
◇ 퍼센트(percent) 百分比　☞백 퍼센트(100%)
◇ 펑크(puncture)(轮胎等的) 爆裂；(计划等)流产　☞스케줄을 펑크내다
◇ 페어 플레이(fair play) 公平的竞争，公正的比赛
◇ 포럼(forum) 论坛
◇ 포인트(point) 得分，积分；要点；[磅]字号大小
◇ 포지션(position) 位置，职位　☞마켓팅 포지셔닝 市场定位
◇ 포털 사이트(portal site) 门户网站
◇ 퓨전(fusion) 融合创新　☞퓨전 스타일 融合创新的风格

◇ 프라이드(pride) 骄傲, 自豪 ☞프라이드가 강하다
◇ 프라이버시(privacy) 隐私, 私生活 ☞프라이버시 침해
◇ 프랜차이즈(franchise) 连锁, 连锁店
◇ 프로그램(program) 节目
◇ 프로젝트(project) 项目, 事业
◇ 프로포잘(proposal) 提议, 建议书
◇ 프로필(profile) 个人资料
◇ 프리미엄(premium)(商品定价以外的)溢价 ☞프리미엄 제품 多指某系列的高档产品
◇ 프린트(print) 印刷, 印刷品 ☞프린트물, 프린트하다
◇ 플라스틱(plastic) 塑料
◇ 플랜(plan) 计划 ☞마스트 플랜, 중장기적 플랜
◇ 플랜카드(placard) 条幅, 横幅
◇ 플랫폼(platform) 平台
◇ 플러스(plus) 加, 附加的, 正的 ☞플러스가 된다, 플러스로 작용하다
◇ 피드백(feedback) 反馈 ☞피드백을 받다
◇ 피크 타임(peak time) 高峰期
◇ 픽업(pick-up) 接人 ☞공항 픽업 서비스 接机服务

ㅎ

◇ 하이브리드(hybrid) 混合 ☞하이브리드 자동차 混合动力汽车
◇ 하이엔드(high-end) 高端 ☞하이엔드 제품 高端产品
◇ 하이테크(high-tech) 高科技, 高新技术
◇ 해킹(hacking) 剽窃 ☞해킹을 당하다 被黑
◇ 해프닝(happening) 意外发生的事 ☞해프닝이 있었다(벌어졌다)
◇ 핸디캡(handicap) 不利条件, 不利因素 ☞핸디캡이 있다
◇ 허브(hub) 集线器, 中心 ☞비즈니스 허브 商业中心, 허브 공항 枢纽机场
◇ 헤게모니(Hegemonie<德语>) 领导权, 主导权
◇ 헤드라인(headline) 标题新闻, (报刊的)标题, 头条
◇ 홈쇼핑(home shopping) 专指电视购物
◇ 홈페이지(home page) 网页, 主页 ☞"홈피"为"홈페이지"的缩略表达
◇ 히든 카드(hidden card) 底牌, 王牌
◇ 히트(hit)(演出等)很大的成功 ☞히트곡 成名曲, 히트작 成名作品, 히트를 치다
◇ 힌트(hint) 启发; 提示; 暗示 ☞힌트를 얻다 得到启发, 힌트를 주다 提示

附录5 韩国100强企业

2011년한국 100大기업
资料来源：韩国每日经济报社2012年发布

1.	三星电子	삼성전자
2.	SK创新公司	SK이노베이션(SKInnovation)
3.	韩国电力公社	한국전력공사
4.	现代汽车	현대자동차
5.	GS加德士	GS칼텍스(GS Caltex)
6.	浦项制铁	포스코 (POSCO)
7.	LG电子	LG전자
8.	友利银行	우리은행
9.	LG显示器有限公司	LG디스플레이(LG Display)
10.	SK网络公司	SK넥트웍스(SKNetworks)
11.	起亚汽车	기아자동차
12.	新韩银行	신한은행
13.	韩国煤气公社	한국가스공사
14.	现代重工业	현대중공업
15.	国民银行	국민은행
16.	S-OIL炼油公司	S-OIL
17.	韩国电信	KT(Korea Telecom)
18.	渣打第一银行	한국스탠다드차타드제일은행(한국StandardChartered제일은행)
19.	中小企业银行	중소기업은행
20.	韩亚银行	하나은행 (HANA은행)
21.	LG化学	LG화학
22.	大宇国际公司	대우인터내셔널 (대우International)
23.	现代摩比斯	현대모비스 (현대Mobis)
24.	乐天购物	롯데쇼핑 (롯데Shopping)
25.	现代石油公司	현대오일뱅크(현대OilBank)
26.	三星重工业	삼성중공업
27.	三星物产	삼성물산
28.	韩国GM	한국GM
29.	SK电信	SK텔레콤 (SK Telecom)
30.	教保生命人寿保险	교보생명보험

31. 韩国外换银行	한국외환은행	
32. 大韩生命人寿保险	대한생명보험	
33. 大宇造船海洋	대우조선해양	
34. 韩国花旗银行	한국씨티은행 (한국City은행)	
35. SK海力士	SK하이닉스 (SK Hynix)	
36. 大韩航空	대한항공	
37. SLCD	SLCD	
38. 新世界百货公司	신세계	
39. 现代制铁	현대제철	
40. 现代建设	현대건설	
41. 韩进海运	한진해운	
42. 晓星	효성	
43. 现代商船	현대상선	
44. LG电信	LG유플러스 (LG U+, LG U plus)	
45. GS建设	GS건설	
46. 现代海上火灾保险	현대해상화재보험	
47. LS-Nikko铜业	LS니꼬동제련	
48. 湖南石油化学	호남석유화학	
49. 大宇建设	대우건설	
50. 丽川石脑油裂解中心	여천NCC (여천Naphtha Cracking Center)	
51. 浦项制铁建设	포스코건설 (POSCO건설)	
52. 大林产业	대림산업	
53. 斗山重工业	두산중공업	
54. LG商社	LG상사	
55. 现代HYSCO	현대하이스코 (현대HYSCO)	
56. 现代GLOVIS	현대글로비스 (현대GLOVIS)	
57. 韩国水力核能发电公司	한국수력원자력	
58. HOME PLUS	홈플러스	
59. 世腾船务有限公司	STX팬오션(STX Pan Ocean)	
60. 三星道达尔	삼성토탈 (삼성Total)	
61. 三星康宁精密材料有限公司	삼성코닝정밀소재 (삼성Corning정밀소재)	
62. 友利投资证券	우리투자증권	
63. E1	E1	
64. 东国制钢	동국제강	
65. 韩华	한화	
66. 雷诺三星汽车	르노삼성자동차 (Renault삼성자동차)	
67. 韩国南部发电	한국남부발전	
68. 韩亚航空	아시아나항공	
69. 第一毛纺	제일모직	

70. SK煤气	SK가스
71. 三星工程建设	삼성엔지니어링(삼성Engineering)
72. 韩国中部发电	한국중부발전
73. SK建设	SK건설
74. 韩国西部发电	한국서부발전
75. 三星显示器有限公司	삼성디스플레이
76. 韩国东西发电	한국동서발전
77. 现代威亚	현대위아(현대Wia)
78. 斗山工程机械	두산인프라코어 (두산Infracore)
79. 现代三湖重工业	현대삼호중공업
80. 韩国南东发电	한국남동발전
81. 信韩卡	신한카드
82. 三星SDI	삼성SDI
83. CJ第一制糖	CJ제일제당
84. STX造船海洋	STX조선해양
85. 锦湖石油化学	금호석유화학
86. LG电线	LG전선
87. 现代尾浦造船	현대미포조선
88. LG伊诺特	LG이노텍 (LGInnotek)
89. 乐天建设	롯데건설
90. 东部制铁	동부제철
91. 现代综合商社	현대종합상사
92. 三星电气	삼성전기
93. 韩华化学	한화케미칼 (한화Chemical)
94. 三星SDS	삼성SDS
95. LGSERVEONE	LG서브원
96. GS零售公司	GS리테일 (GS Retail)
97. 诺基亚TMC	노키아TMC (Nokia TMC)
98. 大林公司	대림코퍼레이션 (대림Corporation)
99. 韩国轮胎	한국타이어 (한국Tire)
100. 东洋生命人寿保险	동양생명보험

普通高等教育"十一五"国家级规划教材

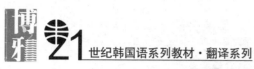
21世纪韩国语系列教材·翻译系列

韩中·中韩
口译教程

练习册

〔韩〕金宣希 编著

北京大学出版社
PEKING UNIVERSITY PRESS

目　录

一、正向翻译 ………………………………………… 1

二、逆向翻译 ………………………………………… 26

三、课文参考译文 …………………………………… 51

一、正向翻译

第一课 面试　제1과 면접

1.1 口译实践(1)

面试官：＿＿＿＿＿＿＿＿＿＿＿＿＿＿＿＿＿＿＿＿＿＿＿＿＿＿＿＿＿＿＿＿＿＿＿＿＿＿＿

＿＿＿

＿＿＿

应聘者：＿＿＿＿＿＿＿＿＿＿＿＿＿＿＿＿＿＿＿＿＿＿＿＿＿＿＿＿＿＿＿＿＿＿＿＿＿＿＿

＿＿＿

＿＿＿

＿＿＿

面试官：＿＿＿＿＿＿＿＿＿＿＿＿＿＿＿＿＿＿＿＿＿＿＿＿＿＿＿＿＿＿＿＿＿＿＿＿＿＿＿

＿＿＿

＿＿＿

应聘者：＿＿＿＿＿＿＿＿＿＿＿＿＿＿＿＿＿＿＿＿＿＿＿＿＿＿＿＿＿＿＿＿＿＿＿＿＿＿＿

＿＿＿

＿＿＿

面试官：＿＿＿＿＿＿＿＿＿＿＿＿＿＿＿＿＿＿＿＿＿＿＿＿＿＿＿＿＿＿＿＿＿＿＿＿＿＿＿

＿＿＿

＿＿＿

应聘者：

面试官：

应聘者：

面试官：

应聘者：

面试官：

应聘者：

面试官：_____

应聘者：_____

面试官：_____

应聘者：_____

第二课 互访、会晤　제2과 기관 방문

2.1 口译实践(1)

韩国大学校长：_____

中国大学校长：_____

韩国大学校长：

中国大学校长：

韩国大学校长：

中国大学校长：

韩国大学校长：

中国大学校长：

韩国大学校长：

一、正向翻译

中国大学校长：

韩国大学校长：

中国大学校长：

韩国大学校长：

中国大学校长：

韩国大学校长：

中国大学校长：

韩国大学校长: _____
_____
_____
_____

中国大学校长: _____
_____
_____
_____

第三课 告知行程安排　제3과 행사 일정 안내

3.1 口译实践(1)

北京大学工作人员: _____
_____
_____
_____
_____
_____
_____

韩国人1: _____
_____
_____
_____
_____

北京大学工作人员: _____
_____
_____
_____

韩国人2: _____
_____

一、正向翻译

北京大学工作人员：

韩国人1：

北京大学工作人员：

韩国人2：

北京大学工作人员：

韩国人1：

北京大学工作人员：

第四课 游览名胜古迹　제4과 관광

4.1 口译实践(1)

（在旅游大巴上）

北京大学工作人员：_____

韩国人：_____

北京大学工作人员：_____

（下车后）

北京大学工作人员：_____

韩国人2：_____

北京大学工作人员：_____

（开始爬长城）

韩国人1：

北京大学工作人员：

韩国人2：

北京大学工作人员：

韩国人2：

北京大学工作人员：

韩国人2：

北京大学工作人员:

第五课 商务洽谈　　제5과 비즈니스 상담

5.1 口译实践(1)

李经理:

金炳洙:

王京平:

(双方入座后)
王京平:

金炳洙:

一、正向翻译

王京平：_____

金炳洙：_____

王京平：_____

金炳洙：_____

王京平：_____

金炳洙：_____

王京平：_____

金炳洙：_____

王京平: _____
_____
_____

李经理: _____
_____
_____

金炳洙: _____
_____
_____

李经理: _____
_____
_____

第六课 商务宴请　제6과 비즈니스 접대

6.1 口译实践(1)

王京平: _____
_____
_____

王京平: _____
_____
_____

陈厂长: _____
_____

金炳洙：

王京平：

（宾主落座）
王京平：

金炳洙：

王京平：

金炳洙：

王京平：

朴先生：

陈厂长：

王京平：

（上菜之后）
王京平：

金炳洙：

王京平：

金炳洙：

第七课 活动主持词　제7과 행사 진행 멘트

7.1 口译实践(1)

[1] 会前介绍

[2] 主持人自我介绍

[3] 贵宾入席

[4] 宣布活动开始

[5] 介绍领导及嘉宾

[6] 嘉宾致辞

[7] 播放视频短片

[8] 开幕式结束词及茶歇

[9] 宣布活动结束

第八课 宴会主持词　제8과 만찬 진행 멘트

8.1 口译实践(1)

[1] 主持人自我介绍

[2] 宣布欢迎晚宴开始

[3] 嘉宾致辞

[4] 纪念品赠送仪式

[5] 晚宴及祝酒辞 _____
　　　　　　　　 _____
　　　　　　　　 _____
　　　　　　　　 _____
　　　　　　　　 _____

[6] 宣布晚宴结束 _____
　　　　　　　　 _____
　　　　　　　　 _____
　　　　　　　　 _____
　　　　　　　　 _____

[7] 活动举办方的结束语 _____
　　　　　　　　　　　 _____
　　　　　　　　　　　 _____
　　　　　　　　　　　 _____
　　　　　　　　　　　 _____

第九课 明星采访　제9과 인터뷰

9.1 口译实践(1)

第一段 _____
　　　 _____
　　　 _____
　　　 _____
　　　 _____
　　　 _____

一、正向翻译

第二段 _____

第三段 _____

第四段 _____

第五段 _____

第六段

第十课 典礼致辞(1)欢迎词　제10과 환영사

10.1 口译实践(1)

安钟玉校长的演讲稿：

第一段

第二段

第三段

第四段

第五段

第六段

第十一课 典礼致辞(2)经贸活动开幕词　제11과 상담회 축사

11.1 口译实践(1)

第一段

第二段

第三段

第四段

第五段

第六段

第七段

第十二课 典礼致辞(3) 学术会议上讲话　제12과 학술대회 축사

12.1 口译实践(1)

第一段

第二段

第三段

第四段

二、逆向翻译

第一课 面试　제1과 면접

1.1 口译实践(2)

面试官：

应聘者：

面试官：

应聘者：

面试官：

二、逆向翻译

应聘者：_____

面试官：_____

应聘者：_____

面试官：_____

应聘者：_____

面试官：_____

应聘者：_____

面试官: _____
_____
_____

应聘者: _____
_____
_____
_____

面试官: _____
_____
_____

应聘者: _____
_____
_____
_____

第二课 互访、会晤　제2과 기관 방문

2.1 口译实践(2)

韩国大学校长: _____
_____
_____
_____

中国大学校长: _____
_____
_____
_____

二、逆向翻译

韩国大学校长：_____
_____
_____

中国大学校长：_____
_____
_____

韩国大学校长：_____
_____
_____

中国大学校长：_____
_____
_____

韩国大学校长：_____
_____
_____

中国大学校长：_____
_____
_____

韩国大学校长：_____
_____
_____

中国大学校长：_____
_____
_____
_____

韩国大学校长：_____
_____
_____
_____

中国大学校长：_____
_____
_____
_____
_____

韩国大学校长：_____
_____
_____
_____

中国大学校长：_____
_____
_____
_____
_____

韩国大学校长：_____
_____
_____
_____

中国大学校长：_____
_____
_____
_____

韩国大学校长：_____
_____
_____
_____

中国大学校长：_____
_____
_____
_____

第三课 告知行程安排　제3과 행사 일정 안내

3.1 口译实践(2)

北京大学工作人员：_____
_____
_____
_____
_____
_____
_____

韩国人1：_____
_____
_____
_____

北京大学工作人员：_____
_____
_____
_____

韩国人2：_____
_____

北京大学工作人员：

韩国人1：

北京大学工作人员：

韩国人2：

北京大学工作人员：

韩国人1：

北京大学工作人员：

二、逆向翻译

第四课 游览名胜古迹   제4과 관광

4.1 口译实践(2)

(在旅游大巴上)

北京大学工作人员：_____
_____
_____
_____

韩国人：_____
_____
_____
_____

北京大学工作人员：_____
_____
_____
_____
_____
_____

(下车后)

北京大学工作人员：_____
_____
_____
_____
_____
_____
_____
_____

韩国人2：_____
_____
_____
_____

北京大学工作人员：_____
_____
_____

（开始爬长城）

韩国人1:

北京大学工作人员:

韩国人2:

北京大学工作人员:

韩国人2:

北京大学工作人员:

韩国人2:

北京大学工作人员:＿＿＿＿＿＿＿＿＿＿＿＿＿＿＿＿＿＿＿＿＿＿＿
＿＿＿＿＿＿＿＿＿＿＿＿＿＿＿＿＿＿＿＿＿＿＿＿＿＿＿＿＿＿＿
＿＿＿＿＿＿＿＿＿＿＿＿＿＿＿＿＿＿＿＿＿＿＿＿＿＿＿＿＿＿＿
＿＿＿＿＿＿＿＿＿＿＿＿＿＿＿＿＿＿＿＿＿＿＿＿＿＿＿＿＿＿＿

第五课 商务洽谈　제5과 비즈니스 상담

5.1 口译实践(2)

李经理:＿＿＿＿＿＿＿＿＿＿＿＿＿＿＿＿＿＿＿＿＿＿＿＿＿＿＿

金炳洙:＿＿＿＿＿＿＿＿＿＿＿＿＿＿＿＿＿＿＿＿＿＿＿＿＿＿＿

王京平:＿＿＿＿＿＿＿＿＿＿＿＿＿＿＿＿＿＿＿＿＿＿＿＿＿＿＿

(双方入座后)
王京平:＿＿＿＿＿＿＿＿＿＿＿＿＿＿＿＿＿＿＿＿＿＿＿＿＿＿＿

金炳洙:＿＿＿＿＿＿＿＿＿＿＿＿＿＿＿＿＿＿＿＿＿＿＿＿＿＿＿

王京平：

金炳洙：

王京平：

金炳洙：

王京平：

金炳洙：

王京平：

金炳洙：

王京平: _____

李经理: _____

金炳洙: _____

李经理: _____

第六课 商务宴请　제6과 비즈니스 접대

6.1 口译实践(2)

王京平: _____

王京平: _____

陈厂长: _____

金炳洙：

王京平：

（宾主落座）

王京平：

金炳洙：

王京平：

金炳洙：

王京平：

二、逆向翻译

朴先生：_____
_____
_____
_____

陈厂长：_____
_____
_____
_____

王京平：_____
_____
_____
_____

（上菜之后）
王京平：_____
_____
_____
_____

金炳洙：_____
_____
_____
_____

王京平：_____
_____
_____
_____

金炳洙：_____
_____
_____
_____

第七课 活动主持词　제7과 행사 진행 멘트

7.1 口译实践(2)

[1] 会前介绍

[2] 主持人自我介绍

[3] 贵宾入席

[4] 宣布活动开始

[5] 介绍领导及嘉宾

[6] 嘉宾致辞

[7] 播放视频短片

[8] 开幕式结束词及茶歇

[9] 宣布活动结束

第八课 宴会主持词　제8과 만찬 진행 멘트

8.1 口译实践(2)

[1] 主持人自我介绍

[2] 宣布欢迎晚宴开始

[3] 嘉宾致辞

[4] 纪念品赠送仪式

二、逆向翻译

[5] 晚宴及祝酒辞 _____

[6] 宣布晚宴结束 _____

[7] 活动举办方的结束语 _____

第九课 明星采访　제9과 인터뷰

9.1 口译实践(2)

第一段 _____

第二段

第三段

第四段

第五段

第六段

第十课 典礼致辞(1)欢迎词　제10과 환영사

10.1 口译实践(2)

安钟玉校长的演讲稿：

第一段

第二段

第三段

第四段

第五段

第六段

二、逆向翻译

第十一课 典礼致辞(2)经贸活动开幕词　제11과 상담회 축사

11.1 口译实践(2)

第一段

第二段

第三段

第四段

第五段

第六段

第七段

第十二课 典礼致辞(3) 学术会议上讲话　제12과 학술대회 축사

12.1 口译实践(2)

第一段

第二段

第三段

第四段

三、课文参考译文

第一课 面试　제1과 면접

1.2 课文参考译文

面试官　你好,欢迎你参加这次招聘。首先,请你做个简单的自我介绍。
应聘者　안녕하세요. 지원자 3번 저우리입니다. 올해 중국 나이로 스물 두 살이고, 내년 7월에 베이징대학을 졸업할 예정입니다. 현재 대학에서 국제무역과 영어를 이중(으로) 전공하고 있습니다. (올해 중국 나이로 스물 두 살이고, 현재 베이징대학에서 국제무역과 영어를 이중(으로) 전공하고 있으며, 내년 7월에 졸업할 예정입니다.) 그리고 올해 3월부터 8월까지 왕통에서 인턴(사원)으로 일한 경험이 있습니다.
面试官　你在网通公司实习的时候,主要做过哪些工作?
应聘者　인턴 기간 동안 주로 고객 자료 정리를 담당했고, 각종 영어 자료와 서신 번역 업무도 했습니다.
面试官　请谈谈你的家庭情况。
应聘者　저는 외동딸입니다. 부모님은 고향인 천진(텐진)에 계시는데, 아버지께서는 외국계 기업에서 근무하시고, 어머니는 선생님이십니다.
面试官　你父亲在哪家外企? 从事哪方面的工作?
应聘者　아버지께서는 싱가포르 YCH그룹의 계열사인 텐진 예수이푸물류에서 엔지니어로 근무하십니다. 예수이푸물류는 국내 물류 업계에서 선두 기업으로 손꼽히는 기업입니다.
面试官　如果被录取的话,你希望在哪个部门工作?
应聘者　국제무역과 영어를 전공한 점을 살려서 해외사업부에서 근무하고 싶습니다.
面试官　假如公司派你到韩国工作,你愿意吗?
应聘者　네, 물론입니다. 제가 영어를 전공했고 한 학기 정도 한국어를 배운 적이 있기 때문에 의사 소통에 큰 문제가 없을 것으로 생각됩니다. 그리고 만약 저에게 한국에서 일할 기회가 주어진다면, 많은 것을 배울 수 있는 좋은 기회라고 생각합니다.
面试官　你对工资有什么要求?
应聘者　제가 희망하는 급여 수준을 이력서에 기재했지만, 회사의 결정(회사 내규)에 따르겠습니다.
面试官　好的。面试就先到这里。一周之内,人事部会通知你面试的结果。
应聘者　네, 알겠습니다. 면접 기회를 주셔서 감사합니다.

第二课 互访、会晤　제2과 기관 방문

2.2 课文参考译文

韩国大学校长	欢迎您来延世大学。真高兴能在首尔见到您!
中国大学校长	이렇게 초청해 주셔서 정말 감사합니다.
韩国大学校长	各位远道而来,一路上辛苦了。
中国大学校长	상하이와 서울이 거리상 가까워서 그런지 그다지 피곤하지 않습니다.
韩国大学校长	从上海到首尔坐飞机得多长时间?
中国大学校长	두 시간 정도 걸린 것 같습니다.
韩国大学校长	那来首尔比去中国北方的一些城市还要近!
中国大学校长	말씀을 듣고 보니 정말 그렇군요. 상하이에서 베이징으로 가는 것보다 (상하이에서) 서울로 오는 것이 시간이 덜 걸리더군요.
韩国大学校长	从酒店来延世大学的路上,堵车了吧? 今天是中秋节后第一天上班,交通可能会比较拥堵些。
中国大学校长	서울은 지하철 노선이 잘 발달되어 있다고 들었는데 상하이와 마찬가지로 길이 많이 막히는 것 같더군요. 그런데 한국에서도 추석이 중요한 명절입니까?
韩国大学校长	是的。在韩国,中秋节和春节是两个非常重要的传统节日。现在是韩国最美的季节,秋高气爽,很适合户外活动。不知上海现在的天气怎么样。
中国大学校长	상하이는 낮에 아직도 약간 더운 편인데, 서울은 아침, 저녁으로 다소 쌀쌀하군요. 그래서인지 오면서 보니까 여기 사람들은 전부 긴팔(긴팔 옷)을 입었더군요.
韩国大学校长	是的,最近温差比较大。李校长,您是第一次来韩国访问吗?
中国大学校长	네, 일본은 몇 번 방문한 적이 있지만, 한국은 이번이 처음입니다.
韩国大学校长	听说我校代表团上次访问贵校受到了非常热情的接待。借此机会,我向贵校表示衷心的感谢。
中国大学校长	아닙니다. 별말씀을 다 하십니다. 총장님께서도 시간이 편하실 때 (언제 한번) 우리 대학을 꼭 방문해 주시기를 바랍니다.
韩国大学校长	谢谢您的邀请! 有机会我一定去。希望您在访问期间能有所收获,并愿此次首尔之行给您留下美好的回忆。
中国大学校长	감사합니다. 이번 방문을 계기로 앞으로 두 학교 간의 관계가 더욱더 돈독해지기를 바라 마지않습니다(바랍니다).

第三课 告知行程安排　제3과 행사 일정 안내

3.2 课文参考译文

北京大学工作人员	오늘로서 "한·중 불교 교류사 국제학술대회" 관련 공식 일정이 모두 끝났습니다. 3일 동안 수고 많으셨습니다. 지금부터 내일 있을 북경 관광 일정에 대해 간략하

	게 말씀드리겠습니다. 내일은 여러분들이 잘 아시는 만리장성을 관광할 예정입니다. 7시 반까지 호텔 2층에서 아침 식사를 하신 후, 7시 45분에 로비에 모여서 8시 정각에 출발하도록 하겠습니다. 방금 말씀 드린 일정과 관련하여 혹시 질문 있으십니까?
韩国人1	请问,明天不是说去参观十三陵吗？日程表上写的是长城和十三陵两个景点。
北京大学工作人员	죄송하지만, 명13릉이 보수 공사로 인해(보수 공사 중이라) 관람이 어렵게 되었습니다. 저희도 며칠 전에야 통보를 받아서 일정표를 미처 수정하지 못했습니다. (일정 변경을) 지금 알려드리게 된 점 양해를 부탁드립니다.
韩国人2	听说长城在北京郊区,请问,到那儿大概需要多长时间？
北京大学工作人员	차가 막히지 않을 경우에는 여러분이 묵고 계신 숙소(호텔)에서 보통 2시간 정도 걸립니다. 내일 아침 8시 정각에 출발할 수 있도록 시간을 꼭 지켜주시길 부탁드립니다.
韩国人1	明天有没有购物时间？我想买点儿茶,回去送朋友。
北京大学工作人员	내일 오후 일정에 쇼핑이 포함되어 있으니 염려 안 하셔도 됩니다.
韩国人2	明天我们去市内免税店吗？ 需要带护照吗？
北京大学工作人员	시내에 있는 쇼핑센터로 갈 예정이기 때문에 여권을 가져가실 필요는 없습니다. 혹시 여권을 호텔에 두는 게 불안하시면 가져가셔도 상관 없지만 여권을 분실하지 않도록 조심하셔야 합니다.
韩国人1	明天在购物中心买东西的时候,可以用美金吗？ 还是只能用人民币？
北京大学工作人员	저도 확실하게는 말씀 못 드리겠지만,아마 위안화만 (사용) 가능할 것 같습니다. 다른 질문이 없으시면 이상으로 설명을 마치겠습니다. 그럼 오늘 밤 푹 쉬시고, 내일 뵙겠습니다.

第四课 游览名胜古迹　제4과 관광

4.2 课文参考译文

[장면묘사]	관광버스 안에서(在旅游大巴上)
北京大学工作人员	목적지에 도착했습니다. 차에서 내리실 때 귀중품을 잘 챙겨서 내리시기 바랍니다.
韩国人1	这个包放在车上,行吗？ 里面没什么贵重的东西。
北京大学工作人员	네, (가방) 안에 귀중품만 없으면 차에 두고 내리셔도 됩니다.
[장면묘사]	관광버스에서 내린 후(下车后)
北京大学工作人员	여러분, 잠시 주목해 주시기 바랍니다. 만리장성에 오르기 전에 먼저 몇 가지 주의 사항을 말씀드리겠습니다. 첫 번째는, 여권, 지갑, (디지털)카메라 등과 같은 소지품을 분실하지 않도록 주의하시기 바랍니다. 두 번째는, 혹시 도중에 일행과 떨어졌을 경우에는 당황하지 마시고 11시까지 이 곳으로(지금 이 자리로) 오시면 됩니다. 마지막으로(또는"세 번째는") 탑승하셨던 차량 번호를 잘 기억해

	기 바랍니다. 차량 번호는 '경A 27335'입니다. '경A'는 '북경'의 '경(京)'자, 다음에 영어 알파벳A이고, 그 뒤의 숫자는 27335입니다. 끝(마지막) 세 자리가 335입니다. 혹시 질문 있으십니까?
韩国人2	我想先去一趟洗手间。景区内有没有洗手间？
北京大学工作人员	만리장성 안쪽에는 (아마) 화장실이 없을 겁니다. 화장실에 가실 분들은(화장실에 가실 분이 있으면) 지금 다녀오시는 것이 좋을 것 같습니다. (손으로 방향을 가리키며) 화장실은 저기 보이는 상점(가게) 왼쪽으로 들어가시면 있습니다. 그럼 10분 후에 여기서(이 자리에서) 다시 모이도록 하겠습니다.
[场景描述]	만리장성을 오르며(开始爬长城)
韩国人1	请问一下，我想知道长城到底有多长，都说是"万里长城"，那实际长度真有1万里吗？
北京大学工作人员	중국 '국가문물국'의 발표 자료에 따르면, 중국 '국가문물국'은 한국의 '문화재청'에 해당하는 기관입니다, 만리장성의 길이는 약 6300킬로미터입니다(或者 "약 6300킬로미터라고 합니다"). 1킬로(미터)가 2리 정도 되므로, (실제 길이는) 만리가 넘는다고 봐야 합니다.
韩国人2	刚才来的路上，看到入口处写着"八"什么什么长城，请问"八"后面的两个字是什么字？
北京大学工作人员	'팔달령'이라는 글자입니다. '팔' 바로 뒤의 글자는 '도달하다'의 '달'자이고, 세 번째 글자는 '고개 령'자입니다.
韩国人2	哦，那两个字原来是"达"和"岭"的简体字啊。那"八达岭"是什么意思呢？
北京大学工作人员	'팔달령'은 만리장성의 여러 관문 명칭 중 하나인데, 이 곳이 위치상으로 볼 때 사방으로 모두 통하는 요충지(要衝地)였기 때문에 '팔달령'이라는 이름이 붙여졌습니다. 이런 이유로 후대에 와서 '팔달령' 부근의 만리장성 구간을 '팔달령 만리장성'이라고 부르고 있습니다.
韩国人2	哦，原来是汉语固有名词啊。周末还让您这么辛苦，真不好意思。
北京大学工作人员	아닙니다. 별 말씀을요. 멀리 외국에서 오셨는데, 안내를 해 드리게 되어 오히려 영광입니다.

第五课 商务洽谈　제5과 비즈니스 상담

5.2 课文参考译文

李经理	(먼저) 소개를 해 드리겠습니다. 왕징펑 사장님이십니다. 그리고 이 쪽은 마케팅부의 장홍 씨입니다.
金炳洙	很高兴见到您！我叫金炳洙，这是我的名片。(用手势)这位是我公司海外事业部代理朴志勋先生。
王京平	中国에 오신 걸 환영합니다. (여기) 제 명함입니다. 이 쪽으로 앉으시지요.
[场景描述]	양쪽 모두 자리에 앉은 후[双方入座后]

王京平	김 사장님, 어제는 편안하게 잘 쉬셨습니까?
金炳洙	昨晚休息得很好。这家酒店环境很好,服务也很周到。非常感谢贵公司的精心安排。
王京平	별말씀을 다 하십니다. 김 사장님, 차를 좀 드시면서 말씀 나누도록 하시지요.
金炳洙	谢谢。我们这次来访的主要目的是想跟贵公司商谈一下订单时间和供货数量的问题。
王京平	저희 회사 제품에 관심을 가져주셔서 감사합니다. 제품의 스펙과 품질을 귀사에서 원하시는 조건에 맞출 수 있도록 최대한 노력하겠습니다(최선을 다하겠습니다).
金炳洙	另外,如果允许的话,借此机会我们也想参观一下贵公司的车间生产线。
王京平	네, 가능합니다. 그런데 구체적으로 어떤 제조 공정을 보고 싶으신지요?
金炳洙	我们想参观一下原材料处理和加工过程的车间。如果可以的话,还想看看产品的最终检验过程。
王京平	알겠습니다. 그러면 언제쯤 공장을 방문하시는 것이 편하십니까? 우리 회사는 공장 규모가 큰 편이라 말씀하신 작업 라인을 다 보시려면 적어도 두 시간은 걸릴 것 같습니다.
金炳洙	明天上午可以吗? 我们下午还有别的安排。
王京平	알겠습니다. (두 분이) 내일 오전에 공장을 둘러보실 수 있도록 이 과장에게 준비하게 하겠습니다(준비시키겠습니다). 이부장에게 그렇게 준비하게 하겠습니다.
李经理	김(병수) 사장님, 저희 사장님께서 두 분을 환영하는 뜻에서 오늘 저녁 식사에 초대하고 싶어하십니다. 저녁 6시 반에 제가 호텔로 두 분을 모시러 가려고 하는데 괜찮으시겠습니까?
金炳洙	行。6点半我们在酒店大厅等您。
李经理	네, 알겠습니다. 그런데 말씀 도중에 죄송하지만, 두 분이 내일 공장을 둘러보실 수 있도록 준비를 해야 해서 먼저 실례하겠습니다.

第六课 商务宴请 제6과 비즈니스 접대

6.2 课文参考译文

[场景描述]	양측 관계자 상호 소개(双方互相介绍)
王京平	두 분 오셨군요. 어서 오십시오. 소개를 먼저 해 드리겠습니다. (이쪽은) 플라스틱(제품) 성형용 금형 제작 공장의 천 공장장님입니다.
王京平	왕 사장님께서 천 공장장님께 한국에서 오신 삼우무역의 김 사장님과 박 대리님이라고 두 분 소개를 하고 계십니다. (原话翻译:한국에서 오신 삼우무역의 김 사장님이시고, 이쪽은 박 대리님입니다.)
陈厂长	중국에 오신 걸 환영합니다.
金炳洙	你好,很高兴见到您。(这次)王总为我们安排得十分周到。
王京平	아닙니다. 별말씀을 다 하십니다. 모두 자리에 앉으시지요. 김 사장님, 박 대리님, 두 분 이쪽으로 앉으시지요. 모두 자리에 앉아 얘기(를) 나누시지요.
[场景描述]	모두 자리에 착석(宾主落座)
王京平	오늘 저녁 식사는 두 분(김 사장님과 박 대리님)을 환영하는 뜻에서 특별히 마련한 자리이니, 술을 좀 하시는 것이 어떻습니까? 김 사장님, 중국 술인 백주로 하시겠습니까? 아니

	면 와인으로 하시겠습니까?
金炳洙	要不来点儿白酒?我对中国的酒不太了解,还是请王总推荐推荐吧!
王京平	그럼 마오타이가 어떻습니까?(중국 술 중에서) 마오타이(주)가 한국에서 인기가 많다고 들었습니다. 마오타이는 알코올 도수가 38도, 43도, 53도 세 종류가 있는데, 이 중 어느 걸로 하시겠습니까?
金炳洙	我还真没喝过超过50度的酒。要不今天试试53度的?(笑)
王京平	그럼 53도짜리로 하시지요. 알코올 도수가 높은 술은(알코올 도수가 높은 술을 마시면) 다음 날 숙취가 없습니다. 박 대리님도 중국 술로 하시겠습니까?
朴先生	我不太会喝酒,就来点儿葡萄酒吧。
陈厂长	천 공장장님은 운전을 하셔야 해서 술을 못하신다고 하십니다. (直译:저는 술 말고 음료수로 하겠습니다. 운전을 해야 해서요.)
王京平	두 분(김 사장님과 박 대리님)을 환영하는 의미에서 건배를 제안합니다. 건배!
[场景描述]	주문한 음식이 나온 후(上菜之后)
王京平	김 사장님, 이 요리 좀 드셔보십시오. 이 식당에서 제일 유명한 요리(대표 메뉴)입니다. 어떻습니까? 입맛에 맞는지 모르겠습니다.
金炳洙	挺好的,这儿的菜的确比昨天在宾馆吃的更合我口味。
王京平	음식이 입맛에 맞으시다니 다행이군요. 한국분들이 매운 음식을 좋아한다고 들어서 오늘 특별히 유명한 사천요리 식당으로 모셨습니다. 앞으로 양측의 협력이(거래가) 순조롭기를 기원하는 의미에서 다시 한번 건배를 제안합니다. 건배!
金炳洙	感谢您的盛情款待。王总,我敬您一杯!

第七课 活动主持词　제7과 행사 진행 멘트

7.2 课文参考译文

[场景描述]	[1] 식전 안내 말씀(안내 멘트)
朴勋哲 课长	首先,向莅临"第六届韩中技术展示暨洽谈会"的各位来宾表示衷心的感谢!活动马上就要开始了,请各位尽快入座。为保证活动的顺利进行,请您关闭手机或将手机设置为震动或静音状态,谢谢。
[场景描述]	[2] 사회자 본인 소개
朴勋哲 课长	我是大韩贸易投资振兴公社国际合作部的课长朴勋哲,今天由我来担任本开幕式的主持工作。
[场景描述]	[3] VIP 입장/ 초청 인사 입장
朴勋哲 课长	现在让我们以热烈的掌声欢迎有请来自两国政府部门及承办方单位的领导和嘉宾入场。
[场景描述]	[4] 행사 시작
朴勋哲 课长	我宣布,"第六届韩中技术展示暨洽谈会"现在正式开始。
[场景描述]	[5] 내빈 소개
朴勋哲 课长	首先,请允许我来介绍一下出席本次活动的两国政府领导和嘉宾。韩国知识经济部副部长林采民先生。中国国际贸易促进委员会 会长万季飞先生。

[场景描述]	[6] 내빈 인사말
朴勋哲 课长	首先,请本次活动的韩方承办单位-大韩贸易振兴投资公社的社长赵焕益先生致开幕词。下面,有请中国国际贸易促进委员会会长万季飞先生为我们致欢迎词。接下来,有请韩国知识经济部副部长林采民先生致祝词。
[场景描述]	[7] 영상물 상영
朴勋哲 课长	下面请大家观看大韩大韩贸易投资振兴公社的介绍短片,本片长约五分钟。
[场景描述]	[8] 폐회사 및 (중간) 휴식 시간
朴勋哲 课长	"第六届韩中技术展示暨洽谈会"开幕式到此结束,下面是20分钟的休息时间。会场外略备茶点,请各位尽情享用。
[场景描述]	[9] 행사 종료 안내
朴勋哲 课长	今天的活动到此结束。稍候我们将进行合影留念,请大家到一楼大厅门前集合。

第八课 宴会主持词　제8과 만찬 진행 멘트

8.2 课文参考译文

[场景描述]	[1] 사회자 본인 소개
朴钟浩	大家好!我是负责国际合作工作的朴钟浩。今天的欢迎晚宴由我来为大家主持。
[场景描述]	[2] 환영만찬회 시작
朴钟浩	我宣布,中国上海市青少年访韩代表团欢迎晚宴现在正式开始。
[场景描述]	[3] 귀빈 인사말
朴钟浩	在欢迎晚宴之前,首先请首尔市国际交流协会的副会长安弘哲先生致辞。下面,请曹和平团长代表来访的中国上海市青少年交流团讲话。
[场景描述]	[4] 기념품 증정식
朴钟浩	下面,请首尔市国际交流协会向中国上海市青少年代表团赠送礼物。现在,请首尔市副市长金炯柱先生赠送礼物,该礼物是仿新罗时期的贵金属耳环而制成的。
[场景描述]	[5] 만찬 및 건배 제의
朴钟浩	现在,请金炯柱副市长致祝酒辞。当副市长说"让我们为韩中两国青少年的友谊地久天长,干杯!"的时候,请大家随副市长一起举杯。现在晚宴正式开始,希望大家多多交流,共度今晚的美好时光。今天的晚餐也许不够丰盛,但却代表了我们的一片心意,希望各位用餐愉快!同时也希望在座各位能积极地为如何增进首尔与上海两城市之间的青少年交流献言献策,以进一步推进两市未来的共同发展,实现互助共荣。愿大家珍惜这段有益而宝贵的时光。
[场景描述]	[6] 만찬 종료 안내
朴钟浩	希望大家能够对今天的晚宴感到满意。首尔市国际交流协会为中国上海市青少年代表团举办的欢迎晚宴到此结束。
[场景描述]	[7] 행사 주최측 맺음 말
朴钟浩	作为活动的举办方,若有不足之处,还望各位多多包涵。谢谢诸位!明天中午11点钟我们将

在仁川机场为大家送行。祝大家晚安!

第九课 明星采访　제9과 인터뷰

9.2 课文参考译文

记者	이번 행사가 음악과 관련이 있어서 여쭤보는 건데요. 송혜교씨는 평소 어떤 음악을 좋아하십니까?
宋慧乔	其实我并不是只喜欢听某一特定类型的音乐,只要我觉得好听就行。不过总体说来,和那些喧闹的音乐比起来,我还是更喜欢舒缓的音乐,也经常听钢琴演奏曲。而且我还很喜欢像杰森·玛耶兹和詹姆斯·莫里森这类歌手们的音乐,还有就是韩国的一些抒情歌曲。反正只要我自己觉得好听的,我就会去听,不过太喧闹的音乐我还是不太喜欢。
记者	평소 본인이 참석했던 행사와 관련된 동영상 같은 걸 보시나요?
宋慧乔	真的没想到在YouTube输入我的名字时,能搜索到那么多关于我的视频。以前我查看过一次,后来我发现无论我参加什么活动或做什么事,相关视频都会被迅速传到YouTube上。所以现在我会经常看YouTube,看一些我自己的视频,进行自我分析。除此之外,我也会看一些和我要好但没有机会经常见面的艺人朋友的视频。这次在来这儿之前,我也看了很多YouTube交响乐团活动的视频。
记者	최근 들어 직접 찍은 사진이나 행사 장면들을 인터넷에 올려 팬들에게 공개하는 게 유행인데, 송혜교씨도 이렇게 해야겠다고 생각해보신 적 있으신가요?
宋慧乔	因为我对电脑还不是很熟悉,所以不太知道该怎么上传视频。只是偶尔在我的个人主页上传过旅行时拍的照片,不过视频一次也没上传过。
记者	얼마 전 현빈씨와 함께 찍은 <그들이 사는 세상>이 인기가 많았던 것으로 아는데, 사실 송혜교씨와 현빈씨 두 분이 드라마에서 연인 사이로 정말 잘 어울려요. 실제로 두 분이 함께 작품을 찍을 때 어떤 느낌이 드시나요?
宋慧乔	在拍戏方面,我觉得我总是很幸运。到现在为止,我的每部作品都遇到了非常好的搭档。正是由于默契的配合,这些作品往往也都比较优秀。但是,这部作品与以往的作品有所不同。这部戏对我来说很有难度,而且这部作品的编剧在韩国十分有名,她写的台词很深奥,理解起来真的费了我不少工夫。不过这部戏拍得很成功,让我感到很欣慰。还有玄彬是一位演技十分优秀的演员,和他一起合作拍戏,我学到了很多东西。也许是因为我们俩同岁,相互间又很熟悉,所以作品拍出来的效果也更真实、更自然。因此我真的很感谢玄彬。
记者	한국에서는 보통 시청률로 비교를 많이 하는 것 같은데, 톱스타(유명 배우)로서 시청률 때문에 심리적인 압박감을 느끼지는 않나요?
宋慧乔	在韩国,人们通常以收视率的高低来衡量电视剧的成功与否,因此如果说我不在乎收视率高低的话,那是骗人的。我知道,媒体上有很多关于《他们生活的世界》这部作品收视率较低的说法。★如果几年前我遇到这种情况的话,我会感到很伤心,但是现在不会。先不提收视率,这次和我合作的表民洙导演和卢熙京编剧,他们的作品一向都是非常优秀的,而且还有很多粉丝在背后默默地支持这部作品。(按照原话句序的话,上文★部分内容应该出现在此位置:

58

如果几年前我遇到这种[补充:收视率比较低]情况的话,我会感到很伤心,但是现在不会。)通过拍这部连续剧,我不仅学到了很多东西,而且诠释了一个新角色,所以在这次拍摄的过程当中我从没有担心过收视率的问题。我觉得这部连续剧不仅十分有趣,而且非常与众不同,所以我很自豪、很荣幸可以出演这部剧。

记者　　　마지막으로 팬 여러분께 한 말씀 해 주십시오.
宋慧乔　　祝大家新年快乐,并在新的一年里身体健康、心想事成,万事如意。在新的一年里我也会更加努力工作的。希望大家继续关注我,关注我今后的作品。谢谢大家!

第十课 典礼致辞(1)欢迎词　제10과 환영사

10.2 课文参考译文

安钟玉 校长　　大家好!我是龙东初中校长安钟玉。首先,请允许我向远道而来,莅临我校访问的新华中学访韩代表团道一声"辛苦了!",让我们热烈欢迎周建国副校长以及各位同学的到来。同时,借此机会我们对两校之间友好互访活动的顺利进行表示由衷的高兴。

安钟玉 校长　　首尔市龙东初中和上海市新华中学自2004年建立友好兄弟学校关系以来,两校持续开展各种示范性的交流活动。为此,两校每年举行两次互访活动,以增进双方的相互了解,同时还通过教育、艺术交流等多种形式的合作,积极培养两校青少年的进取精神。希望今后此类活动能够在促进两国青少年交流方面起到重要作用。

安钟玉 校长　　2008北京奥运会于今年8月圆满落下帷幕,此次奥运会通过"同一个世界,同一个梦想"的主题口号,向我们展示了全人类不分宗教、人种、国家和利益关系,同属一个地球村的事实以及中国在新世纪崛起的希望。

安钟玉 校长　　我认为在这样一个时刻,两校的青少年交流能为培养出具有国际视野的全球化人才奠定基础,是一次意义深远的校际访问。在此衷心希望此次交流可以促进中韩两国青少年加深对彼此文化的了解,增进友谊。

安钟玉 校长　　再次向访问我校的新华中学学生代表团表示热烈的欢迎。希望首尔市美丽的秋景和这份跨越国界的珍贵友谊能够深植于大家的心中。

安钟玉 校长　　最后,祝两校的同学们身体健康、生活幸福!谢谢。

第十一课 典礼致辞(2)经贸活动开幕词
제11과 상담회 축사

11.2 课文参考译文

发言人　　尊敬的中国国际贸易促进委员会副会长钟敏女士,尊敬的韩国进口业协会会长金完熙先生,以及在百忙之中参加今天洽谈会的诸位韩中两国企业界人士,大家好(上午好)!

发言人　　21世纪韩中两国间的经贸合作将翻开崭新的一页,在东北亚时代到来之际,我谨代表韩国驻

	华大使馆对此次经贸洽谈会在京召开,致以热烈的欢迎和衷心的祝贺。
发言人	在过去的19年间,韩中双边经贸关系取得了突飞猛进的发展,去年双边贸易额超过了2200亿美元,中国已成为韩国最大的贸易伙伴和最大的海外投资对象国,同时韩国也成为中国的第三大贸易伙伴。
发言人	尽管目前全球经济复苏缓慢,但两国有效利用了产业结构的互补优势,预计今年的双边贸易额将超过2400亿美元,我认为这些成果是与在座的两国企业界人士的努力密不可分的。
发言人	此次贸易洽谈会规模相对较大,共有30多家韩国企业参加,涉及到机电、化学、医疗等多个领域。我认为此次洽谈会能够为进一步发展双边经贸关系提供一个良好的合作平台,同时我也深信此次洽谈会将为韩中两国间建立全面合作伙伴关系作出巨大的贡献。
发言人	希望此次活动能够成为促进两国企业界人士相互交流信息、彼此增进了解、发掘合作潜力的交流盛会。
发言人	再次对出席此次洽谈会的两国企业界人士表示热烈的欢迎,并衷心感谢协助筹备此次活动的中国国际贸易促进委员会的相关工作人员。

第十二课 典礼致辞(3) 学术会议上讲话
제12과 학술대회 축사

12.2 课文参考译文

发言人	大家好!首先,我非常高兴,在韩中两国建交十五周年之际,韩中社会科学学会组织召开了以"中国的经济发展和中韩经济交流的未来"为主题的国际学术会议。我谨向中国宏观经济管理教育学会会长刘瑞先生及中国学术界诸位学者,韩中社会科学学会会长沈义燮先生及韩国国内研究中国经济的有关学者,表示热烈的欢迎和衷心的祝贺。
发言人	当前,中国经济正处于结构快速调整时期,最显著的特点就是产业及贸易结构的重心正在从劳动密集型产业,向资本、技术集约型产业迅速升级,同时服务市场也在急剧扩大。此外积极推进对外投资,摆脱了以往单纯接受外资的局面。
发言人	因此,日后韩中两国的经济交流模式也会发生巨大的变化。首先,两国间的分工关系会从以往的垂直分工逐渐向水平分工方向转变。在不断深化水平分工关系的过程中,两国间的竞争将加剧,但同时,合理的互补性分工结构的形成也会增加共赢的机会。其次,两国间的经济交流会摆脱以往一边倒的制造业模式,逐渐扩展到物流、流通、金融等服务行业。还有,两国间的技术交流与合作会逐渐占据重要位置。基于上述分析,如果两国以各自擅长的领域为中心紧密合作,必将创造巨大的协同效应。
发言人	今后韩中两国的经济交流走向何方,两国政府和企业如何相互合作,两国的学者应该群策群力、积极探索方向。从这个意义上讲,我深信今天的会议任重道远,我们研究院也会继续努力,为促进韩中两国学者之间的学术交流贡献力量。

《韩中·中韩口译教程》

尊敬的老师：

　　您好！

　　为了方便您更好地使用本教材，获得最佳教学效果，我们特向使用该书作为教材的教师赠送本教材配套课件资料。如有需要，请完整填写"教师联系表"并加盖所在单位系(院)公章，免费向出版社索取。

北京大学出版社

教 师 联 系 表

教材名称	《韩中·中韩口译教程》		
姓名：	性别：	职务：	职称：
E-mail：	联系电话：	邮政编码：	
供职学校：	所在院系：		（章）
学校地址：			
教学科目与年级：	班级人数：		
通信地址：			

　　填写完毕后，请将此表邮寄给我们，我们将为您免费寄送本教材配套资料，谢谢！

北京市海淀区成府路205号
北京大学出版社外语编辑部　刘　虹
邮政编码：100871
电子邮箱：evalee17701@sina.com

邮 购 部 电话：010-62534449
市场营销部电话：010-62750672
外语编辑部电话：010-62754382